10|18
12, avenue d'Italie – PARIS XIIIe

LA RAISON DANS L'HISTOIRE

Introduction à la Philosophie de l'Histoire

PAR

G. W. F. HEGEL

Traduction nouvelle,
introduction et notes
par
Kostas PAPAIOANNOU

10|18

« Bibliothèques 10/18 »
dirigé par Jean-Claude Zylberstein

Si vous désirez être régulièrement tenu au courant
de nos publications, écrivez-nous :

Éditions 10/18
c/o 10 Mailing (titre n° 235)
35, rue du Sergent Bauchat
75012 Paris

ISBN 2-264-02503-4

HEGEL ET LA PHILOSOPHIE DE L'HISTOIRE

Nature et Histoire sont pour nous deux possibilités polairement opposées d'organisation, de connaissance, d'interprétation et d'évaluation de la réalité ambiante. Depuis la Renaissance, le monde ne peut plus être pensé comme un tout structuré et cohérent, et sa signification reste toujours partielle. Le monde porte en son sein une dualité que rien ne peut surmonter : nature et esprit figurent les deux pôles d'une réalité dont déjà Jean Mair, à la fin du XVe siècle, disait qu'elle est *non facientia unum*. L'être de la nature consiste désormais à être *objet* de représentation, de connaissance scientifique, d'exploitation technique. L'être de l'homme consiste à se poser comme *sujet* vis-à-vis du monde conçu comme un objet essentiellement étranger à l'homme, « muet » en ce qui concerne sa destination ultime.

Nature et histoire

Jusqu'alors l'homme se connaissait lui-même en se référant à un ordre objectif, indiscuté, tel le *cosmos* des Anciens ou l'univers théophanique du Moyen Age ; l'existence pouvait être secouée par les terreurs les plus profondes, mais elle n'était pas problématique : l'homme connaissait sa place naturelle dans un monde qu'ordonnait une présence souveraine. Or, avec la ruine de l'univers médiéval, ce n'est pas seulement la place de l'homme qui est devenue problématique, mais l'idée même de l'univers s'est progressivement vidée de sa substance. La nouvelle « situation de l'homme dans le monde » est celle d'un être farouchement affranchi de tout, profondément isolé au sein d'un monde infiniment ouvert qui exclut tout sentiment de sympathie entre le moi pensant et les choses.

It's all in pieces, all coherence gone, dit John Donne dans un poème qui porte le titre caractéristique *Une anatomie du monde* (1611). C'est encore cette douloureuse perte de la totalité qu'expriment les *Pensées* de Pascal. L'homme se sent comme un étranger dans cet univers construit par l'esprit qui calcule et qui mesure, mais qu'il ne peut plus penser comme un tout : « Nulle idée n'en approche ». L'ordre naturel était jusqu'alors considéré comme un témoignage de Dieu, comme le signe le plus adéquat d'une Intelligence ordonnatrice du réel et dispensatrice de toute valeur. Désormais ce monde dont la signification reste toujours précaire et fragmentaire n'est plus en rapport avec les aspirations profondes de l'âme : les « sciences abstraites » de la nature « ne sont pas propres à l'homme », dit Pascal. C'est que l'univers est désormais « muet » : il ne parle plus au « cœur » ; aucune certitude ontologique n'émane plus du cours du monde. « Qu'est-ce que l'homme dans la nature ? » Ce cri de Pascal devant les solitudes glacées que n'organise plus le cosmos, exprime une expérience qu'aucune autre époque n'avait jusqu'alors considérée comme possible : les sciences exactes suscitaient un sentiment d'ignorance ontologique ou « existentielle » dont l'intensité allait s'avérer proportionnelle au savoir.

Le mot de Rimbaud : « Nous ne sommes pas au monde » commençait à être vrai : incapable de trouver son support dans l'univers, l'homme se tourna vers l'histoire pour lui demander les réponses que le cosmos ou la révélation ne pouvaient plus lui donner. Dans l'« océan du doute » cartésien, Vico a vu l'histoire comme l'unique *firmum et mansurum* auquel l'homme pouvait prétendre : œuvre d'une liberté se créant progressivement son contenu, seule réalité vraiment connaissable par l'homme parce que produite par lui, l'histoire devenait la seule façon humainement possible de concevoir la place « naturelle » de l'homme dans le monde, la seule totalité englobante pouvant encore servir d'horizon à sa triomphante certitude de soi, le seul *monde* encore concevable après la suppression de la transcendance et la perte de la présence. Selon la profonde remarque de Marx, l'histoire reçut « la mission, une fois que l'au-delà de la vérité s'est évanoui, d'établir la vérité de l'ici-bas » : au Dieu « mort » ou « caché », à la nature « muette » ou inaudible, l'homme opposait ce fragment dérisoire du temps qu'il avait réussi à faire sien et dont il espérait tirer à la fois la vérité de son être et la norme de son action. Hegel en fera la vie même de l'Absolu.

Pourtant, aucune culture, aucune époque n'a évoqué la nature avec autant de nostalgie que celle qui, de proche en proche, finit paradoxalement par diviniser l'histoire. Aux alentours de la Révolution française, il semblait que l'univers se fût soudainement élargi à l'infini : par-delà l'œuvre émancipatrice accomplie par les Lumières, un nouveau monde se découvrait qui débordait, telle une crue printanière, le paysage fermé et arrangé comme un jardin de l'humanisme traditionnel. Depuis Rousseau, la nature n'est plus l'adversaire de l'esprit, mais la force vivifiante d'un monde épanoui en soi et pour soi, qui ne reçoit plus de l'homme son mouvement et son sens, mais l'oblige au contraire à dilater ses forces limitées et le pousse hors de lui vers le grand Tout, le « Εν και Πᾶν » dont il s'était douloureusement arraché.

L'appel à la nature contre l'ordre existant, le réveil des puissances nocturnes que les Lumières avaient exilées de l'âme et du langage : tout cela est encore le patrimoine européen de Rousseau transmis au *Sturm und Drang* par Herder, symbolisé par Shakespeare et Spinoza, personnifié par Faust, devenu un monde dans la Révolution et le napoléonisme. Et c'est à cette rédemption nouvelle de la nature que nous devons — entre autres choses — l'approfondissement du langage poétique libéré des règles et des allégories classicistes, rendu à sa magie primitive, promu au rang de « langue maternelle de l'humanité » (Hamann), aussi bien que l'élargissement du domaine de l'art et de la culture qui, affranchi des interdits rationalistes, englobe désormais la chanson populaire de toutes les nations au même titre que Pindare, l'épopée nordique et hindoue comme l'épopée homérique, l'art gothique aussi bien que l'art classique.

Ce que la découverte de Shakespeare fut pour l'art et la sensibilité romantiques, la découverte de Spinoza le fut pour la philosophie spéculative. De même que Shakespeare — dont Ducis, son traducteur français, voulait « faire disparaître l'horreur » — fut célébré comme l'oint du Dieu — Nature, de même Spinoza que Moses Mendelssohn traitait en « chien crevé », devint le héros de la nouvelle philosophie de la nature. Mais le Spinoza de Herder, de Gœthe et de Schelling n'est plus l'héritier de Descartes, le visionnaire des causes efficientes. Ce Spinoza que Schelling comparera à « ces très anciennes images des Dieux qui paraissent d'autant plus mystérieuses que leurs traits sont moins animés d'une vie individuelle », est déjà un *Stürmer* qui voit dans la nature la source vivante de l'énergie universelle plutôt qu'une suite morte de causes et d'effets. Spinoza avait conçu l'esprit et la matière comme une indissoluble unité, la pensée et l'étendue n'étant que des modifications d'une seule et même substance infinie. Réinterprétée à la lumière des concepts nouveaux d' « histoire de la nature, » d' « évolution », d' « organisme » qui s'étaient frayé leur chemin depuis Buffon et Maupertuis, la *natura naturans* de Spinoza reçut une base biologique d'où surgit une nouvelle représentation unitaire de l'univers. Chez Diderot, la nature était devenue une sorte de « grand animal », presque un substitut de Dieu. Dans l'ouvrage de Herder intitulé *Dieu* (1787) nous trouvons déja l'idée d'une évolution par laquelle ce qui règne obscurément et inconsciemment dans la nature prend progressivement conscience de soi dans les organismes sensibles, désirants et pensants. Ainsi l'Ame du Monde de la cosmologie antique et du panthéisme de la Renaissance prit une signification nouvelle et devint la Raison universelle dans le système de l'idéalisme romantique.

Un poème de Schelling datant de 1799 met en évidence ce nouveau mythe de la nature :

Il s'y cache bien un Esprit gigantesque,
Mais tous ses sens sont pétrifiés ;
Il ne peut sortir de sa carapace étroite
Ni briser sa prison d'airain,
Bien qu'il agite souvent l'aile,
S'étire et remue puissamment
Et, dans les choses inertes ou vivantes,
Aspire avec vigueur à devenir conscient.
Enformé dans un cachot que la langue appelle l'être [humain,
L'Esprit géant se découvre lui-même.
Au sortir de ce long sommeil, de ce long rêve,
C'est à peine s'il se reconnaît.
Et aussitôt de tous ses sens, il voudrait
Se dissoudre à nouveau dans la nature immense.

Giordano Bruno avait aussi vu la terre et les astres vivre une vie propre, animés d'une âme sensitive et aussi intellective « autant que la nôtre, plus que la nôtre peut-être ». Mais ces thèmes panthéistes et romantiques étaient incompatibles avec les tendances les plus profondes de la modernité. A l'arrière-fond de tout naturalisme moderne — que ce soit celui de Bruno ou celui de Schelling et de Feuerbach — on entend toujours les sarcasmes de l'interlocuteur de la *Cena delle Ceneri* : « Si la terre est animée, elle ne doit pas, ce me semble, avoir du plaisir quand on lui creuse des grottes et des cavernes dans son dos... » Ce fut toujours cette même réponse — réponse d'activiste et de technicien — qui se fit entendre chaque fois qu'on a voulu reconnaître une vie interne, un côté spirituel dans la nature. Il fallait la réduire à une simple juxtaposition de choses dépourvues de toute intériorité, et c'est face à cette nature chosifiée qu'il fallait situer l'homme « maître et possesseur de la nature », roi de la création et unique et exclusif dépositaire de l'esprit. Rien de plus significatif à cet égard que l'évolution de la pensée hégélienne. Après avoir commencé par une véhémente attaque contre la transcendance judéo-chrétienne tenue pour responsable du « malheur », de la « scission », de l' « aliénation » de l'homme moderne ; après avoir dénoncé la philosophie moderne du sujet (Descartes, Kant, Fichte) comme une séquelle du dualisme religieux qui réduit le monde à un « cadavre », à une « matière morte » sur laquelle doit régner le « Concept », Hegel portera l'agressivité moderne à la suprême puissance. La « domination du Concept » qu'il dénonçait dans la tradition judéo-chrétienne et l'idéalisme subjectif, deviendra chez lui totalitaire. Lui qui en appelait à la sagesse de Platon vénérant l'univers comme un « dieu bienheureux », verra maintenant dans la nature le « négatif », le « cadavre » de l'Idée.

Dieu et le monde

Pour lui, l'univers tout entier est le règne de la mort, le sépulcre de Dieu : seul l'homme manifeste et réalise la vie divine. Même ses crimes, dit Hegel, comme pour répondre à Platon, même les pires aberrations de l'homme représentent « quelque chose d'infiniment plus haut que le cours régulier des astres, car ce qui erre ainsi est toujours l'esprit ». Depuis les gnostiques de la polémique plotinienne, on n'avait pas entendu pareil langage. Hegel pousse jusqu'à ses plus extrêmes conséquences l'anthropocentrisme chrétien et nie avec une égale véhémence aussi bien la vénération antique du cosmos que le panthéisme de la Renaissance. Le cosmos n'est ni le modèle de rationalité, ainsi que le pensait Platon, ni l'infini que vénérait Giordano Bruno : « Oui, tout le système solaire est quelque chose de fini... seul l'esprit exprime la véritable infinité. »

Dieu, en termes hégéliens *der Begriff*, le Concept, est le contraire du *deus sive natura* du spinozisme. Dieu n'est pas le Dieu astronome des Anciens. Il n'est pas non plus le Dieu horloger de Newton et de Fontenelle : l'harmonie des sphères est mécanique, sans âme, étrangère à la vie inquiète du Concept divin. Le Dieu hégélien est d'abord *biologiste* en ce sens que c'est d'abord dans la Vie organique que le Concept fait sa « première apparition » dans le monde. Le Dieu vivant est prisonnier, « aliéné » dans la matière morte La Vie qui « foudroie » la matière est la première libération de Dieu, le commencement de son retour à soi. Si l'idéalisme est l'affirmation d'un principe supérieur à la matière, la Vie est déjà une première réalisation de ce principe : « l'action continuelle de la Vie est l'idéalisme absolu » car le vivant ne peut exister qu'au prix d'une continuelle « négation » du monde extérieur qu'il transforme en simple moyen de satisfaction de ses besoins. Le Dieu vivant est « hors de soi » dans la nature ; il retourne à soi, sa substance devient sujet dans et par l'action universelle des myriades d'êtres qui, en désirant et en consommant les objets, déchirent la dure carapace de la matière dans laquelle il est emprisonné. Mais si déjà le désir animal est une libération concrète de Dieu, celle-ci reste partielle et limitée car l'activité négatrice de l'animal reste cantonnée dans un cercle borné : seul *l'homme* peut transformer l'ensemble de la création en objet de son désir, seul l'homme peut donner à la négation un sens universel et une réalité efficace. Chez l'homme, « la maladie de l'animal est le devenir de l'Esprit ».

Seul l'homme peut nier la totalité du donné parce que l'homme est *der daseiende Begriff selbst*, le Concept même existant concrètement de manière « empiriquement perceptible », Dieu même parvenu à une existence charnelle enfin adéquate à son être, devenu enfin réellement existant. L'homme n'est pas *deus in terris* au sens traditionnel du terme qui laisse entendre qu'il existe un autre *deus in caelis*. Au contraire, le Dieu qui meurt dans les galaxies et qui émerge — mais comme « aveugle » — dans le monde biologique, ressuscite en l'homme, s'incarne en lui, s'éveille en lui pour opposer aussitôt une négation totale à l'ensemble du donné. Parce qu'il *est* le Concept, l'homme doit par son essence même nier la nature, supprimer (*aufheben*) la matière, la fixité et la finitude jusqu'à ce qu'elles cessent de résister à l'Esprit, jusqu'à ce qu'elles entrent dans le tourbillon de sa vie mobile. Parce qu'il est le Logos incarné, l'homme est essentiellement l'ennemi de l'Etre : il est « l'être négatif qui *est* uniquement dans la mesure où il supprime l'Etre ».

La négativité

Cette « négativité infinie » se dresse à la fois contre la nature matérielle et la naturalité même de l'homme. L'homme doit transfigurer, mobiliser la matière inerte : la première définition de l'homme c'est qu'il est essentiellement travailleur et technicien. De cette négativité le désir animal était comme la première lueur. Mais précisément parce qu'il est naturel, le désir reste prisonnier de la choséité ; si la satisfaction signifie la destruction de l'objet, la réapparition du désir perpétue l'altérité : seul l'être supra-naturel qu'est l'homme peut nier adéquatement l'objet. Le dépassement de l'altérité que le désir n'arrive pas à surmonter ne s'effectue que par le « désir refréné » qu'est le travail. C'est en travaillant que l'homme parvient à supprimer la « forme existante qui lui est opposée » comme une « essence étrangère » et c'est à cette « activité formatrice » qu'il doit la première notion de la liberté véritable : même esclave, le travailleur « se retrouve-lui-même » comme un être indépendant dans la forme qu'il a donnée à l'objet. L'outil est ce qui permet à l'homme de s'élever d'une manière permanente au-dessus de la nature : si le travail est simplement « dirigé contre la matière morte l'outil est essentiellement l'acte même de donner la mort ». Or si l'outil est le prolongement de l'action du Moi, la machine en tant qu'outil autonomisé, émancipé des bornes physiques de la force humaine, rendu capable d' « autoactivité », est la pure traduction de l'essence négative du Soi. En même temps que Saint-Simon saluait dans l'industrie la naissance d'un monde nouveau, Hegel s'attacha à la signification spirituelle de la technique. Pour lui la machine n'est pas seulement la force mythique qui libérera l'esclave. Ce qui dans le machinisme fascine Hegel, ce n'est pas seulement la possibilité d'une diminution réelle du temps de travail (possibilité qu'il a expressément indiquée à plusieurs reprises), mais aussi le rang élevé que la machine occupe dans l'action universelle de la négativité. Comme il écrivait en 1801, la machine est la force par laquelle la dévorante inquiétude humaine et, ce qui revient au même, la coléreuse négativité divine acquièrent une existence objective autonome : la machine n'est autre que « l'inquiétude du subjectif, du Concept, posée en dehors du sujet ». Grâce à la technique, la négativité fonctionne toute seule : l'homme peut dormir — mais le monde sera en agonie jusqu'à la fin des temps...

Mais c'est surtout en lui-même que l'homme éprouve la puissance infinie de la négativité. Les animaux « sont le Concept sans « avoir » le Concept. C'est pourquoi ils ne peuvent être que ce qu'ils sont et comme ils sont. L'animal vit en dehors du temps parce qu'il ignore l'angoisse, le désir de dépasser sa limite et de devenir autre que soi-même : seule « l'inquiétude anéantissante de l'infini » peut temporaliser l'être. L'homme, le Logos incarné, est seul à connaître l'angoisse et l'exigence de la transcendance. C'est pourquoi il vit dans la terreur du temps et il est fait à l'image du temps : il est l'être qui « est ce qu'il n'est pas et n'est pas ce qu'il est ». L'homme et le temps sont identiques : le temps est lui aussi le « Concept existant ». L'homme est le Concept « existant comme Concept » mais immédiatement il est ignorant, esclave, borné. Si l'homme est le seul animal qui ne peut pas être classé, le seul animal *historique*, c'est parce qu'il a besoin du temps pour réaliser le Concept et se connaître soi-même comme Concept. Le temps n'est pas le « temps-mort » des mathématiciens et des astronomes, mais la « pure inquiétude » de l'Absolu qui habite au plus profond de l'âme et la pousse à transcender ses expériences bornées et à tendre « sans halte et sans repos » vers sa réalisation intégrale. Le temps « se manifeste donc comme le destin de l'Esprit qui ne s'est pas encore achevé en lui-même — la nécessité de mettre en mouvement l'immédiateté de l'en-soi, la nécessité de réaliser ce qui n'est d'abord qu'*intérieur* et de le révéler » — la nécessité de l'*expérience historique*.

L'homme n'est pas seulement l'animal insatisfait, il est aussi le seul à pouvoir traduire son insatisfaction dans son action négative. « Ce qui est limité à une vie naturelle, n'a pas pour soi-même le pouvoir d'aller au-delà de son existence » : il ne cesse d'être ce qu'il est que par sa mort. « Mais la conscience est pour elle-même son propre Concept » : la présence du Tout dans les figures partielles, fragmentaires, limitées de la conscience qui n'a pas encore objectivé son Concept, la totalité de ses forces substantielles, l'oblige à dépasser son objet, et puisque cet objet n'est autre qu'elle-même devenue objective, à se dépasser elle-même. Insatisfaite de son objet, elle voit disparaître ce qu'elle tenait jusque-là pour le vrai, mais cette disparition n'est pas l' « abstraction du néant » qu'affirme le scepticisme traditionnel. L'histoire n'est pas une longue et interminable suite d'erreurs, mais une expérience cumulative qui sera un jour complète. Car le sens de l'histoire est « la révélation de la profondeur qui est le Concept absolu » : la réalisation intégrale de la force infinie qui habite cachée dans le tréfonds d'un être qui originellement n'est rien et doit devenir tout. Ce but est inclus dans la définition même de l'homme en tant que Logos incarné : il est fixé « aussi nécessairement que la série de la progression ». La progression vers ce but ne comporte « aucune halte possible et ne se satisfait d'aucune station antérieure ». Mais en même temps il faut louer la « patience de l'histoire » : si elle se meut « avec tant de lenteur », c'est que l'Esprit doit expérimenter, extérioriser et ré-intérioriser (*Er-innern*) toute sa richesse, répandre sa substance sur le monde, travailler avec les matériaux impropres que lui offrent les passions et les intérêts humains pour pouvoir atteindre à la fin sa réalité. De même que le Fils de Dieu fut jeté « dans le temps, soumis au jugement, mourant dans la douleur de la négativité » pour ressusciter comme « Esprit éternel, mais *vivant* et présent dans le monde », de même l'Absolu doit « se sacrifier » au fini et à l'éphémère pour que l'Esprit puisse acquérir « la réalité, la vérité et la certitude de son trône ».

Le calvaire de l'Absolu

Les mystiques d'Orient et d'Occident, Spinoza, Schelling avaient représenté la perfection et la béatitude divines comme un jeu de l'amour avec soi-même. Aux yeux de Hegel, cette idée du *summum bonum* peut s'abaisser « jusqu'à la fadeur quand y manquent le sérieux, la douleur, la patience et le travail du négatif ». Dieu n'est pas l'enfant héraclitéen qui joue aux dés. L'Eon, la vie éternelle de Dieu, n'est pas seulement le jeu où Dieu transforme tout ce qu'il touche en miroir de sa félicité, où tout devient nécessaire et bon : le jeu divin est innocence et plénitude, légitimité et sainteté de tout ce qui est, éternelle affirmation de ce « quelque chose » qui subsiste toujours face au néant — et, en même temps, douleur, patience, labeur et privation. Ce monde du tourment et du souci n'est pas extérieur à Dieu comme s'il était indépendant de lui ; on ne peut pas non plus l'imputer à l'homme et à ses limitations, comme si l'homme était un être à part ou pouvait être quoi que ce soit indépendamment de la volonté de Dieu, L'homme est le Logos incarné ; ses limitations, ses discordes sont les limitations et les discordes de Dieu et c'est seulement en les assumant et en progressant à travers elles que le Logos divin-humain jouit de sa paix et atteint sa perfection. « De l'Absolu, il faut dire qu'il est essentiellement Résultat ». Dieu est le résultat de son travail et son éternité est tout entière contenue dans le travail qu'il accomplit dans le temps : le temps est son « destin » et sa « nécessité ».

Jusque-là, le temps était l'ennemi par excellence, le tragique absolu, le chiffre inexorable de la faute, de l'erreur, de la caducité. Aussi les hommes ont-ils toujours cherché à abriter leurs dieux dans une éternité immaculée pour se cramponner eux-mêmes à quelque point fixe soustrait à l'emprise dévorante du temps. Tel fut le cosmos incorruptible pour les Anciens et le Dieu *hyperkosmios* pour le Moyen Age. Telle fut aussi la Raison avec ses *veritates aeternae* pour la modernité. Tout l'effort de Hegel consistera, selon la formule de Pascal, à amener la Raison à « loger son ennemi chez elle » : comme le chevalier de Dürer, l'Absolu devra se mettre en route entre le Diable et la mort.

Pour devenir soi-même, l'Absolu doit s'aliéner dans le monde que font et défont les passions, les illusions et les fautes des hommes. Ce jeu apparemment superficiel des aspirations et des passions accidentelles — « soi-disant *seulement* humaines » — est « la tragédie que l'Absolu joue éternellement avec lui-même : il s'engendre éternellement dans l'objectivité, se livre sous cette figure qui est la sienne propre, à la passion et à la mort, et s'élève de ses cendres à la majesté ». Aucun rationaliste n'a eu la foi en la toute-puissance de la Raison qu'avait Hegel. Avec Hegel, la Raison impersonnelle et éternelle qu'on braquait jusque-là contre la diversité et la « positivité » de l'histoire, plonge elle-même dans le devenir pour s'incarner dans des figures concrètes. Peuples et héros, formes politiques et organisations économiques, monuments artistiques et religieux, passions et intérêts : toutes les formes dans lesquelles s'est objectivée l'expérience humaine, ne représentent plus une apparence bariolée ou une « déviation » par rapport à de prétendues normes « naturelles », mais figurent la réalité de l'Esprit et constituent la vie même de l'Absolu : le « calvaire » de l'histoire sera à la fois théogonie, théophanie et théodicée.

Nul pessimiste n'a brossé un tableau aussi lugubre de l'histoire que celui que nous offre Hegel. L'histoire est la « vallée des ossements » où nous voyons les fins « les plus grandes et les plus élevées rabougries et détruites par les passions humaines », « l'autel où ont été sacrifiés le bonheur des peuples, la sagesse des États et la vertu des individus ». Mais personne n'a été aussi peu enclin à la lamentation que ce philosophe de la « conciliation ». Ayant déblayé le terrain de toute morale et de tout eudémonisme, Hegel voit l'histoire comme sa propre généalogie et accepte tout avec sa foi inébranlable dans la rationalité de l'événement. Ainsi le servage était « nécessaire » pour dresser les barbares, dompter la sauvagerie et façonner ce « noueux cœur de chêne qu'était l'âme germanique » : il faut savoir que l' « humanité a été affranchie moins *de* la servitude que *par* la servitude »... De même l'Église « a soutenu le combat contre la barbarie d'une manière aussi barbare et terroriste » : la terreur de l'au-delà était « nécessaire » pour « émousser l'esprit déchaîné et le dompter jusqu'à ce qu'il devienne calme ». C'est le calme de Spinoza devant les accidents de la substance, le savoir imperturbable que « ce qui est arrivé et arrive quotidiennement n'est pas en dehors de Dieu, mais est essentiellement son œuvre propre ». L'histoire est tragique, mais la tragédie, disait le jeune

Hegel, « exprime la condition absolue » : de même que le héros tragique ne peut pas fuir son destin, de même l'Infini doit s'incarner et porter la croix de la finitude et de la déraison.

Aucun irrationaliste n'a exalté la toute-puissance de l'irrationnel avec autant de force que Hegel. L'histoire est une épiphanie de l'absolu, mais les hommes qui doivent « révéler la profondeur » sont des êtres dont la vie dépendante et jamais complète est « inquiétude, agitation, mobilité, avidité, angoisse et crainte ». Le destin de l'homme est « la pauvreté, les soucis, la colère, la froideur et l'indifférence, la frénésie des passions, la poursuite opiniâtre de fins unilatérales » et ses motifs ne peuvent jamais s'élever à la hauteur des principes immaculés des moralistes et des idéalistes. La Raison impersonnelle et abstraite méprise la passion « comme une chose qui n'est pas bonne, qui est plus ou moins mauvaise ; l'homme, dit-on, ne doit pas avoir des passions », mais en réalité la passion et l'intérêt sont les seuls mobiles efficaces et *donc* les véritables véhicules de l'Esprit. Une abstraction « aussi vide que le bien pour l'amour du bien n'existe pas dans la vivante réalité : les hommes n'agissent qu'en poursuivant des « buts finis et des intérêts particuliers ». « La passion, écrit-il dans l'*Encyclopédie*, n'est ni bonne ni mauvaise ; cette forme exprime seulement ceci qu'un sujet a placé tout l'intérêt vivant de son esprit, de son talent, de son caractère, de sa jouissance, dans un seul contenu. Rien de grand ne s'est jamais produit sans passion, rien de grand ne peut s'accomplir sans elle. Ce n'est qu'une moralité morte, hypocrite le plus souvent, que celle qui se déchaîne contre la passion comme telle ». « Rien ne se réalise sans intérêt ». « La moralité concerne le *contenu* qui, en tant que tel, est l'*universel*, chose inefficace qui trouve dans le sujet son élément actif ».

Par cette sanctification massive, presque indiscriminée de tout ce qui a suscité l'action et incité les individus à sortir de leur intériorité muette, l'histoire est mise à l'abri des critiques des « valets psychologiques » et des « maîtres d'école » moralisateurs : « cette masse immense de vouloir, d'intérêts, d'activité constitue les instruments et les moyens de l'Esprit du Monde ». En poursuivant leurs intérêts les hommes font l'histoire et sont en même temps « les outils et les moyens de quelque chose de plus élevé, de plus vaste, qu'ils ignorent, qu'ils réalisent de façon inconsciente ». C'est la « ruse de la Raison » qui utilise la déraison pour se produire dans le monde : l'histoire est au-delà du bien et du mal et des critères de la vie morale ordinaire. Légitimes à l'échelle de la vie privée, ceux-ci disparaissent au niveau plus élevé de l'histoire laquelle transcende également les représentations ordinaires du bonheur et du malheur. « L'histoire universelle n'est pas le lieu de la félicité. Les périodes de bonheur y sont les pages blanches. »

C'est un monde affranchi des prétentions de la morale aussi bien que de la revendication du bonheur que la théorie spéculative érigera en tribunal universel.

Le texte utilisé est : Hegel : Die Vernunft in der Geschichte, *édité par Johannes Hoffmeister, cinquième édition (Félix Meiner Verlag, Hamburg,* 1955).

Les sources utilisées par l'éditeur de la Philosophie de l'Histoire *sont :*

a) les manuscrits de Hegel,

b) d'assez nombreux cahiers des cours tenus par ses étudiants.

Nous distinguons les uns des autres de la manière suivante :

— les fragments écrits de la main de Hegel lui-même sont précédés du signe typographique ●.

— les textes tirés des cahiers des étudiants, sont précédés du signe typographique ■.

Les titres ont été rajoutés par l'éditeur allemand en se basant sur les indications de Hegel. Les intertitres ont été ajoutés par le traducteur.

PREMIÈRE ÉBAUCHE

(1822 et 1828)

TYPES D'HISTORIOGRAPHIE

(Cours commencé le 31-10-1822)
(Répété le 30-10-1828)

Messieurs.

● L'objet de ce cours est l'histoire philosophique. C'est l'histoire générale de l'humanité que nous aurons à parcourir ici. Notre propos sera non de tirer de l'histoire des réflexions générales et de les illustrer à l'aide d'exemples extraits du cours des événements, mais de présenter le contenu même de l'histoire universelle.

Je ne puis m'appuyer ici sur aucun texte ; dans ma *Philosophie du Droit* 341-360, j'ai toutefois présenté d'une manière plus précise le concept d'une telle histoire universelle et indiqué les principes ou périodes qui forment la charpente de son étude. Vous pouvez donc y trouver, dans leur forme abstraite, les moments fondamentaux (*Momente*) que j'ai dégagés.

Je consacrerai cette Introduction à l'idée générale de l'histoire *philosophique*. A cette fin, je me propose de vous décrire, d'examiner et de comparer les autres manières de traiter l'histoire.

Je distingue trois manières d'écrire l'histoire :
a) l'histoire originale ;
b) l'histoire réfléchie ;
c) l'histoire philosophique.

L'histoire originale

a) En ce qui concerne l'histoire originale, on peut en donner une image précise en citant quelques noms : Hérodote, Thucydide, etc. Il s'agit d'historiens qui ont surtout décrit les actions, les événements et les situations qu'ils ont vécus, qui ont été personnellement attentifs à leur esprit, qui ont fait passer dans le royaume de la représentation spirituelle ce qui était événement extérieur et fait brut, et qui ont transformé ce qui a simplement été en quelque chose de spirituel, en une représentation du sens interne et externe. C'est de la même manière que procède le poète qui donne à la matière de ses impressions la forme de la représentation sensible. Dans l'œuvre de ces historiens, on trouve, il est vrai, comme un ingrédient, des rapports et des récits faits par d'autres, mais seulement à l'état de matière première contingente et subordonnée. Le poète lui aussi est tributaire de sa culture, de sa langue et des connaissances qu'il a reçues — mais son œuvre lui appartient en propre. De même l'historien compose en un tout ce qui appartient au passé, ce qui s'est éparpillé dans le souvenir subjectif et contingent et ne se maintient que dans la fluidité de la mémoire ; il le dépose dans le temple de Mnémosyne et lui confère une durée immortelle. De tels historiens transplantent les faits du passé sur un sol meilleur et supérieur au monde de la caducité dans lequel ceux-ci se sont passés, et les élèvent dans le royaume des esprits immortels où, comme aux Champs-Élysées des Anciens, les héros accomplissent éternellement ce qu'ils ont fait une seule fois dans leur vie.

De cette histoire originale j'exclus les mythes, les traditions, les chants populaires et les poèmes en général, car ce sont des modes confus [de commémoration], propres aux peuples dont la conscience demeure confuse. Je reviendrai plus tard sur la question de savoir quels sont les rapports qui existent entre un peuple et sa conscience de l'histoire. Les peuples à conscience confuse non plus que leur histoire confuse ne peuvent devenir l'objet de l'histoire philosophique, laquelle a pour but de connaître l'Idée dans l'histoire, de saisir l'esprit des peuples qui ont pris conscience de leur principe et savent ce qu'ils sont et ce qu'ils font.

Nous verrons plus tard quel est le rapport entre l'histoire (*historia*) et la chronique (*res gestae*). La véritable histoire objective d'un peuple commence lorsqu'elle devient aussi une histoire écrite (*Historie*). Une civilisation (par exemple celle trois fois millénaire de l'Inde) qui n'est pas parvenue à écrire sa propre histoire est également incapable d'évolution culturelle.

Ces historiens originaux transforment donc les événements, les actes et les situations de l'actualité en une œuvre de représentation destinée à la représentation. Il en résulte que : *a*) le contenu de ces histoires est nécessairement limité : leur matière essentielle est ce qui est vivant dans la propre expérience de l'historien et dans les intérêts actuels des hommes, ce qui est vivant et actuel dans leur milieu.

L'auteur décrit ce à quoi il a plus ou moins participé, tout au moins ce qu'il a vécu : des époques peu étendues, des figures individuelles d'hommes et des faits. Ce qu'il élabore est sa propre expérience vécue et c'est avec des traits isolés, non réfléchis, qu'il compose son tableau pour offrir à la postérité une image aussi précise que celle qu'il avait lui-même devant les yeux ou celle que lui offraient les récits également intuitifs des autres.

b) Un autre trait caractéristique de ces histoires, c'est l'unité d'esprit, la communauté de culture qui existe entre l'écrivain et les actions qu'il raconte, les événements dont il fait son œuvre.

Il est dispensé de la réflexion car il vit dans l'esprit même de l'événement et n'a pas besoin de le transcender comme il arrive dans toute compréhension réflexive. Cette communauté d'esprit existe même lorsque la société est plus fortement divisée en classes (*Stand*) et que la culture et les maximes morales dépendent de la classe à laquelle appartient l'individu ; dans ce cas l'historien doit appartenir à la classe des hommes d'État et des chefs d'armée dont les buts, les intentions et les actes ont façonné le monde politique qu'il décrit. Dans la mesure où l'esprit de ce monde politique est formé et élaboré, (le chef politique ou militaire qui en devient l'historien) est lui aussi conscient de soi. Un aspect essentiel de sa vie et de son action a été précisément la *conscience* qu'il a eue de ses buts et de ses intérêts ainsi que de ses principes ; un aspect de son action, la manière dont il s'est *expliqué* devant les autres pour *influencer* leur jugement et mettre en mouvement leur volonté.

En ce sens, les discours sont des *actes* et même des actes *tout à fait essentiels* et *très efficaces*. Certes, on entend souvent des hommes se justifier en disant : « Ce n'étaient que des paroles ». Si cela est vrai, s'il ne s'agit que de mots, leur innocence est établie ; en effet, de tels discours ne sont que de purs *bavardages* et le bavardage jouit du privilège de l'innocence. Mais les discours entre peuples ou bien ceux qui s'adressent à des peuples et des princes sont des *actes* et en tant que tels ils constituent un objet essentiel de l'histoire, en particulier de l'histoire antique.

Ce qui compte, ce ne sont pas les réflexions *personnelles* par lesquelles l'auteur interprète et présente *cette conscience* ; il doit plutôt *laisser les individus et les peuples dire eux-mêmes* ce qu'ils veulent, ce qu'ils croient vouloir. Il ne s'agit pas pour lui de donner une interprétation personnelle de leurs motivations et de leurs sentiments ou de les traduire dans le langage de sa propre conscience. Les mots qu'il met dans leur bouche ne sont pas des mots étrangers qu'il aurait fabriqués. Ces discours, c'est peut-être lui qui les a élaborés, mais ils avaient même contenu et même sens chez ceux qu'il fait parler. Ainsi lisons-nous chez Thucydide les discours de Périclès, l'homme d'État le plus profondément *cultivé*, le plus *authentique*, le plus noble, ainsi que les discours d'autres orateurs, ambassadeurs, etc. Dans ces discours, ces hommes expriment les maximes de leur peuple, de leur personnalité propre, la conscience de la situation politique comme de leur nature éthique et intellectuelle, les principes de leurs buts et de leur manière d'agir. L'historien n'a pas eu à réfléchir pour son propre compte ; ce qu'il fait apparaître à travers les discours des orateurs, n'est pas une conscience étrangère et qu'il leur aurait prêtée, mais leur propre civilisation et leur propre conscience. Si l'on veut connaître l'histoire substantielle et saisir l'esprit des nations, si l'on veut participer à leur vie, il faut étudier à fond ces historiens originaux et s'attarder auprès d'eux — et l'on ne s'y attardera jamais trop. Si l'on ne veut pas devenir un historien de métier, mais tirer plaisir de l'histoire, on peut largement se limiter à cette lecture (1).

Du reste, de tels historiens ne sont pas aussi nombreux qu'on pourrait l'espérer. J'ai déjà nommé Hérodote, le père de l'histoire, c'est-à-dire le premier et en ce sens le plus grand des historiens — ainsi que Thucydide. Tous les deux sont d'une admirable naïveté. La Retraite des Dix-Mille de Xénophon est un livre tout aussi original. Il faudrait citer encore Polybe. Les *Commentaires* de César sont un chef-d'œuvre de simplicité et de concision dû à un grand esprit. Les historiens de ce genre ne sont pas propres à la seule Antiquité. Pour que de tels historiens puissent voir le jour il faut non seulement que la culture du peuple ait atteint un certain degré d'épanouissement, mais de plus qu'elle ne s'isole pas dans la spiritualité pure et l'érudition, qu'elle soit donc solidaire de la direction politique et militaire. Le Moyen Age a compté bon nombre de chroniqueurs naïfs tels les moines, mais ce n'étaient pas des hommes d'État. Et s'il y a eu des évêques cultivés à la tête des affaires, il leur manquait la conscience politique. Dans les temps modernes *toutes* les conditions ont changé. Notre culture transforme tous les événements en *comptes rendus*. Nous en avons d'excellents, simples, intelligents et précis surtout pour les événements militaires ; on peut bien les placer à côté de ceux de César et ils sont même les plus instructifs si l'on considère la richesse de leur contenu, c'est-à-dire l'exactitude de leurs informations en ce qui concerne les moyens et les circonstances.

C'est le moment d'évoquer plusieurs *Mémoires* français. Ils sont pour la plupart écrits par des hommes *spirituels* sur de petites suites d'événements, sur des anecdotes dont le contenu est souvent maigre, mais qui s'ouvrent sur des domaines historiques plus vastes. Les *Mémoires* du cardinal de Retz sont un chef-d'œuvre de ce genre. En Allemagne on trouve rarement des maîtres aussi importants, ayant été aussi des personnages historiques. L'*Histoire de mon temps* de Frédéric II est une exception honorable. Il ne suffit pas d'avoir été le contemporain des événements qu'on raconte ou d'en être bien informé. L'auteur doit appartenir à la classe et au milieu social des acteurs qu'il décrit ; leurs opinions, leur manière de penser et leur culture doivent être les mêmes que les siennes. Pour bien connaître les faits et les voir à leur vraie place, il faut être placé au sommet — non les regarder d'en bas, par le trou de la serrure de la moralité (*durch das Loch einer moralischen Bouteille*) ou de quelque autre sagesse.

A notre époque il est indispensable de s'élever au-dessus du point de vue limité des classes et s'informer auprès de ceux qui sont dépositaires du droit de l'État et détiennent le pouvoir gouvernemental. D'autant plus que les classes auxquelles l'accès à l'influence politique directe est plus ou moins fermé s'enthousiasment pour les principes moraux et y voient un moyen de se consoler de leur infériorité et de disqualifier les classes supérieures.

L'histoire réfléchie

Nous pouvons appeler *réfléchissante* la deuxième manière d'écrire l'histoire. Il s'agit d'une forme d'histoire qui transcende l'*actualité* dans laquelle vit l'historien et qui traite le passé le plus reculé comme *actuel en esprit* (2). Cette espèce est la plus variée et elle englobe tous ceux que nous considérons d'habitude comme des historiens. Ce qui compte ici, c'est l'élaboration des matériaux historiques et ce travail d'élaboration se fait dans un esprit qui diffère de *l'esprit du contenu*. D'où l'importance décisive que revêt le choix des principes dans la méthode d'interprétation et d'exposition des faits historiques. Chez nous en Allemagne la réflexion — et l'intelligence — sont très diversifiées : chaque historien construit pour soi-même sa propre méthodologie (*Art und Weise*). Les Anglais et les Français savent en général comment on doit écrire l'histoire : leurs historiens sont tous imprégnés des représentations d'une culture commune, tandis que chez nous chacun s'ingénie à tourner autour de sa propre particularité. Il s'ensuit que les Anglais et les Français ont d'excellents historiens ; chez nous, si l'on considère la *critique* des livres d'histoire, telle qu'elle s'est développée depuis dix ou vingt années, on constate que l'auteur de chaque compte-rendu commence par exposer sa propre théorie sur la manière dont l'histoire *doit* être écrite pour l'opposer ensuite à celle du livre qu'il critique. Nous sommes toujours en train de chercher comment l'histoire doit être écrite.

a) On réclame en général une vue d'ensemble de toute l'histoire d'un peuple, d'un pays, voire de l'humanité tout entière. Les livres de ce genre sont nécessairement des compilations basées sur les historiens originaux du passé, les récits existants et quelques informations particulières. Ces œuvres n'ont plus le caractère du témoignage ; leur source n'est ni l'intuition ni le langage de l'intuition. Cette première forme d'histoire réfléchissante fait suite à la précédente dans la mesure où elle ne se propose que de présenter la *totalité de l'histoire* d'un pays ou du monde entier. La question décisive consiste à savoir si l'histoire doit ou non entrer dans le détail (3).

Les auteurs de ce genre se proposent d'écrire l'histoire de façon si vivante que le lecteur s'imagine entendre les contemporains et les témoins oculaires raconter eux-mêmes les événements. Mais ces tentatives sont plus ou moins malheureuses. L'œuvre doit posséder une certaine *unité* de ton ; or son auteur est un individu appartenant à une culture déterminée, tandis que les époques dont il traite sont nécessairement diverses, de même que les historiens qu'il utilise ; l'esprit que l'historien fait parler est différent de l'esprit de ces époques. Ainsi ce que l'historien présente comme l'esprit de l'époque risque d'être son propre esprit érigé en maître (4). Ainsi Tite-Live fait parler les anciens rois de Rome, les consuls et les généraux comme seul pouvait le faire un habile avocat de son temps, et ces discours forment le plus violent contraste avec les vieilles légendes authentiques, par exemple la fable de Ménénius Agrippa sur l'estomac et les entrailles. Le même historien nous donne des descriptions minutieuses et complètes de combats et autres événements, comme s'il en avait été le témoin, mais en employant un ton et en faisant preuve d'une précision dans la perception du détail qui eussent été impossibles aux époques dont il parle. En outre, les traits caractéristiques de ses descriptions peuvent s'appliquer aux batailles de tous les temps et leur netteté forme à nouveau contraste avec l'*imprécision* et l'*incohérence* qui règnent en d'autres passages à propos de faits d'importance capitale. Pour évaluer la différence entre un tel compilateur et un historien original, il suffit de comparer l'Histoire de Polybe et la façon dont Tite-Live l'utilise, en fait des extraits et l'abrège. — En voulant narrer fidèlement les époques qu'il décrit, Johannes von Müller a donné un récit gauche, faussement solennel, pédantesque. On trouve des récits de ce genre dans le vieux Tchudy (5), mais présentés d'une manière beaucoup plus plaisante, spontanée et naturelle que ne l'est cette manière pseudo-archaïque, artificielle et affectée *.

Les historiens sont aussi peu capables que nous-mêmes de revivre complètement le passé et de le présenter d'une manière entièrement intuitive et vivante. Au même titre que nous autres, l'historien appartient à son époque, à ses besoins et à ses intérêts ; il honore ce qu'elle vénère. Considérons par exemple n'importe quelle époque : bien que la vie grecque présente une multitude d'aspects importants qui nous conviennent [il est impossible] de sympathiser avec les Grecs et de sentir de la même manière qu'eux, même en ce qui concerne des choses d'importance capitale. Athènes par exemple nous intéresse au plus haut point : elle a été la patrie, la très noble patrie d'un peuple civilisé ; aussi bien nous prenons part aux actions de ses citoyens et aux dangers qu'ils ont encourus ; et pourtant (il nous est impossible) de sympathiser avec les Grecs lorsque nous les voyons se prosterner devant Zeus et Minerve et se tourmenter au sujet des sacrifices le jour de la bataille de Platée (6), [lorsque nous constatons l'existence de] l'*esclavage*. L'inconvénient — [en ce qui concerne] le ton, l'ambiance — [c'est que] nous ne possédons pas la capacité de sympathie que possède le chien et pourtant nous pouvons comprendre un chien, nous pouvons deviner sa façon d'être, sa dépendance, ses manières.

Pour obtenir sinon la compréhension sympathique (*Mitempfindung*) du moins la reconstitution intuitive et vivante du passé, on a essayé une *autre manière* : c'est celle qui donne le sentiment de la vie par l'intuition, par une image précise et détaillée des circonstances, du milieu, des mentalités, etc...

Toute histoire de ce genre, qui veut embrasser de

* Manuscrit fortement endommagé.

longues périodes, voire l'histoire universelle tout entière, doit nécessairement renoncer à la représentation individuelle du réel. Elle doit se résumer en abstractions non seulement parce qu'il lui faut omettre quantité d'actions et d'événements, mais aussi parce que la pensée, l'entendement est le plus puissant abréviateur. On dit par exemple : une bataille a été livrée, une victoire a été remportée, un siège a été soutenu : ce sont là des représentations générales qui réduisent de vastes ensembles en une simple détermination destinée à la représentation. Lorsqu'on raconte le siège de Platée, au début de la guerre de Péloponnèse, la fuite d'une partie de ses habitants, la prise de la ville et le massacre de ceux qui y étaient restés, ou encore l'expédition malheureuse des Athéniens en Sicile, on ne fait qu'abréger ce que Thucydide expose avec force détails et avec le plus vif intérêt. Mais, nous l'avons dit, toute vue d'ensemble doit nécessairement s'appuyer sur des représentations réfléchies de ce genre ; et une telle vue d'ensemble est également nécessaire. Naturellement, un tel récit devient de plus en plus aride. On se lasse de voir Tite-Live raconter une bonne centaine de batailles contre les Volsques en se contentant parfois de dire : « cette année-là une guerre victorieuse eut lieu contre les Volsques... » Une telle manière d'écrire l'histoire n'est pas vivante ; sa forme et le caractère abstrait de ses représentations appauvrissent le contenu.

Par réaction contre ces procédés généralement admis, certains historiens ont tenté de retrouver quelque vivacité intuitive en décrivant d'une manière exacte et vivante les traits particuliers du passé et en les intégrant, sans aucune reconstitution arbitraire, dans un tableau fidèle et minutieux (Ranke) (7). Or la masse bariolée des détails, des intérêts mesquins, des actes de soldats , des affaires privées qui n'exercent aucune influence sur les intérêts *politiques*, ne peuvent former un tout et ne laissent pas reconnaître la fin universelle. Présenter une série de traits individuels — comme dans les romans de Walter Scott —

et les relier paresseusement — comme dans les correspondances et les chroniques —, c'est un procédé qui nous fait dévier vers une multitude de cas particuliers et contingents qui sont peut-être historiquement exacts, mais qui n'éclairent pas, qui obscurcissent au contraire l'intérêt principal. En fait, on devrait laisser à Walter Scott le soin de telles reconstitutions pittoresques des petits riens et des particularités individuelles du passé. Mais tout cela s'évanouit lorsqu'il s'agit de brosser le tableau des grands intérêts qui agitent les États. Ici les traits doivent être caractéristiques, représentatifs de l'esprit du temps ; actions et situations politiques doivent être décrites d'une manière appropriée, d'une manière qui fasse apparaître leur intérêt universel.

b) Cette première sorte d'histoire réfléchie nous conduit à une seconde manière d'envisager l'histoire : il s'agit de l'histoire *pragmatique*. En vérité, celle-ci n'a pas de nom particulier. Son but lui est commun avec celui de toute histoire : donner une image développée du passé et de sa vie. L'histoire ne nous présente pas une totalité vivante à laquelle nous pourrions prendre part, mais un monde reconstitué par la réflexion, un monde dont l'esprit, les préoccupations et la civilisation appartiennent au passé. Nous éprouvons aussitôt le besoin de quelque chose d'*actuel*. Or une telle actualité n'existe pas dans l'histoire ; c'est le point de vue de l'entendement, l'activité subjective, le travail de l'esprit qui la font naître. L'apparence extérieure des faits est grise ; mais le *but* — l'État, la patrie — la manière dont on les entend, leur connexion interne, l'Universel qui réside en eux, cela est permanent, valable dans le présent, dans le passé et pour toujours. Chaque État est une fin pour soi : il doit se conserver au monde extérieur ; son développement et son évolution internes constituent une suite nécessaire de degrés par lesquels sont utilisées la rationalité, la justice et la consolidation de la liberté. [Il existe] un *système d'institutions* : *a*) la constitution est ce système en tant que tel ; *b*) son contenu est ce par quoi les intérêts véritables sont portés à la conscience et traduits dans la réalité. Chaque progrès n'est pas une conséquence extérieure et une nécessité de la connexion, mais une nécessité résidant dans la *chose* même, dans le *Concept*. Voilà la chose. Par exemple : un État moderne, l'histoire de l'Empire romain germanique, telles grandes personnalités, de grands événements comme la Révolution française, des besoins considérables : tout cela peut être l'objet et le but d'un historien, mais il est en même temps le but du peuple, le but de l'époque elle-même. C'est là le système de référence *.

Pour abstraites qu'elles paraissent, ces réflexions pragmatiques se réfèrent à l'*actualité* et le récit qui fait revivre le passé est en même temps appel à la vie présente. Il dépend de l'esprit de l'écrivain que ces réflexions soient vraiment intéressantes et vivifiantes.

La pire forme d'histoire pragmatique est la petite psychologie qui s'attarde sur les mobiles des personnages historiques et croit les trouver non dans le Concept mais dans leurs penchants et leurs passions particulières : la *Chose* même n'a pour elle aucun pouvoir, aucune efficacité. Vient ensuite la compilation moralisante qui, en sautant d'une époque à une autre, assaisonne ses racontars de réflexions tirées de l'édification chrétienne et de l'éloquence parénétique.

■ Une deuxième espèce d'histoire réfléchie est donc la pragmatique. Quand nous avons affaire au passé, que nous nous occupons d'un monde lointain, l'esprit obtient, en récompense de sa peine, une certaine ouverture sur sa réalité actuelle. Les événements sont divers mais leur connexion, l'universel, leur fond interne, est *un* et le même. Voilà ce qui supprime le passé en tant que tel et actualise l'événement. Les conditions générales, l'enchaînement des circonstances ne sont plus enfouis, comme auparavant, dans les faits particuliers,

* Manuscrit fortement endommagé. En marge : l'objet est un intérêt actuel, mais on renonce à sa forme actuelle.

individuels, mais deviennent eux-mêmes un fait : ce n'est plus le particulier, c'est l'universel qui apparaît désormais à la surface. Il serait vain de vouloir élever des faits purement individuels à une telle universalité. Mais l'esprit de l'historien se mesure à sa capacité de développer pleinement la conjonction des faits.

C'est le moment d'évoquer les réflexions morales qu'on introduit dans l'histoire : de la connaissance de celle-ci, on croit pouvoir tirer un enseignement moral et c'est souvent en vue d'un tel bénéfice que le travail historique a été entrepris. S'il est vrai que les bons exemples élèvent l'âme, en particulier celle de la jeunesse, et devraient être utilisés pour l'éducation morale des enfants, les destinées des peuples et des États, leurs intérêts, leurs conditions et leurs complications constituent cependant un tout autre domaine que celui de la morale. (Les méthodes morales sont des plus simples; pour un tel enseignement l'histoire biblique est largement suffisante. Mais les abstractions moralisantes des historiens ne servent à rien.)

On recommande aux rois, aux hommes d'État, aux peuples de s'instruire principalement par l'expérience de l'histoire. Mais l'expérience et l'histoire nous enseignent que peuples et gouvernements n'ont jamais rien appris de l'histoire, qu'ils n'ont jamais agi suivant les maximes qu'on aurait pu en tirer. Chaque époque, chaque peuple se trouve dans des conditions si particulières, forme une situation si particulière, que c'est seulement en fonction de cette situation unique qu'il doit se décider : les grands caractères sont précisément ceux qui, chaque fois, ont trouvé la solution appropriée. Dans le tumulte des événements du monde, une maxime générale est d'aussi peu de secours que le souvenir des situations analogues qui ont pu se produire dans le passé, car un pâle souvenir est sans force dans la tempête qui souffle sur le présent; il n'a aucun pouvoir sur le monde libre et vivant de l'actualité. (L'élément qui façonne l'histoire est d'une tout autre nature que les réflexions tirées de l'histoire.

Nul cas ne ressemble exactement à un autre. Leur ressemblance fortuite n'autorise pas à croire que ce qui a été bien dans un cas pourrait l'être également dans un autre. Chaque peuple a sa propre situation, et pour savoir ce qui, à chaque fois, est juste, nul besoin de commencer par s'adresser à l'histoire.) A cet égard, rien n'est plus fade que de se référer aux exemples grecs et romains, comme l'ont fait si souvent les Français pendant la Révolution. Rien de plus différent que la nature de ces peuples et celle de notre époque. Johannes von Müller, dans son *Histoire Universelle*, comme dans son *Histoire Suisse* avait de semblables intentions morales et voulait offrir aux princes, aux gouvernements et aux peuples, particulièrement au peuple suisse, de tels enseignements. Il a réuni en un recueil spécial des maximes et des réflexions et donne souvent, dans sa correspondance, le nombre exact des réflexions qu'il a fabriquées dans la semaine. Ces sentences, il les a parsemées dans ses récits mais c'est seulement dans quelques cas concrets qu'elles parviennent à s'insérer au contexte d'une manière vivante. Ses réflexions sont très superficielles ; elles le rendent ennuyeux et ne comptent assurément pas parmi ce qu'il a fait de meilleur. (Les réflexions doivent être concrètes.) Pour que les réflexions soient vraies et intéressantes, il faut avoir une intuition des situations solidement étayée, une intuition libre et large, ainsi qu'un sens profond de l'Idée telle qu'elle se présente dans l'histoire. *L'Esprit des Lois* de Montesquieu, œuvre à la fois solide et profonde, en est un exemple.

Il en résulte que chaque histoire réfléchissante peut être remplacée par une *autre*. Les matériaux étant accessibles à tout écrivain, chacun peut aisément se considérer apte à les ordonner et à les élaborer en y faisant valoir son esprit comme l'esprit des diverses époques. Les histoires de ce genre ayant été multipliées à satiété, on en est revenu à l'historiographie descriptive. Ces ouvrages où tout est décrit sous toutes les faces, ont certes quelque valeur, mais ne donnent guère que des matériaux. Nous, Allemands, nous nous en contentons ; mais les Français savent créer avec esprit une réalité actuelle et rapporter le passé aux conditions présentes.

c) La troisième manière de l'histoire réfléchie est la manière *critique*. Nous devons en parler, car c'est selon ses normes qu'on traite aujourd'hui l'histoire en Allemagne. On ne donne pas l'histoire même, mais une histoire de l'histoire, une critique des sources et une enquête sur leur vérité et leur crédibilité. L'*Histoire Romaine* de Niebuhr (8) est écrite de cette manière. Ce que cette entreprise, a et doit avoir, d'extraordinaire réside non dans la chose même, mais dans l'ingéniosité avec laquelle l'auteur met en valeur les sources. (De toutes les circonstances il tire ses déductions en faveur de la crédibilité.) Les Français ont donné ce genre de nombreux travaux, solides et sensés. Cependant ils n'ont pas voulu présenter cette méthode critique comme historique, mais ils ont formulé leurs jugements sous forme de dissertations critiques. Chez nous, cette critique prétendument supérieure a mis la main sur la philologie en général ainsi que sur les ouvrages d'histoire : abandonnant le terrain de l'histoire ainsi que son étude raisonnable, on a donné libre cours aux représentations et aux combinaisons les plus arbitraires. Cette critique supérieure a fini par laisser le champ libre à des chimères produites par une vaine imagination, et dépourvues de toute valeur historique. C'était là une autre manière de projeter le présent dans le passé, en mettant à la place de données historiques quelques inventions subjectives dont la popularité actuelle ne s'explique que par leur témérité et par le fait qu'elles mettent en valeur de misérables petites circonstances et semblent contredire ce qu'il y a de décisif dans l'histoire.

d) La dernière espèce d'histoire réfléchie est l'histoire *spéciale*. Elle se présente d'emblée comme quelque chose de fragmentaire et de partiel dans la mesure où elle découpe un secteur particulier, par exemple : l'histoire de l'art, du droit, de la religion, et brise les liens qui l'unissent aux autres aspects de la vitalité et de la richesse d'un peuple. Bien qu'elle procède abstraitement, cette forme d'histoire, précisément parce qu'elle se place à un point de vue général, constitue une transition vers l'histoire philosophique.

Notre conception de la vie des peuples comporte plus de points de vue que celle des Anciens et doit prendre en considération un nombre plus élevé de phénomènes : l'histoire de l'art, de la Religion, de la Science, de la Constitution, du Droit, de la Propriété, de la Navigation, etc., sont des disciplines qui correspondent à ces points de vue généraux. De nos jours, cette manière de traiter l'histoire est particulièrement prisée et a pris de l'essor. L'histoire du Droit et de la Constitution est une création de notre temps. L'histoire de la Constitution est intimement liée à l'histoire générale ; elle n'a donc de sens et d'intelligibilité que dans la mesure où elle s'ouvre sur la totalité de l'État. Elle donne d'excellents résultats lorsqu'elle est solidement fondée et centrée sur ce qui est réellement intéressant. Mais il ne faut pas qu'elle se perde dans l'inessentiel et l'apparence extérieure comme l'Histoire du Droit romain de Hugo (9). A cet égard, l'Histoire du Droit allemand de Eichhorn (10) est beaucoup plus riche de contenu.

Ces sphères sont en liaison étroite avec l'ensemble de l'histoire d'un peuple ; le problème est de savoir si l'enchaînement de l'ensemble est bien indiqué ou s'il est vainement cherché dans les apparences extérieures. Dans ce dernier cas, les formes dont traitent ces histoires spéciales apparaissent comme des particularités tout à fait contingentes des peuples. Mais quand l'histoire réfléchissante s'élève à des points de vue généraux, il faut remarquer que si ces derniers sont réellement authentiques, ils ne constituent plus seulement un fil conducteur extérieur, un ordre extérieur, mais l'âme elle-même, qui conduit les événements et les actions.

L'Histoire philosophique

Le troisième genre d'histoire, l'histoire philosophique, se rattache directement à cette dernière espèce d'historiographie réfléchie. Son point de vue est également général — mais il n'est plus plié à un domaine particulier et ne se laisse pas détacher abstraitement des autres points de vue. Le point de vue général de l'histoire philosophique n'est pas abstraitement général, mais concret et éminemment actuel parce qu'il est l'Esprit qui demeure éternellement auprès de lui-même et ignore le passé. Semblable à Mercure, le conducteur des âmes, l'Idée est en vérité ce qui mène les peuples et le monde, et c'est l'Esprit, sa volonté raisonnable et nécessaire, qui a guidé et continue de guider les événements du monde. Apprendre à connaître l'Esprit dans son rôle de guide : tel est le but que nous nous proposons ici.

NOTES

1. En marge : Distinguer les Bibles des divers peuples. Chaque peuple a son livre fondamental : la Bible, Homère, etc.

2. En marge : L'histoire originale ne peut embrasser que de courtes périodes. Le besoin d'une conception globale conduit à l'histoire réfléchissante : a) *Compendia* b) leur contraire : imitation de l'histoire originale avec un élargissement extérieur.

3. Note d'un élève (cours de 1828) : Les divers Précis d'histoire universelle, l'Histoire romaine de Tite-Live, de Diodore de Sicile, etc. L'Histoire de la Suisse de Johannes von Müller (1752-1809) sont des complications de ce genre. Lorsqu'elles sont bien faites, elles constituent un indispensable instrument de travail. Mais il n'existe pas de mesure exacte de leur validité.

4. Allusion au vers de Gœthe : « Ce que vous appelez l'esprit de l'époque n'est autre que l'esprit des maîtres de l'époque » (*Faust* I).

5. Aegidius Tchudi (1505-1572), chroniqueur suisse largement utilisé par Johannes von Müller.

6. Il s'agit de la bataille contre les Perses, en 480. Cf. Hérodote IX, 23.

7. Le grand historien Léopold von Ranke (1795-1886) était alors au début de sa carrière.

8. Barthold Georg Niebuhr : *Histoire Romaine* I-III, Berlin 1811-1832.

9. Gustav Hugo (1764-1844) a donné la version allemande de l'essai de Gibbon sur le Droit romain, Göttingen 1789.

10. Karl Friedrich Eichhorn (1781-1854) a écrit une *Histoire de l'État et du Droit allemand*, Göttingen 1808-1823.

DEUXIÈME ÉBAUCHE
(1830)

L'HISTOIRE PHILOSOPHIQUE

(Cours commencé le 8-11-1830)

Messieurs,

L'objet de ces cours est la Philosophie de l'Histoire universelle.

Je n'ai pas besoin de vous dire ce qu'est l'histoire, l'histoire universelle. L'idée qu'on s'en fait généralement — et avec laquelle nous sommes plus ou moins d'accord — est suffisante. Mais dire qu'il existe une *philosophie* de l'histoire et que c'est elle que nous étudions, vouloir *considérer philosophiquement* l'histoire, voilà ce qui peut choquer dans le titre même de ces cours, et semble exiger une explication ou bien plutôt une justification.

Pourtant la philosophie de l'histoire n'est que la considération *pensante* de cette dernière, et il n'est pas possible de renoncer à la pensée. Car l'homme est un être *pensant* ; c'est ce qui le distingue de l'animal. Tout ce qui est *humain*, la sensibilité, la connaissance et la science, l'instinct et la volonté — pour autant que cela soit humain et non animal — contient une pensée, et cette pensée se trouve aussi impliquée chaque fois qu'on s'occupe de l'histoire. Cette référence à la participation universelle de la pensée à tout ce qui est humain, et donc à l'histoire, peut paraître insuffisante puisque nous croyons que la pensée est subordonnée à l'être et au donné, qu'elle l'a pour fondement et pour guide. En revanche, on attribue à la philosophie des idées qui lui sont particulières (*eigen*) et que la spéculation aurait engendrées d'elle-même, sans référence aucune au réel. La philosophie, pense-t-on, aborde l'histoire avec ses idées ; elle la traite, comme une matière inerte et au lieu de la laisser telle qu'elle est, elle l'*arrange* suivant ses idées et elle *construit* une histoire *a priori*.

■ L'histoire se réfère à ce qui s'est passé. A sa démarche semble s'opposer le concept qui se détermine essentiellement par lui-même. On peut certes assembler les faits de manière à donner l'impression que l'histoire se déroule immédiatement devant nous. Il est vrai qu'il s'agit aussi d'établir l'enchaînement des faits et de découvrir l'élément qu'on appelle *pragmatique*, et par conséquent les causes et les raisons des événements. A cette fin, peut-on penser, le concept est nécessaire sans que la pensée conceptuelle (*Begreifen*) entre pour autant dans une relation d'opposition avec elle-même. Pourtant, dans les considérations de ce genre, ce sont toujours les faits qui sont fondamentaux et l'activité du Concept se réduit au contenu formel et général des faits, à la formulation des principes, des règles et des maximes. C'est seulement lorsqu'il s'agit de tirer de l'histoire de telles déductions qu'on reconnaît la nécessité de la pensée logique, mais la justification de ces déductions doit provenir de l'expérience. Ce que la philosophie entend par Concept est tout autre : ici, la saisie conceptuelle est l'activité du Concept lui-même et non la collaboration d'une *matière* et d'une *forme* hétérogènes. Une fraternisation [de la forme et de la matière] comme celle qui se produit dans l'histoire pragmatique, ne satisfait pas le Concept tel qu'il est en philosophie : ici, le

Concept tire essentiellement de lui-même la matière et le contenu. A cet égard, et malgré les liaisons qu'elle établit, l'histoire pragmatique maintient la distinction qui fait que l'événement et l'autonomie de la pensée s'opposent l'un à l'autre.

Cependant la même situation se présente (indépendamment de toute philosophie) à l'intérieur de la connaissance historique dès qu'on l'examine d'un point de vue supérieur. D'un côté, nous voyons dans l'histoire des éléments et des conditions naturelles qui sont fort éloignés du Concept, ainsi que de multiples manifestations de l'arbitraire humain et de la nécessité extérieure. A tout cela nous opposons, d'autre part, la pensée d'une nécessité supérieure, d'une justice et d'un amour éternels : la fin absolue qui est vérité en soi et pour soi. Ce contraste repose sur les éléments abstraits qui se présentent dans l'opposition de l'Etre naturel, sur la liberté et la nécessité du Concept. C'est une opposition qui nous intéresse de plusieurs façons et qui attire notre attention également dans l'idée de l'histoire universelle. Notre but est de montrer cette opposition comme étant en soi et pour soi résolue dans l'histoire.

● L'unique tâche de l'histoire est la pure compréhension de ce qui a été et de ce qui est, événements et actions. L'histoire est vraie dans la mesure où elle s'en tient uniquement au donné (mais ce donné n'existe pas immédiatement et exige de multiples recherches impliquant la pensée) et dans la mesure où l'événement constitue son seul but. Ce but semble être en contradiction avec la démarche de la philosophie. Je tâcherai dans cette *Introduction* de mettre au clair cette contradiction et le blâme qu'encourt la philosophie à cause des idées qu'elle introduit dans l'histoire et d'après lesquelles elle traite l'histoire. Il s'agit tout d'abord de définir le *caractère général de la Philosophie de l'Histoire* et de faire ressortir les conséquences immédiates qui en résultent. Le rapport entre la pensée et le fait historique sera ainsi placé dans sa vraie lumière. Pour cette raison, et aussi pour ne pas allonger démesurément cette Introduction — car l'histoire nous attend, avec toute sa richesse, — il ne me sera pas nécessaire de réfuter et de rectifier les idées et les réflexions fausses, infiniment nombreuses, qui ont cours ou sont perpétuellement en train d'être inventées * au sujet des points de vue, des principes et des opinions sur les fins, sur les intérêts de la considération de l'histoire, ainsi que sur son rapport au Concept et à la philosophie. Nous pouvons ou bien les passer complètement sous silence ou bien les évoquer allusivement et en passant.

* En marge : Chaque nouvelle Préface à un livre d'histoire — puis à leur tour les Introductions des études critiques qui lui sont consacrées — apportent une nouvelle théorie.

I

LE CONCEPT GÉNÉRAL DE LA PHILOSOPHIE DE L'HISTOIRE

L'idée de la Raison

En ce qui concerne le concept provisoire de la philosophie de l'histoire, je voudrais remarquer ceci : le premier reproche qu'on adresse à la philosophie, c'est d'aborder l'histoire avec des idées et de la considérer selon des idées. Mais la seule idée qu'apporte la philosophie est la simple idée de la *Raison* — l'idée que la Raison gouverne le monde et que, par conséquent, l'histoire universelle s'est elle aussi déroulée rationnellement. Cette conviction, cette idée est une présomption par rapport à l'histoire comme telle. Ce n'en est pas une pour la philosophie. Il y est *démontré* par la connaissance spéculative que la Raison — nous pouvons ici nous en tenir à ce terme sans insister davantage sur la relation à Dieu — est sa *substance*, la *puissance infinie*, la *matière infinie* de toute vie naturelle ou spirituelle, — et aussi la *forme infinie* la réalisation de son propre contenu. Elle est la *substance* c'est-à-dire ce par quoi et en quoi toute réalité trouve son être et sa consistance. Elle est l'*infinie puissance* : elle n'est pas impuissante au point de n'être qu'un idéal, un simple devoir-être, qui n'existerait pas dans la réalité, mais se trouverait on ne sait où, par exemple dans la tête de quelques hommes. Elle est le *contenu* infini, tout ce qui est essentiel et vrai, et contient sa propre matière qu'elle donne à élaborer à sa propre activité. Car elle n'a pas besoin, comme l'acte fini, de matériaux externes et de moyens donnés, pour fournir à son activité aliments et objets. Elle se nourrit d'elle-même. Elle est pour elle-même la matière qu'elle travaille. Elle est sa propre présupposition et sa fin est la fin absolue. De même, elle réalise elle-même sa finalité et la fait passer de l'intérieur à l'extérieur non seulement dans l'univers naturel, mais encore dans l'univers spirituel — dans l'histoire universelle. L'Idée est le vrai, l'éternel, la puissance absolue. Elle se manifeste dans le monde et rien ne s'y manifeste qui ne soit elle, sa majesté et sa magnificence : voilà ce que la philosophie démontre et qui est ici *supposé* démontré.

■ La réflexion philosophique *n'a d'autre but que d'éliminer le hasard. La contingence est la même chose que la nécessité extérieure* : *une nécessité qui se ramène à des causes qui elles-mêmes ne sont que des circonstances externes.* Nous devons chercher dans l'histoire un but universel, le but final du monde — non un but particulier de l'esprit subjectif ou du sentiment humain. Nous devons le saisir avec la raison car la raison ne peut trouver de l'intérêt dans aucun but fini particulier, mais seulement dans le but absolu. Ce but est un contenu qui témoigne lui-même de lui-même : tout ce qui peut retenir l'intérêt de l'homme trouve son fondement en lui. Le rationnel est ce qui existe de soi et pour soi — ce dont provient tout ce qui a une valeur. Il se donne des formes différentes ; mais sa nature, qui est d'être but, se manifeste et s'explicite avec le plus de clarté dans ces figures multiformes que nous nommons les Peuples. Il faut apporter à l'histoire la foi et l'idée que le monde du vouloir n'est pas livré au hasard. Une fin ultime domine la vie des peuples ; la Raison est présente dans l'histoire universelle — non la raison subjective, particulière, mais la Raison divine, absolue : voilà les vérités que nous présupposons ici. Ce qui les démontrera, c'est la théorie de l'histoire universelle elle-même car elle est l'image et l'œuvre de la Raison. En vérité, la démonstration proprement dite ne se trouve que dans la connaissance de la Raison elle-même. Dans l'histoire, elle ne fait que se montrer. L'histoire universelle n'est que la manifestation de cette Raison unique, une des formes dans lesquelles elle se révèle ; une copie du modèle originel qui s'exprime dans un élément particulier, les Peuples.

La Raison repose en elle-même et porte en elle-même sa fin ; elle se réalise dans l'existence et développe ses potentialités. La pensée doit prendre conscience de cette finalité de la Raison. La démarche de la philosophie peut paraître paradoxale. Si on se laisse entraîner par les mauvaises habitudes de l'opinion, on peut la tenir pour accidentelle et arbitraire. Mais celui qui ne tient pas la pensée pour l'unique vérité et pour le bien suprême n'a pas le moindre droit de porter des jugements sur la démarche philosophique.

● A ceux d'entre vous, Messieurs, qui ne connaissent pas encore la philosophie, je demanderai d'entendre cet exposé sur l'histoire universelle avec la foi en la raison, avec le désir de la connaître ; et assurément, ce n'est pas le désir d'amasser des connaissances, c'est le désir de compréhension rationnelle, de connaissance, qui est censé être le besoin subjectif qui pousse à l'étude des sciences. En fait, je n'ai pas à anticiper sur cette foi. Ce que j'ai dit et dirai provisoirement ne doit pas être considéré — même par rapport à notre science — comme une présomption, mais comme une *vue générale* de l'ensemble, comme le résultat de l'étude que nous devons entreprendre, un résultat que je connais parce que je connais déjà l'ensemble. De l'étude donc de l'histoire universelle a résulté et doit résulter que tout s'y est passé rationnellement, qu'elle a été la marche rationnelle et nécessaire de l'Esprit du Monde (*Weltgeist*), Esprit qui constitue la substance de l'histoire, qui est toujours un et identique à lui-même et qui explicite son être unique dans la vie de l'univers (l'Esprit du Monde est l'Esprit en général). Cela, comme nous l'avons dit, doit résulter de l'étude de l'histoire. Mais nous devons prendre l'histoire comme elle est ; procéder historiquement, empiriquement. Entre autres choses nous ne devons pas nous laisser égarer par les historiens de profession. En effet, il existe, tout au moins en Allemagne, des historiens jouissant d'une grande autorité en ce qui concerne ce qu'on appelle l'étude des sources, qui font précisément ce qu'ils reprochent aux philosophes, à savoir des constructions fantaisistes *a priori*. C'est par exemple une fable très répandue qu'il y aurait eu un très antique peuple primordial, instruit directement par Dieu, doué d'une intelligence et d'une sagesse parfaites, connaissant à fond toutes les lois de la nature et toutes les vérités spirituelles (1), ou bien encore qu'il aurait existé des peuples-prêtres (2). On raconte aussi — pour citer un exemple plus spécial — qu'il aurait existé une épopée romaine où les historiens latins auraient puisé l'histoire la plus ancienne, etc. Laissons ces apriorismes à nos spirituels historiens professionnels : ils n'ont pour eux rien d'insolite.

La première condition qui nous est posée peut s'énoncer comme l'exigence de *comprendre fidèlement* l'histoire. Mais *fidélité* et *compréhension* sont des généralités ambiguës. Même l'historien ordinaire, moyen, qui se veut entièrement réceptif, soumis au donné, n'est point passif dans sa pensée : il apporte ses catégories et voit les faits à travers ces catégories. Le vrai ne réside pas dans la superficie sensible ; en toutes choses, en particulier dans tout ce qui doit être scientifique, la raison ne doit pas dormir et il faut user de la réflexion. Voir le monde rationnellement, c'est aussi être vu rationnellement *par* le monde : il y a réciprocité.

On dit que le but du monde doit être tiré de l'observation sensible. Il y a une part de vérité dans cette proposition. Mais pour reconnaître l'Universel, la Rationalité, on doit apporter avec soi la Raison. Les objets sont des stimulants de la réflexion. On est dans le monde suivant la manière dont on le voit. Si c'est avec un état d'esprit subjectif qu'on aborde le monde, on le trouvera tel qu'on est soi-même. Mais l'immense contenu de l'histoire universelle est rationnel et doit être rationnel. Une toute-puissante volonté divine règne dans le monde ; elle n'est pas faible au point de ne pas pouvoir déterminer son contenu. Notre but est de connaître cette substantialité et pour la connaître il faut prendre conscience de la Raison ; il ne faut pas voir avec les yeux naturels ni penser avec l'entendement fini : il faut regarder avec l'œil du Concept, de la Raison, qui pénètre la superficie des choses et transperce l'apparence bariolée des événements. On nous dit que lorsqu'on procède ainsi on aborde l'histoire d'une manière a-priorique, donc en soi et pour soi mauvaise. Pour la philosophie, de tels blâmes n'ont aucune importance. Pour connaître la substance des choses, on doit les aborder avec la Raison. Il est vrai qu'on doit éviter les réflexions unilatérales car elles déforment l'histoire et proviennent de fausses opinions subjectives. Mais la philosophie n'a rien à voir avec tout cela. Dans la certitude que la Raison gouverne le monde, elle est convaincue que ce qui se passe dans l'histoire correspond au concept ; elle ne met pas la vérité sens dessus dessous comme c'est la mode aujourd'hui chez les philologues dont la prétendue ingéniosité ne fait autre chose que d'introduire des *a priori* dans l'histoire. Dans la mesure où elle présuppose l'Idée, la philosophie travaille certes avec des *a priori*, mais elle en est certaine, car telle est la conviction de la Raison.

Le point de vue de l'histoire philosophique n'est pas tiré abstraitement de la multitude des autres points de vue généraux et ne peut pas être compris si l'on fait abstraction des autres. Son principe spirituel est la totalité de tous les points de vue. Elle considère le principe spirituel concret des peuples et son histoire ; elle ne s'occupe pas des situations particulières, mais de la pensée universelle qui opère à travers le tout et le constitue. Cet Universel n'appartient pas au monde des apparences contingentes ; la masse des particularités doit ici être saisie comme une unité. L'objet de l'histoire [philosophique] est l'objet le plus concret, celui qui contient en soi la totalité des divers aspects de l'existence : l'Individu dont elle parle, est l'Esprit du Monde (*Weltgeist*). C'est cet objet concret, dans sa figure concrète et dans son évolution nécessaire, que la philosophie se donne comme objet lorsqu'elle traite de l'histoire. Pour la philosophie le fait premier n'est pas le destin, l'énergie, les passions des peuples et, conjointement, la bousculade informe des événements. Le fait premier pour la philosophie est l'Esprit même des événements, l'Esprit qui les a produits, car c'est lui qui est l'Hermès, le conducteur des peuples. L'Universel que vise l'histoire philosophique ne doit pas être compris comme un aspect très important [de la vie historique] à côté duquel on pourrait trouver d'autres déterminations. Cet Universel est l'infiniment concret qui contient tout et qui est partout présent parce que l'Esprit est éternellement auprès de soi — l'infiniment concret pour lequel le passé n'existe pas, mais qui demeure toujours le même dans sa force et sa puissance.

C'est avec l'intellect en général qu'on doit d'abord considérer l'histoire : causes et effets doivent être compris. Pour comprendre l'essentiel, dans l'histoire universelle, on doit d'abord éliminer l'inessentiel, et c'est l'entendement qui met en évidence ce qui est important et significatif. Selon les buts qu'il poursuit dans sa considération de l'histoire, l'entendement distingue l'essentiel et l'inessentiel. Or ces buts peuvent être les plus variés. Dans l'énoncé d'un but, plusieurs considérations entrent en ligne de compte : à côté du but principal il existe des buts secondaires. Mais si nous voulons mettre en parallèle les faits historiques et les buts de l'Esprit, nous devons renoncer à tout — même à ce qui est en soi intéressant — et nous en tenir à l'essentiel. Le contenu qui s'offre alors à la raison ne se laisse pas ramener au même dénominateur que ce qui a été obtenu jusqu'ici. Il s'agit de buts qui intéressent essentiellement l'esprit et le sentiment et leur récit nous a déjà plongé dans la tristesse, l'admiration ou la joie.

Les catégories de la conscience historique

● Nous n'avons pas à nous appesantir ici sur les différentes façons de penser, de considérer et de juger ce qui est important ou dépourvu d'importance — ce sont là les premières catégories qui apparaissent devant nous — ou ce qui nous paraît être [le plus important] dans l'immense matière qui se déploie devant nous.
■ [En revanche il faudrait évoquer brièvement les catégories sous lesquelles le spectacle de l'histoire apparaît généralement à la pensée]. La première catégorie résulte du spectacle du changement perpétuel auquel sont soumis les individus, les peuples et les États qui existent un moment, attirent notre attention, puis disparaissent. C'est la catégorie du *changement*.

Nous avons devant les yeux un immense tableau fait d'événements et d'actions, de figures infiniment variées de peuples, d'États, d'individus qui se succèdent sans repos. Tout ce qui peut passionner l'âme humaine, le sentiment du bien, du beau, du grand est ici mis en jeu. Partout, on se réclame de fins, on poursuit des fins que nous acceptons et dont nous désirons l'accomplissement : nous espérons et nous craignons pour elles. Dans ces événements, ces incidents, nous sentons l'action et la souffrance des hommes. Partout, nous nous trouvons chez nous et prenons parti pour ou contre. Tantôt, la beauté nous attire, ou bien la liberté, ou encore la richesse ; tantôt, l'énergie nous séduit, grâce à laquelle le vice même arrive à s'imposer. Ici nous voyons la masse compacte d'une œuvre d'intérêt général s'élaborer péniblement, puis, rongée par une infinité de détails, s'en aller en poussière. Là, un immense déploiement de forces ne donne que des résultats mesquins, tandis qu'ailleurs des causes insignifiantes produisent d'énormes résultats. Partout, c'est une mêlée bigarrée qui nous emporte, et dès qu'une chose disparaît, une autre aussitôt prend sa place.

Le côté négatif de ce spectacle du changement provoque notre tristesse. Il est déprimant de savoir que tant de splendeur, tant de belle vitalité à dû périr et que nous marchons au milieu des ruines. Le plus noble et le plus beau nous fut arraché par l'histoire : les passions humaines l'ont ruiné. Tout semble voué à la disparition, rien ne demeure. Tous les voyageurs ont éprouvé cette mélancolie. Qui a vu les ruines de Carthage, de Palmyre, Persépolis, Rome sans réfléchir sur la caducité des empires et des hommes, sans porter le deuil de cette vie passée puissante et riche ? Ce n'est pas, comme devant la tombe des êtres qui nous furent chers, un deuil qui s'attarde aux pertes personnelles et à la caducité des fins particulières : c'est le deuil désintéressé de la ruine d'une vie humaine brillante et civilisée.

Cependant à cette catégorie du changement se rattache aussitôt un autre aspect : de la mort renaît une vie nouvelle. Les Orientaux ont eu cette idée, et c'est peut-être leur plus grande idée, la pensée suprême de leur métaphysique. La métempsychose exprime cette idée en ce qui concerne l'existence individuelle. On connaît aussi le symbole du Phénix, symbole de la vie naturelle qui éternellement se prépare son propre bûcher et s'y consume, de telle sorte qu'une vie nouvelle, rajeunie et rafraîchie, sort éternellement de ses cendres. Cette image, toutefois, n'est qu'une image orientale qui convient à la vie du corps plutôt qu'à celle de l'esprit. L'Occident apporte une autre idée. L'esprit réapparaît non seulement rajeuni mais aussi plus fort et plus clair. Certes, il se dresse contre lui-même, consume la forme qu'il s'était donnée et s'élève à une forme nouvelle. Mais en rejetant ainsi l'enveloppe de son existence charnelle, il n'adapte pas seulement une autre enveloppe. Un esprit plus pur sort des cendres de la forme antérieure. C'est la deuxième catégorie de l'Esprit. Son *rajeunissement* n'est pas un simple retour à la forme antérieure ; c'est une purification et une transformation de lui-même. Dans la mesure où il résout ses problèmes, il s'en crée de nouveaux et multiplie ainsi la masse de la matière sur laquelle il travaille. L'Esprit se répand ainsi dans l'histoire en une inépuisable multiplicité de formes où il jouit de lui-même. Mais son travail intensifie son activité et de nouveau il se consume. Chaque création dans laquelle il avait trouvé sa jouissance s'oppose de nouveau à lui comme une nouvelle matière qui exige d'être œuvrée. Ce qu'était son œuvre devient ainsi matériau que son travail doit transformer en une œuvre nouvelle. Ainsi l'Esprit affirme-t-il ses forces dans toutes les directions. Nous apprenons quelles sont celles-ci par la multiplicité des productions et des créations de l'Esprit. Dans la jouissance de son activité il n'a affaire qu'à lui-même. Il est vrai que, lié aux conditions naturelles intérieures et extérieures, il y rencontre non seulement des obstacles et de la résistance, mais voit souvent ses efforts échouer. Il est alors déchu dans sa mission (*Beruf*) en tant qu'être spirituel dont la fin est sa propre activité et non son œuvre, et cependant il montre encore qu'il a été capable d'une telle activité.

Après ces troublantes considérations, on se demande quelle est la fin de toutes ces réalités individuelles. Elles ne s'épuisent pas dans leurs buts particuliers. Tout doit contribuer à *une* œuvre. A la base de cet immense sacrifice de l'Esprit doit se trouver une fin ultime. La question est de savoir si, sous le tumulte qui règne à la surface, ne s'accomplit pas une œuvre silencieuse et secrète dans laquelle sera conservée toute la force des phénomènes. Ce qui nous gêne, c'est la grande variété, le contraste de ce contenu. Nous voyons des choses opposées être vénérées comme sacrées et prétendre représenter l'intérêt de l'époque et des peuples. Ainsi naît le besoin de trouver dans l'Idée la justification d'un tel déclin. Cette considération nous conduit à la troisième catégorie, à la recherche d'une fin en soi et pour soi ultime. C'est la catégorie de la *Raison* elle-même, elle existe dans la conscience comme foi en la toute-puissance de la Raison sur le monde. La preuve sera fournie par l'étude de l'histoire elle-même. Car celle-ci n'est que l'image et l'acte de la Raison.

● Je me bornerai ici à rappeler deux formes sous lesquelles s'est exprimée la conviction générale que la Raison a régné et règne dans le monde aussi bien que dans l'histoire, parce qu'elle nous offriront l'occasion de toucher de plus près le point le plus difficile et d'indiquer les développements qui s'ensuivront.

L'idée antique de la Raison

La première se rapporte à un fait historique : le Grec Anaxagore a dit le premier que le νοῦς, l'Intelligence en général, ou la Raison, gouverne le monde. Cette Raison n'est pas ici l'Intelligence en tant que Raison consciente de soi, ni un Esprit en tant que tel : ce sont là deux choses que nous devons soigneusement distinguer l'une de l'autre. Le mouvement du système solaire se poursuit suivant des lois invariables, ces lois constituent sa raison, mais ni le soleil ni les planètes qui, suivant ces lois, tournent autour de lui, n'en sont conscients : c'est l'homme qui extrait ces lois de la réalité et en a connaissance. Cette idée que la Raison existe dans la nature, que celle-ci est régie par des lois universelles invariables, n'a rien de frappant, si l'on ne tient pas compte du fait que chez Anaxagore elle se limite à la nature. Nous y sommes accoutumés et nous n'en faisons pas grand cas. J'ai mentionné ce fait historique pour vous rappeler que l'histoire nous apprend que des choses de ce genre qui, aujourd'hui, paraissent triviales, n'ont pas toujours été évidentes et que de telles pensées ont plutôt fait époque dans l'histoire de l'esprit humain. Aristote dit d'Anaxagore, le père de cette idée, qu'il apparut comme un homme lucide égaré parmi des gens ivres (3).

L'idée d'Anaxagore fut adoptée par Socrate et par tous les philosophes à l'exception d'Épicure lequel attribuait tout au hasard. Elle devint par la suite l'idée prédominante — nous verrons plus tard dans quelle religion et dans quels peuples. Voici ce que Platon fait dire à Socrate (Phédon 97-8) à propos de la découverte d'Anaxagore que la Pensée — non la pensée consciente, mais la pensée indéterminée : la Raison à la fois consciente et inconsciente — gouverne le monde : « Je m'en réjouissais et j'espérais avoir trouvé un maître qui m'expliquerait la nature suivant la raison et me montrerait dans chaque être particulier la fin particulière qui lui est propre, et dans l'ensemble des êtres la fin universelle, le Bien qui leur est commun. Pour rien au monde je n'aurais renoncé à cette espérance. Mais quelle déception quand je lus les écrits d'Anaxagore et constatai qu'au lieu de la Raison il ne mentionne que des causes extérieures comme l'air, l'éther, l'eau, etc. »

On voit que l'insuffisance que Socrate reprochait à Anaxagore ne concerne pas le principe même, mais l'inapplication de ce principe à la nature concrète. Autrement dit, la nature n'était pas saisie d'après ce principe ; et ce dernier demeurait *abstrait*. La nature n'était pas comprise comme le développement de la Raison, comme un ordre produit par la Raison en tant que cause première. J'attire, dès le début, votre attention sur cette distinction entre une définition, un principe, une vérité demeurant seulement dans l'abstraction ou progressant vers une détermination plus précise — et une explicitation concrète. C'est là une distinction décisive et nous y reviendrons souvent, surtout à la fin de notre histoire universelle, lorsque nous parlerons de l'actualité politique.

J'ai évoqué cette première apparition de l'idée que la Raison gouverne le monde, et j'ai mentionné ses insuffisances, parce que cette idée a trouvé son application complète sous une autre forme, dans une forme que nous connaissons et dont *nous* sommes convaincus : c'est la forme de la vérité religieuse, d'après laquelle le monde n'est pas livré au hasard ou à des causes extérieurs et accidentelles, mais est *régi par une Providence.* Je disais précédemment que je ne voulais pas recourir à votre foi au principe de la Raison. Si la nature particulière de la science philosophique n'excluait pas le recours à des présuppositions, je pourrais en appeler à votre foi en la forme religieuse de ce principe, et cela d'autant plus que la science dont nous traiterons ici fournira elle-même la preuve, sinon de la *vérité*, du moins de l'*exactitude* de ce principe et se chargera de montrer dans le concret que les choses se passent ainsi. A ce principe correspond la *vérité* qu'une Providence, la Providence divine, préside aux événements du monde. En effet, la Providence divine est la Sagesse qui, avec une puissance infinie, réalise ses fins, c'est-à-dire réalise la fin ultime, rationnelle, absolue du monde ; et la Raison est la pensée se déterminant elle-même en toute liberté : le *Nous*.

Pourtant, entre cette loi religieuse et notre principe, se manifeste la même différence, voire la même opposition que celle qui existe entre la thèse d'Anaxagore et l'exigence de Socrate. Cette foi est en effet aussi générale et indéterminée que la thèse d'Anaxagore : elle est *foi en la Providence* en général, et elle ne parvient pas à se préciser et à s'appliquer à l'ensemble des événements du monde. [Au lieu d'une telle] application [on se contente d'expliquer] l'histoire [par des causes telles que] les passions, la force des armes, la présence ou l'absence de grands hommes, causes aussi naturelles et contingentes que celles que Socrate [déplorait chez Anaxagore. On reste dans] l'abstraction et on réduit l'idée de la Providence à une généralité [qu'on se refuse de déterminer]. Or l'élément déterminé qui la fait agir de telle ou telle manière est ce qu'on appelle *plan* providentiel. (Le plan est la fin et les plans sont les moyens.) Mais, dit-on, ce Plan doit précisément rester caché à nos yeux et il serait présomptueux de vouloir le connaître. L'ignorance d'Anaxagore quant à la manière dont l'Intelligence se manifeste dans la réalité, était naturelle : ni lui ni les autres Grecs n'ont pu pousser plus loin la pensée et la conscience de la pensée. Il ne pouvait pas appliquer son principe universel au concret et le connaître au moyen de son principe. Lorsque Socrate fit un premier pas pour saisir, bien que de façon subjective et unilatérale, l'union du concret et de l'universel, Anaxagore ne fut pas hostile à une telle application [de son principe]. En revanche, la foi s'oppose à la connaissance du Plan providentiel et à toute application de l'idée de Providence dans les grandes affaires du monde. Elle y consent uniquement lorsqu'il s'agit de petites affaires privées, tant et si bien que les âmes pieuses se croient autorisées à reconnaître non seulement les dons de Dieu mais aussi les effets de sa Providence dans certains cas que d'autres pourraient tenir pour le seul fait du hasrad. Lorsqu'un individu se trouvant dans une grande misère reçoit soudainement une aide inattendue, nous ne devons pas lui donner tort s'il rend grâces à Dieu et pense à Lui. Mais le but lui-même est limité ; son contenu se réduit aux fins particulières d'un individu particulier. Or, dans l'histoire universelle, nous avons affaire à des individualités qui sont des peuples, à des totalités qui sont des États. Ici le petit commerce (*Kleinkrämerei*) avec la Providence n'est plus de mise. Encore moins pouvons-nous nous en tenir à la foi purement abstraite et vague qui affirme l'existence d'une Providence en général, mais se refuse à la préciser et à la concrétiser. Nous devons, au contraire, nous pencher avec sérieux sur le concret. Car, dans les faits concrets, ce sont souvent les voies mêmes de la Providence, ses moyens et ses manifestations historiques, qui s'offrent à nos yeux : notre unique tâche sera de les ramener à leur principe.

En parlant de la connaissance du Plan providentiel, j'ai fait allusion à une question d'importance capitale à notre époque : la question de la possibilité de connaître Dieu. Étant donné que cette question a cessé d'en être une, je parlerai plutôt de la doctrine de l'impossibilité de connaître Dieu, doctrine qui est devenue un préjugé bien que l'Écriture sainte nous donne pour devoir suprême non seulement d'aimer Dieu, mais aussi de le connaître. On nie ainsi la parole selon laquelle, l'esprit conduit à la vérité, connaît toute chose et pénètre même les profondeurs de la divinité.

■ La foi naïve peut renoncer à un examen plus approfondi et s'en tenir à l'idée générale du gouvernement divin du monde. Ceux qui pensent ainsi ne sont pas à blâmer, à condition de ne pas s'opposer à toute autre approche. Mais cette idée peut être également considérée d'une manière tendancieuse (*Befangen*) et sa proposition générale peut, à cause de sa généralité, comporter un sens négatif qui impliquerait que Dieu se trouve à une distance inaccessible, au-delà des choses humaines et de la connaissance humaine. En échange, on obtient ainsi la liberté de se soustraire à l'exigence de la Vérité et de la Raison et on a tout loisir de s'abandonner à ses propres opinions. En ce sens, le représentation de Dieu se réduit à un mot creux. Si nous plaçons Dieu au delà de notre conscience rationnelle, nous nous trouvons du même coup affranchis du souci de connaître sa nature et de reconnaître la présence de la Raison dans l'histoire. La voie est ainsi libre au jeu des hypothèses arbitraires : la pieuse humilité sait fort bien ce qu'elle gagne à de tels renoncements.

● Notre proposition : la Raison gouverne et a gouverné le monde, peut donc s'énoncer sous une forme religieuse et signifier que la Providence divine domine le monde. J'aurais pu m'abstenir d'y faire allusion pour éviter de mentionner la quéstion de la possibilité de connaître Dieu. Je ne l'ai pas fait, en partie pour montrer que les deux thèmes sont intimément liés, en partie pour défendre la philosophie qui, soupçonnée de mauvaise conscience à l'égard des vérités religieuses, les éviterait et redouterait de les mentionner. Bien au contraire, on en est arrivé de nos jours à une situation où la philosophie doit défendre l'élément religieux contre une certaine forme de théologie.

■ On entend souvent dire qu'il est présomptueux de vouloir connaître le plan de la Providence. C'est là une conséquence de l'opinion, devenue aujourd'hui un axiome, selon laquelle il est impossible de connaître Dieu. Lorsque la théologie elle-même en doute, il faut se réfugier dans la philosophie si l'on veut connaître Dieu. On pense que la Raison fait preuve d'outrecuidance lorsqu'elle se propose de connaître quelque chose. Je dirais plutôt que la véritable humilité consiste à vouloir connaître et honorer Dieu en toutes choses, et en premier lieu dans l'histoire. La tradition nous dit qu'il faut reconnaître Dieu dans la nature. En effet, un temps ce fut la mode d'admirer la sagesse divine dans les bêtes et les plantes. On a l'air de connaître Dieu lorsqu'on est saisi d'admiration devant certaines productions de la nature ou certaines destinées humaines. Si l'on admet que la Providence se révèle dans ces objets et ces matières, pourquoi pas aussi dans l'histoire universelle ? Cette matière paraît-elle trop vaste ? On croit ordinairement que la Providence est efficace uniquement dans les petites choses — à la manière d'un homme riche qui distribue ses aumônes aux pauvres et les tient sous son pouvoir. Mais il est faux de croire que la matière de l'histoire universelle est trop vaste pour la Providence. La Sagesse divine est la même dans les grandes choses et dans les petites. Elle est égale dans les plantes et les insectes aussi bien que dans les destins des peuples et des empires et nous ne devons pas considérer Dieu comme trop faible pour employer sa sagesse aux grandes choses (4). Si, en disant que la Sagesse divine ne s'exerce pas partout, on croit faire preuve d'humilité, celle-ci concerne non la Sagesse de Dieu, mais la matière où elle s'exerce. En outre, la nature occupe un rang inférieur par rapport à l'histoire. La nature est l'existence inconsciente de l'Idée divine ; c'est seulement dans le domaine de l'Esprit que l'Idée se manifeste dans son propre élément et devient connaissable. Armés de ce concept de la Raison, nous devons aborder sans crainte n'importe quelle matière.

L'affirmation que nous ne devons pas vouloir connaître Dieu exige un développement plus ample que celui que nous pouvons donner ici. Mais dans la mesure où cette question est intimement liée à notre problème, il importe d'exposer les points de vue généraux qui s'y rattachent. Si Dieu n'est pas connaissable, le seul domaine où l'homme pourrait encore trouver de l'intérêt, serait le monde profane, limité et fini. Certes, l'homme doit nécessairement se livrer au fini ; mais il existe une nécessité plus haute, qui consiste à pouvoir disposer d'un dimanche de la vie où nous nous élevons au-dessus des travaux de la semaine pour nous consacrer à ce qui est Vrai et le porter à la conscience.

Si Dieu ne doit pas rester un mot vide, nous devons reconnaître qu'il est bon et qu'il se communique à nous. Dans les plus anciennes poésies grecques, les dieux apparaissent comme des êtres envieux qui haïssent et qui abaissent tout ce qui est grand. Mais Aristote avait déjà dit que les poètes mentent : Dieu ne peut pas être envieux. Dire de Dieu qu'il ne veut pas se communiquer à nous, équivaut à lui attribuer de la jalousie ; or, en se communiquant à nous, Dieu ne perd rien, de même qu'une lumière ne diminue en rien lorsqu'elle sert à allumer une autre.

On soutient que si Dieu se communique c'est uniquement d'une part à la nature, et de l'autre au cœur, au sentiment de l'homme : Dieu est pour nous [nous devient accessible] dans la conscience immédiate, l'intuition et le sentiment. Or intuition et sentiment ont ceci de commun qu'ils relèvent d'une conscience qui n'est pas parvenue à la réflexion. On objectera donc que l'homme est un être pensant et qu'il se distingue de l'animal par la pensée. L'homme se comporte en être pensant, même lorsqu'il n'en a pas conscience. Lorsque Dieu se révèle à l'homme, il se révèle à lui en tant qu'à un être essentiellement pensant ; s'il se révélait essentiellement à son sentiment, il mettrait l'homme au même rang que l'animal dépourvu de toute capacité de réflexion. Mais aux animaux nous n'attribuons aucune vie religieuse. En fait, si l'homme est seul à avoir une religion, c'est parce qu'il n'est pas un animal et qu'il est pensant. L'homme se distingue de l'animal par la pensée : cette banalité est aujourd'hui oubliée.

Dieu est en soi et pour soi l'Être éternel, et ce qui est en soi et pour soi l'Universel est l'objet de la pensée, non du sentiment. Évidemment, tout ce qui est spirituel, tout ce qui forme le contenu de la conscience, et d'abord la religion et l'éthique (*Sittlichkeit*), doit également se manifester dans le sentiment. Mais le sentiment n'est pas la source d'où l'homme tire ce contenu ; le sentiment est uniquement le mode d'apparition de ce contenu et il représente la pire des formes : une forme que l'homme possède en commun avec l'animal. Tout ce qui est substantiel doit aussi se manifester sous la forme du sentiment, mais il existe d'autres formes supérieures et plus dignes. Si on localise dans le sentiment l'éthique, la vérité, le contenu spirituel, on leur attribue une forme animale, et celle-ci est alors incapable d'un contenu spirituel. Le sentiment est la plus inférieure des formes dans lesquelles puisse se révéler un contenu quelconque. Dans la mesure où un contenu reste enfoui dans le sentiment, il est voilé et totalement indéterminé. Tout ce qui existe dans le sentiment est entièrement subjectif et ne peut se manifester que d'une manière subjective. Si quelqu'un dit : c'est mon sentiment, un autre a un droit égal à lui répondre : ce n'est pas le mien ; l'on se met ainsi hors du terrain commun. Le sentiment ne conserve ses droits que dans les affaires strictement particulières. Mais vouloir défendre une cause en affirmant que c'est le sentiment commun des hommes est une entreprise qui contredit le point de vue du sentiment lui-même, car ce point de vue est celui de la subjectivité particulière. Quand un contenu s'exprime comme sentiment, chacun est réduit à son point de vue subjectif. Un homme qui agit selon son sentiment en autorise un autre à lui appliquer n'importe quel sobriquet, mais il garde le droit de le lui renvoyer : tous les deux, de leur point de vue, ont parfaitement le droit de s'insulter. Si quelqu'un dit que sa religion est dans son sentiment, un autre peut également déclarer que dans son sentiment à lui il n'a trouvé nulle trace de Dieu : tous les deux auront raison. Mais si l'on réduit de la sorte le contenu divin — la révélation de Dieu, le rapport de l'homme à Dieu, l'existence de Dieu pour l'homme — au seul sentiment, on le limite au point de vue de la subjectivité particulière, de l'arbitraire, du caprice. En fait, on tourne le dos à la Vérité existant en soi et pour soi. Si l'unique voie d'approche (*Weise*) est le sentiment, s'il n'existe aucune connaissance de Dieu et de son contenu, seul subsiste mon bon plaisir : c'est la finitude qui règne et devient la valeur suprême. Je ne sais rien de Dieu : il est donc possible de ne pas prendre au sérieux les restrictions que la relation à Dieu doit impliquer.

Le Vrai est en soi universel, essentiel, substantiel et il n'est tel que dans et pour la pensée. Mais l'Esprit (*das Geistige*) — ce que nous appelons Dieu — est la Vérité vraiment substantielle, essentiellement individuelle et subjective. Il est la pensée, et la pensée est créatrice ; c'est en tant que tel que nous le trouvons dans l'histoire universelle. Tout le reste — tout ce que nous appelons vrai — est une forme particulière de cette vérité éternelle, ne trouve le repos qu'en elle et en est le rayonnement. Si l'on ne connaît rien de cette Vérité, on ignore aussi ce qui est vrai, juste et moral.

Dans ces conditions, quel est le Plan de la Providence dans l'histoire universelle? Le temps de le connaître est-il venu ? ● Je me bornerai pour le moment à une remarque générale.

Dieu s'est révélé dans la religion chrétienne, c'est-à-dire qu'il s'est fait connaître à l'homme et n'est plus une chose cachée, secrète. Cette possibilité de connaître Dieu nous en impose le devoir, et l'évolution de l'esprit pensant, dont la base, le point de départ a été cette révélation de l'Être divin, doit finalement aboutir à saisir aussi par la pensée ce qui fut donné d'abord au sentiment et à la représentation. Le temps est-il mûr pour une telle connaissance ? Cela impliquerait que ce qui constitue la fin ultime de l'univers ait enfin et d'une manière universellement valable et consciente, fait apparition dans la réalité elle-même.

■ La grandeur de la religion chrétienne, c'est qu'avec elle ce temps est venu : c'est bien cela qui fait absolument époque dans l'histoire universelle. Ce qui a été révélé, c'est la nature même de Dieu. Si l'on dit : nous ne savons rien de Dieu, alors la religion chrétienne devient quelque chose de superflu, de dépassé. Dans la religion chrétienne on sait ce qu'est Dieu. Certes, son contenu est également offert au sentiment, et précisément parce que le sentiment est un sens spirituel, ce contenu est accessible à la représentation, non seulement à la représentation sensible, mais aussi à la représentation pensante, à l'organe proprement dit par lequel Dieu se rapporte à l'homme. La religion chrétienne est celle qui a rendu manifeste aux hommes la nature et l'essence de Dieu. En tant que chrétiens, nous savons ce que Dieu est : Dieu n'est plus un inconnu. Si nous continuons à dire qu'il est inconnu, nous ne sommes pas chrétiens. La religion chrétienne exige de nous l'humilité dont nous avons déjà parlé — l'humilité qui consiste à connaître Dieu non par nous-mêmes, mais par la sagesse divine et la connaissance divine. Les chrétiens sont initiés aux mystères de Dieu ; c'est pourquoi la clé de l'histoire universelle nous a été donnée. Une certaine connaissance de la Providence et de son Plan nous est donnée. Une des doctrines principales du christianisme est que la Providence a dirigé et dirige le monde, que ce qui se passe dans le monde a sa place déterminée dans le gouvernement divin, lui est conforme. Cette doctrine s'oppose à l'idée du hasard et à la conception [qui réduit la Providence à une] fin limitée, par exemple celle de la conservation du peuple juif. [Son objet] est la Fin ultime, en soi et pour soi absolument universelle. La religion ne va pas plus loin que cette représentation générale et se contente de sa généralité. Mais cette foi générale est le point dont on doit partir pour arriver à la philosophie et en particulier à la philosophie de l'histoire. C'est la foi en ceci : l'histoire est le produit de la Raison éternelle et la Raison a déterminé ses grandes révolutions.

J'ajoute que le temps est absolument venu où cette conviction, cette certitude ne pourra plus rester cantonnée à la seule représentation, mais devra se transformer en objet de la pensée, recevoir une forme élaborée et devenir une connaissance, une science déterminée. La foi ne s'intéresse pas au développement du contenu, à l'intelligence de la nécessité ; cela est affaire de la connaissance. Le fait que l'esprit bouge signifie que ce temps doit venir ; la cime de l'Esprit, la pensée, le Concept, exige ce qui lui est dû : son essence suprêmement universelle et essentielle est la nature proprement dite de l'Esprit.

La distinction entre foi et savoir est devenue une opposition banale. On croit qu'il est fermement établi qu'il s'agit de deux choses différentes et que par conséquent on ne connaît rien de Dieu. Vous ferez fuir les hommes si vous leur dites que vous voulez connaître Dieu et exposer cette connaissance. Mais, dans sa détermination essentielle, cette distinction est quelque chose de vide. Ce que je crois, je le connais également et j'en suis certain. Dans la religion, on croit en Dieu et aux doctrines qui explicitent d'une manière plus précise sa nature ; mais tout cela on le *sait* aussi et on en est certain. Savoir, c'est avoir quelque chose comme objet de sa conscience et en être certain ; la même chose se produit dans la foi. Or la connaissance voit aussi les raisons, la nécessité du contenu qui est devenu objet de la connaissance, et qui peut être aussi le contenu de la foi ; et cela, indépendamment de l'autorité de l'église et du sentiment qui reste toujours quelque chose d'immédiat. D'autre part, la connaissance développe ce contenu selon ses déterminations précises. Ces déterminations doivent être pensées afin qu'elles soient correctement connues et qu'elles se maintiennent dans leur unité concrète à l'intérieur du Concept. On parle de la présomption de la connaissance mais on remarque aussi qu'il n'y a pas lieu de s'en scandaliser étant donné qu'elle ne vise que la nécessité et qu'elle ne fait qu'assister au développement spontané du contenu. On pourrait dire aussi que la connaissance ne saurait passer pour présomptueuse parce que seule la connaissance du particulier la rend distincte de ce que nous appelons foi. Or cette réponse est fausse. Car la nature de l'être spirituel (*Geistige*) n'est pas d'être une abstraction, mais un être vivant, un individu universel, subjectif, se déterminant en soi-même et par soi-même. La nature de Dieu n'est vraiment connue que lorsqu'on connaît ses déterminations. C'est ainsi que le christianisme parle de Dieu : il le reconnaît comme Esprit, et l'Esprit n'est pas une abstraction, mais le processus qui pose en soi-même des différences absolues : celles que la religion chrétienne a précisément fait connaître aux hommes.

Dieu ne veut pas pour enfants des âmes étroites et des têtes vides, mais il exige qu'on le connaisse ; il veut pour enfants ceux dont l'esprit, pauvre en soi, est riche par la connaissance de Dieu, et qui placent toute valeur en cette seule connaissance. L'histoire est le déploiement de la nature de Dieu dans un élément déterminé particulier : elle exige donc d'être l'objet d'une connaissance déterminée.

La théodicée

● Il est temps enfin de comprendre aussi cette riche production de la raison créatrice qu'est l'histoire universelle. — Ce que notre connaissance vise à acquérir, c'est la notion que la fin de la Sagesse éternelle s'est accomplie aussi bien sur le terrain de la nature que sur celui de l'esprit réel et actif dans le monde. Notre méditation sera donc une théodicée, la justification de Dieu que Leibniz avait tentée métaphysiquement à sa manière et avec des catégories encore indéterminées. Le mal dans l'univers, y compris le mal moral, doit être compris et l'esprit pensant doit se réconcilier avec le négatif. C'est dans l'histoire universelle que le Mal s'étale massivement devant nos yeux, et en fait, nulle part ailleurs l'exigence d'une telle connaissance conciliatrice n'est ressentie aussi impérieusement que dans l'histoire.

Cette conciliation ne peut être atteinte que par la connaissance de l'affirmatif dans laquelle le négatif se réduit à quelque chose de subordonné et de dépassé et s'évanouit. C'est la prise de conscience, d'une part, du véritable but ultime du monde, d'autre part, de la réalisation de ce but dans le monde : devant cette ultime finalité et sa réalisation dans le monde, le mal ne peut plus subsister et perd toute validité propre.

■ La théodicée consiste à rendre intelligible la présence du mal face à la puissance absolue de la Raison. Il s'agit ici de la catégorie du négatif, dont il a été question plus haut et qui nous fait voir comment ce qui a été le plus noble et le plus beau a été sacrifié sur l'autel de l'histoire. La raison ne peut pas s'éterniser auprès des blessures infligées aux individus car les buts particuliers se perdent dans le but universel. Dans la naissance et la mort, la Raison voit l'œuvre que produit le travail universel du genre humain — une œuvre qui existe réellement dans le monde auquel nous appartenons. Cette œuvre est devenue une réalité sans notre collaboration : ce que nous devons faire, c'est en prendre conscience et la saisir avec la pensée. Car la satisfaction que procure cet élément affirmatif, n'est pas un produit du sentiment, de l'imagination, mais une réalité dont nous faisons partie et qui est la nôtre.

● Lorsqu'on dit de la Raison qu'elle règne sur le monde, on la réduit à un mot aussi vague que la Providence. D'ailleurs, on parle tout le temps de la Raison sans être capable de préciser son contenu et sa détermination et d'indiquer le critère qui nous permettra de juger si quelque chose est raisonnable ou non. Mais toutes les généralités qu'on peut énoncer au sujet de la raison ne sont que des mots. Saisir la raison dans sa *détermination*, voilà la *chose* : pour remplir cette tâche nous passerons à la seconde partie de cette Introduction.

NOTES

1. Allusion aux thèses romantiques de Shelling et de Schlegel (cf. plus loin chapitre III, section 2 : Le début de l'histoire).
2. Allusion aux thèses de Niebuhr sur le Gouvernement sacerdotal à Rome. Cf aussi K. O. Müller : *Les Doriens*, 2 vol. 1824.
3. Aristote : *Métaphysique* 984 b 15.
4. Hegel s'inspire directement de saint Augustin : *De civitate Dei* Livre V, chap. II.

II

LA RÉALISATION DE L'ESPRIT DANS L'HISTOIRE

● La question de la détermination de la Raison en elle-même dans son rapport avec le monde se confond avec celle de la fin ultime du monde. On en a une idée plus précise en disant que cette fin doit être réalisée. Deux choses sont donc à considérer : d'abord, le contenu de cette fin, la détermination même [de la Raison] comme telle ; ensuite, sa réalisation.

L'esprit

Nous devons retenir d'abord que notre objet — l'histoire universelle — se déploie dans le *domaine de l'Esprit*. L'univers comprend la nature physique et la nature psychique. La nature physique intervient également dans l'histoire universelle, et dès le début nous attirerons l'attention sur les facteurs fondamentaux de la détermination naturelle. Mais la substance de l'histoire est l'Esprit et le cours de son évolution. Nous n'avons pas ici à considérer la nature en elle-même en tant qu'elle est également un système de la Raison, réalisé dans un élément particulier spécifique, mais seulement relativement à l'Esprit.

■ Après la création de la nature l'homme apparaît et s'oppose au monde naturel ; il est l'être qui s'élève dans un univers second. Notre conscience générale comporte la notion de deux règnes : celui de la nature et celui de l'esprit. Le royaume de l'esprit comprend tout ce qui est produit par l'homme. On peut se représenter de bien des manières le royaume de Dieu, mais il s'agit toujours d'un royaume de l'esprit qui doit se réaliser dans l'homme et passer dans l'existence.

Le domaine de l'Esprit englobe tout ; il enveloppe tout ce qui a suscité et suscite encore l'intérêt humain. L'homme y est actif. Quoi qu'il fasse il est l'être en qui l'Esprit agit. Il est donc intéressant de connaître dans le cours de l'histoire la nature spirituelle dans son mode d'existence — c'est-à-dire la manière dont l'Esprit s'unit avec la nature, donc avec la nature humaine. Lorsqu'on parlait de la nature humaine, on se représentait surtout quelque chose de stable dont la description devait être valable pour tous les hommes, ceux d'autrefois comme ceux d'aujourd'hui. Cette représentation générale peut être l'objet d'une infinité de modifications ; en fait, l'universel est une seule et même essence sous les modifications les plus diverses. Mais la réflexion pensante néglige la différence et maintient l'universel, qui est censé agir toujours de la même manière et manifester les mêmes intérêts. De cette façon on peut montrer le type général jusqu'en ce qui paraît être la plus extrême déviation ; on peut déceler l'humain jusque dans les figures les plus difformes. Il y a une manière de consolation et de conciliation dans le fait qu'il y subsiste un trait d'humanité. En ce sens, la considération de l'histoire peut laisser l'impression que les hommes sont restés toujours les mêmes, qu'en toutes circonstances, leurs vertus et leurs vices demeurent les mêmes ; et l'on pourrait dire avec Salomon : il n'y a rien de nouveau sous le soleil.

Lorsque par exemple nous voyons un homme s'agenouilller et prier devant une idole, la raison réprouve le contenu de ses actes ; pourtant nous pouvons toujours apprécier son état d'âme, reconnaître qu'il y manifeste sa vitalité — nous pouvons même dire que sa ferveur a la même valeur que celle du chrétien qui prie le vrai Dieu ou celle du philosophe qui approfondit l'éternelle vérité à l'aide de la pensée rationnelle. Seuls les objets diffèrent ; l'état d'esprit subjectif reste le même. De même lorsque nous lisons l'histoire de la secte des Assassins, nous apprenons qu'ils se sacrifiaient volontiers pour leur chef, le Vieux de la Montagne, et l'accomplissement de ses œuvres infâmes. Leur sacrifice est subjectivement le même que celui de Curtius qui s'est précipité dans l'abîme pour sauver sa patrie. Si nous nous en tenons au côté subjectif, point n'est besoin de nous référer à ce qui s'est passé sur les grandes scènes de l'histoire. D'après une anecdocte bien connue, César aurait trouvé les mêmes aspirations et les mêmes activités aussi bien à Rome que dans une petite ville provinciale. Les mêmes tendances et les mêmes ambitions se retrouvent dans une petite ville aussi bien que sur les grandes scènes de l'histoire.

Pareille manière de penser fait abstraction du contenu et des buts de l'activité humaine. Les historiens anglais et français font particulièrement preuve d'une telle indifférence hautaine à l'égard de l'élément objectif : c'est ce qu'ils appellent historiographie philosophique. Or l'esprit cultivé ne peut s'empêcher de distinguer entre les penchants et les tendances qui se manifestent dans un cercle étroit et ceux qui se présentent dans les conflits d'intérêts de l'histoire. Ce qui nous attire dans l'histoire, c'est précisément cet intérêt objectif que recèlent les buts collectifs ainsi que les individus qui le représentent. Et c'est précisément le déclin et la ruine de ces buts et de ces individus qui nous attristent. Nous savons parfaitement ce qui nous intéresse dans l'histoire des guerres médiques ou dans celle du rude empire d'Alexandre : c'est de voir les Grecs libérés de la barbarie. Nous portons le plus grand intérêt au salut de l'État athénien et au destin du Conquérant qui, à la tête des Grecs, soumit l'Asie. Imaginons qu'Alexandre ait échoué dans son entreprise : nous n'y perdrions rien s'il ne s'agissait que de passions humaines. Nous ne manquerions pas d'y voir le jeu des passions mais nous n'en serions pas satisfaits. L'intérêt que nous portons à cette histoire est matériel, objectif.

De quelle espèce est le but substantiel dont la poursuite conduit l'Esprit à un tel contenu essentiel ? La nature de l'intérêt est substantielle et déterminée : c'est une religion, une science, un art déterminés. Comment l'Esprit parvient-il à un tel contenu, d'où vient ce contenu ? La réponse empirique est facile. Dans la réalité, chaque individu est orienté vers un tel intérêt essentiel : il a une patrie, une religion ; il est imprégné d'un ensemble de connaissances et de représentations concernant ce qui est juste et conforme à l'éthique collective. De lui dépend uniquement le choix des cercles particuliers où il voudra s'inclure. Mais dans le fait que nous voyons des peuples entiers œuvrer autour de ce contenu et se porter vers de tels intérêts, c'est déjà l'histoire universelle qui apparaît et c'est sur son contenu que porte notre interrogation. Ici, la réponse empirique n'est plus satisfaisante et la question se pose de savoir comment l'Esprit parvient à un tel contenu — l'Esprit, c'est-à-dire : nous-mêmes ou bien les individus ou encore les peuples. Ici le contenu doit être tiré uniquement des concepts spécifiques. Tout ce qui a été dit jusqu'ici se trouve aussi dans notre conscience ordinaire. De tout autre nature est le concept qui doit être introduit maintenant. Ce n'est pas le moment de développer scientifiquement ce concept. La philosophie connaît bien la représentation ordinaire, mais elle a ses raisons de s'en écarter.

Notre tâche sera ici de considérer l'histoire universelle selon son but ultime ; ce but est ce qui est voulu dans le monde. Nous savons que Dieu est l'être le plus parfait, qui ne peut vouloir que lui-même et ce qui lui ressemble. Dieu et la nature de sa volonté sont une seule

et même chose — c'est ce que nous appelons philosophiquement l'*Idée*. Ce que nous devons considérer ici, c'est l'Idée telle qu'elle est dans l'élément de l'esprit humain. La forme la plus pure sous laquelle l'Idée se manifeste, est la pensée : c'est sous cet aspect que l'Idée est examinée dans la Logique. Une autre forme est celle de la nature physique ; enfin, la troisième forme de l'Idée est celle de l'Esprit en général.
● C'est sur le théâtre de l'histoire universelle que l'Esprit atteint sa réalité la plus concrète. Nonobstant cela, ou plutôt pour saisir l'élément universel qui se manifeste dans cette sorte de réalisation concrète de l'Esprit, il faut tout d'abord donner quelques définitions abstraites de la nature de l'Esprit. Comme ce n'est ni le lieu ni le moment de développer spéculativement l'idée de l'Esprit, nous procéderons par affirmations en tâchant de nous rendre accessibles à la culture de nos auditeurs. D'ailleurs, comme je l'ai déjà remarqué, ce qui peut être dit dans une introduction doit être pris historiquement comme une hypothèse, laquelle ou bien a été développée et démontrée ailleurs ou bien sera tout au moins confirmée dans et par l'exposé ultérieur de la science.

I. LA DÉTERMINATION DE L'ESPRIT

Le premier point que nous devons examiner est donc la *définition abstraite de l'Esprit.* ■ Nous disons d'abord de l'Esprit qu'il n'est pas une construction abstraite, une abstraction de la nature humaine, mais qu'il est tout à fait individuel, actif, intégralement vivant : il est conscience, mais aussi son objet. C'est en ceci que consiste l'existence de l'Esprit : avoir soi-même pour objet. L'Esprit est pensant : il est une pensée qui prend pour objet ce qui est et le pense tel qu'il est et comme il est. Il est savoir et le savoir est la connaissance d'un objet rationnel. En outre, l'Esprit est conscient dans la mesure seulement où il a conscience de soi. Cela veut dire que je connais l'objet dans la mesure seulement où je m'y connais et connais ma détermination — dans la mesure où ce que je suis est devenu un objet pour moi, dans la mesure où je ne suis pas seulement ceci ou cela, mais ce que je connais. Je connais mon objet — et moi-même. Les deux ne sont pas séparables. L'Esprit se fait donc une idée déterminée de lui-même, de son essence, de sa nature. Il ne peut avoir qu'un contenu spirituel — et précisément l'élément spirituel est son contenu, son intérêt. L'Esprit parvient à un contenu qu'il ne trouve pas tout fait devant lui, mais qu'il crée en se faisant lui-même son objet et son contenu. Le Savoir est sa forme et son mode d'être, mais le contenu est l'élément spirituel lui-même. Ainsi, de par sa nature, l'Esprit demeure toujours dans son propre élément (*bei sich*) — autrement dit, il est libre.

La liberté

La nature de l'Esprit se laisse connaître par son opposé exact. Nous opposons l'Esprit à la matière. De même que la substance de la matière est la pesanteur, de même la liberté est la substance de l'Esprit. Nous sommes tous immédiatement convaincus qu'une des propriétés de l'Esprit est la liberté ; mais la philosophie nous montre que toutes les propriétés de l'esprit ne subsistent que grâce à la liberté, qu'elles ne sont toutes que des moyens de la liberté, que toutes la recherchent et la produisent. Une des connaissances qu'apporte la philosophie spéculative, c'est que la liberté est l'unique vérité de l'Esprit. La matière est pesante dans la mesure où existe en elle une tendance vers le centre. Elle est essentiellement complexe et est constituée de parties séparées qui toutes tendent vers un centre ; il n'y a donc pas d'unité dans la matière. Elle est une juxtaposition d'éléments et cherche son unité; elle cherche donc son contraire et s'efforce de se dépasser elle-même. Si elle y parvenait, elle ne serait plus matière ; elle serait abolie comme telle. Elle tend vers l'idéalité, car dans l'unité elle est idéelle. L'Esprit au contraire a justement en lui-même son centre ; il tend lui aussi vers le centre — mais il est lui-même ce centre. Il n'a pas son unité hors de lui, mais la trouve en lui-même. Il est en lui-même et demeure dans son propre élément (*bei sich*). La matière a sa substance en dehors d'elle ; mais l'Esprit est ce qui demeure dans son propre élément et c'est en cela que consiste la liberté, car si je suis dépendant, je me rapporte à autre chose qui n'est pas moi, et je ne puis exister sans cette chose extérieure. Je suis libre quand je suis dans mon propre élément (*bei mir*).

Lorsque l'Esprit tend vers son propre centre, il tend à parfaire sa liberté. Si l'on dit que l'Esprit est, cela semble d'abord signifier qu'il est quelque chose de tout fait. Mais il est actif. L'activité est son essence. Il est son propre produit, il est son commencement et sa fin. Sa liberté n'est pas une existence immobile, mais une négation constante de tout ce qui conteste la liberté. Se produire, se faire l'objet de soi-même, se connaître soi-même : voilà l'activité de l'Esprit. C'est de cette manière qu'il est pour soi. Les choses naturelles ne sont pas pour elles-mêmes ; c'est pourquoi elles ne sont pas libres. L'Esprit se produit et se réalise selon sa connaissance de lui-même ; et il agit en sorte que ce qu'il sait de lui-même devienne une réalité. Ainsi tout se ramène à la conscience de soi de l'Esprit. Quand il sait qu'il est libre, c'est tout autre chose que lorsqu'il ne le sait pas. Quand il ne le sait pas, il est esclave et satisfait de sa servitude ; il ne sait pas que l'esclavage est contraire à sa nature. C'est seulement l'expérience de la liberté qui libère l'Esprit, bien qu'en soi et pour soi il demeure toujours libre.

La première connaissance de l'Esprit, tel qu'il apparaît sous la forme de l'individu humain, nous montre qu'il est *sentant*. Il n'y a pas encore ici d'objectivité. Nous nous trouvons déterminés de telle ou telle façon. Je cherche à me dégager de cette détermination, et en procédant ainsi je me divise d'avec moi-même. Alors, mes sentiments deviennent un monde externe et un monde intérieur. Mais en même temps apparaît un autre aspect de la condition humaine : je me sens déficient, négatif ; je trouve en moi une contradiction qui menace de me dissoudre. Mais j'existe ; et je le sais, et j'oppose cela à cette négation, à cette déficience ! Je me maintiens à l'existence et je cherche à supprimer cette déficience. Ainsi je suis *désir* [*Trieb*]. L'objet du désir est alors l'objet de ma satisfaction, de la reconstitution de mon unité. Tout ce qui est vivant a des désirs. Ainsi nous sommes des êtres naturels, et le désir appartient au monde sensible en général. Les objets, dans la mesure où je les désire, sont des moyens d'intégration, ce qui constitue le fondement général du théorique et du pratique. Mais dans la perception de ces objets du désir, nous nous trouvons immédiatement plongés dans l'extériorité et devenons nous-mêmes extérieurs. Les perceptions sont particulières, sensibles. Le désir l'est également, quel que soit son contenu. A ce niveau, l'homme est la même chose que l'animal, car il n'y a pas de conscience de soi dans le désir. Or l'homme se connaît soi-même et par là se distingue de l'animal. Il est *pensant* ; mais penser c'est connaître l'universel. Par la pensée le contenu est réduit au simple et l'homme lui-même se simplifie, c'est-à-dire s'intériorise et s'idéalise. A vrai dire, c'est moi qui suis l'intériorité et la simplicité : c'est seulement dans la mesure où je transpose le contenu dans cette simplicité qu'il devient universel et idéal.

Ce que l'homme est réellement, il *doit* l'être idéellement. Sachant le réel comme idéel, il cesse d'être un simple être naturel, livré à ses perceptions et désirs immédiats, à leur satisfaction et leur création. Il en est conscient et c'est pourquoi il refoule ses désirs et met la pensée, l'idéel, entre la poussée du désir et sa satisfaction. En revanche, chez l'animal les deux coïncident : l'animal ne rompt pas volontairement leur connexion ; elle ne peut être rompue que par la douleur ou la peur. Mais le désir humain existe indépendamment de sa satisfaction. Pouvant freiner ou laisser aller ses désirs, l'homme agit selon des *fins* et se détermine selon l'universel. Il doit déterminer quelle fin doit être imposée ; il peut même poser comme fin l'universel lui-même. Ce qui le détermine, c'est la représentation de ce qu'il est et de ce qu'il veut. C'est là son indépendance : il sait ce qui le détermine. Ainsi il peut prendre comme fin le concept simple, par exemple sa liberté positive. Les représentations de l'animal ne sont pas idéelles, réelles : c'est pourquoi l'animal est privé d'indépendance interne. En tant que vivant, l'animal porte en lui la source de son mouvement Mais nulle stimulation extérieure n'est opérante si elle n'existe déjà en lui : ce qui ne correspond pas à son être intime n'existe pas pour l'animal. L'animal se divise lui aussi en lui-même et par lui-même. Mais il ne peut s'interposer entre ses désirs et leur satisfaction ; il n'a pas de volonté et ne connaît pas de refoulement. Chez lui, la stimulation commence intérieurement et suppose un développement immanent. Mais l'homme est indépendant, non parce qu'il est doué d'auto-mouvement, mais parce qu'il est capable de freiner le mouvement et de briser par là son immédiateté et sa naturalité.

L' « en soi » et le « pour soi »

Penser, penser qu'il est un Moi, voilà ce qui fait la racine de la nature de l'homme. En tant qu'Esprit l'homme n'est pas un immédiat mais essentiellement un être qui retourne à soi. Ce mouvement de médiation est un moment essentiel de l'Esprit. Son activité consiste à sortir de l'immédiateté, à la nier et à revenir ainsi en soi. Il est donc ce qu'il se fait par son activité. Le sujet, la véritable réalité, est seulement ce qui est rentré en soi. L'Esprit doit être compris uniquement comme son propre résultat. L'image du germe peut expliquer cela. Avec le germe commence la plante, mais il est en même temps le résultat de toute la vie de la plante : celle-ci se développe pour le produire. Mais l'impuissance de la vie apparaît dans le fait que le germe est à la fois commencement et résultat de l'individu — qu'en tant que point de départ et en tant que résultat il est différent et pourtant identique, produit d'un individu et commencement d'un autre. Ces deux aspects se séparent en lui de la même manière que la forme simple du germe se sépare du processus de développement de la plante.

Chaque individu porte en lui un autre exemple plus précis. L'homme n'est ce qu'il doit être que par l'éducation, par l'entraînement. Immédiatement, il n'est que la possibilité de devenir ce qu'il doit être, c'est-à-dire rationnel, libre : immédiatement, il n'est que sa destination, son devoir-être. L'animal a vite terminé sa formation : mais il ne faut pas considérer cela comme un bienfait de la nature. Sa croissance n'est qu'un renforcement quantitatif. En revanche, l'homme doit se faire lui-même ce qu'il doit être ; il doit tout conquérir lui-même, précisément parce qu'il est Esprit. Il doit se débarrasser de l'élément naturel. L'Esprit est donc son propre résultat.

L'exemple le plus sublime est donné par la nature divine elle-même. A vrai dire, Dieu n'est pas un exemple qu'on pourrait manipuler comme un jouet *. Il est l'Universel, le Vrai même, et tout le reste en est un échantillon. Certes, les religions anciennes ont également donné à Dieu le nom d'Esprit. Mais ce n'était qu'un nom — et encore mal saisi, laissant inexplicite la nature de l'Esprit. Dans la religion juive l'Esprit est pour la première fois représenté encore qu'abstraitement. C'est seulement dans le christianisme que Dieu se révèle comme Esprit. Il est d'abord Père, Puissance, Universel abstrait et encore caché ; ensuite, il est soi-même comme objet, un Autre que lui-même, un Être dédoublé : il est le Fils. Mais cet Autre que soi est également lui-même

* Jeu de mots intraduisible : *Beispiel* et *Bei-her-spiel.*

immédiatement : il se connaît et se contemple en lui — et c'est précisément cette connaissance et cette contemplation de soi qu'est en troisième lieu l'Esprit. Cela veut dire que l'Esprit est le Tout, et non l'un ou l'autre de ses moments. Dieu, dans le langage du sentiment, est l'amour éternel : posséder l'Autre comme son bien propre. Cependant c'est par sa formule trinitaire que la religion chrétienne se situe plus haut que toutes les autres religions. Si elle ignorait la Trinité, la pensée pourrait peut-être trouver plus de substance en d'autres religions. Mais la Trinité est l'élément spéculatif dans le christianisme ; et c'est pourquoi la philosophie trouve en lui aussi l'idée de la Raison.

Les peuples

La forme concrète (*Gestaltung*) que revêt l'Esprit (que nous concevons essentiellement comme Conscience de soi) n'est pas celle d'un individu humain singulier. L'Esprit est essentiellement individu ; mais dans l'élément de l'histoire universelle nous n'avons pas affaire à des personnes singulières réduites à leur individualité particulière. Dans l'histoire, l'Esprit est un individu d'une nature à la fois universelle et déterminée : un peuple ; et l'Esprit auquel nous avons affaire est l'*Esprit du Peuple* (*Volksgeist*). Les Esprits populaires à leur tour se distinguent selon la représentation qu'ils se font d'eux-mêmes, selon la superficialité ou la profondeur avec laquelle ils ont saisi l'Esprit. L'ordre éthique des peuples et son droit (*das Recht des Sittlichen*) constituent la conscience que l'Esprit a de lui-même. Ils sont le concept que l'Esprit a de lui-même. Ce qui se réalise dans l'histoire est donc la représentation de l'Esprit. La conscience des peuples dépend du savoir que l'Esprit a de lui-même ; et la conscience ultime à laquelle tout se ramène est celle de la liberté humaine. La conscience de l'Esprit doit se donner une forme concrète dans le monde ; la matière de cette incarnation, le sol sur lequel elle prend racine n'est autre que la conscience générale, la conscience d'un peuple. Cette conscience contient, oriente tous les buts et les intérêts du peuple : c'est elle qui constitue ses mœurs, son droit, sa religion, etc. Elle forme la substance de l'esprit d'un peuple ; et même si les individus n'en sont pas conscients, elle demeure comme leur présupposition. Elle opère comme une nécessité : l'individu est formé dans cette ambiance et ignore tout le reste. Cependant il ne s'agit pas d'un simple effet de l'éducation. La conscience d'un peuple n'est pas transmise à l'individu comme une leçon toute faite, mais se forme par lui : l'individu existe dans cette substance. Cette substance générale n'est pas le cours du monde (*das Weltliche*) ; au contraire, celui-ci se dresse impuissant contre elle. Aucun individu ne peut dépasser les limites que lui assigne cette substance. Il peut bien se distinguer des autres individus, mais non de l'Esprit de son peuple. Il peut être plus intelligent que les autres, mais il ne peut pas surpasser l'Esprit de son peuple. Ne sont intelligents que ceux qui ont pris conscience de l'Esprit de leur peuple et se conforment à lui. Ce sont les grands hommes de ce peuple et ils le conduisent selon l'Esprit général. Les individus disparaissent pour nous et n'ont de valeur que dans la mesure où ils ont réalisé ce que réclamait l'Esprit du peuple. Dans la considération philosophique de l'histoire, on doit éviter des expressions du genre : cet État ne se serait pas effondré s'il y avait eu un homme qui etc... Les individus disparaissent devant la substantialité de l'ensemble et celui-ci forme les individus dont il a besoin. Les individus n'empêchent pas qu'arrive ce qui doit arriver.

L'Esprit populaire est essentiellement un Esprit particulier, mais en même temps il n'est autre que l'Esprit universel absolu — car celui-ci est Unique. *L'Esprit du Monde* (*Weltgeist*) est l'Esprit de l'Univers tel qu'il s'explicite dans la conscience humaine. Entre lui et les hommes, il y a le même rapport qu'entre les individus et le Tout qui est leur substance. Cet esprit du Monde est conforme à l'Esprit divin, lequel est l'Esprit absolu. Dans la mesure où Dieu est omniprésent, il existe dans chaque homme et apparaît dans chaque conscience : c'est cela l'Esprit du Monde. L'Esprit particulier d'un peuple peut décliner, disparaître, mais il forme une étape dans la marche générale de l'Esprit du Monde et celui-ci ne peut pas disparaître. L'Esprit d'un Peuple est donc l'Esprit universel dans une figure particulière qui lui est subordonnée, mais qu'il doit revêtir dans la mesure où il existe, car avec l'existence apparaît également la particularité. La particularité de l'Esprit populaire se manifeste dans la conscience spécifique qu'il a de l'Esprit. Dans la vie ordinaire nous disons : ce peuple a eu telle idée de Dieu, telle religion, telle organisation juridique ; de l'éthique collective il s'est fait telle idée. Nous considérons tout cela comme des objets extérieurs qu'un peuple a eus dans le temps. Mais déjà un examen superficiel montre que toutes ces choses sont de nature spirituelle et que leur seule réalité est l'Esprit, la conscience que l'Esprit a de l'Esprit.

Cette conscience est, nous l'avons déjà dit, une conscience de soi. Un malentendu peut naître ici et nous inciter à croire que cette conscience de soi est celle de l'individu temporel. Une des difficultés de la philosophie c'est que la grande majorité des hommes croient qu'elle se réfère à l'existence empirique particulière des individus. Mais l'Esprit tel qu'il apparaît dans la conscience de l'Esprit, est libre : il a supprimé l'existence temporelle et limitée ; il se rapporte à l'être pur qui est en même temps son être propre. Si l'être divin n'était pas l'être de l'homme et de la nature, ce serait un être inexistant. La conscience de soi est un concept philosophique qui ne peut recevoir la plénitude de ses déterminations que par le développement philosophique. Disons que la conscience du peuple est la conscience qu'il a de son être. L'Esprit devient pour lui-même un objet ; aussi longtemps qu'il l'est pour nous, seulement, qu'il ne s'est pas encore connu lui-même, il n'est pas encore son propre objet. Pourtant son but est de se connaître et il n'aspire qu'à connaître lui-même ce qu'il est en soi et pour soi : à se manifester dans le monde sensible tel qu'il est vraiment pour soi, — à produire un monde spirituel qui soit adéquat à son concept, à accomplir et réaliser sa vérité, à produire une religion, un État qui correspondent à son concept, en sorte qu'il soit en vérité soi-même ou l'Idée de soi-même, car l'Idée est la réalité qui n'est qu'un miroir, une expression du Concept. C'est de cette manière que nous concevons le but général de l'Esprit et de l'histoire ; de même le germe porte en lui la nature entière de l'arbre ainsi que le goût et la forme des fruits, de même les premières traces de l'Esprit contiennent virtuellement toute l'histoire.

Le progrès de la conscience

● D'après cette définition abstraite, on peut dire que l'histoire universelle est la présentation de l'Esprit dans son effort pour acquérir le *savoir* de ce qu'il est *en soi*. Les *Orientaux* ne savent pas que l'Esprit ou l'homme en tant que tel est en soi-même libre. Parce qu'ils ne le savent pas, ils ne le sont pas. Ils savent uniquement qu'*un seul* homme est libre. Mais une telle liberté n'est qu'arbitraire, barbarie, abrutissement de la passion : même la douceur, la docilité des passions apparaît ici comme un accident naturel, comme quelque chose d'arbitraire. — Cet Unique n'est donc qu'un despote et non un homme libre, un homme tout court. La conscience de la liberté s'est levée d'abord chez les *Grecs*, c'est pourquoi ils furent libres. Mais les Grecs, tout comme les Romains, savaient seulement que *quelques-uns* sont libres, non l'homme en tant que tel. Cela, Platon et Aristote l'ignoraient ; c'est pourquoi non seulement les Grecs ont eu des esclaves dont dépendait leur vie et aussi l'existence de leur belle liberté ; mais encore leur liberté elle-même fut une fleur périssable, bornée, contingente et a signifié aussi une dure servitude pour tout ce qui est proprement humain. Ce sont les nations *germaniques* qui, les premières, sont arrivées, par le Christianisme, à la conscience que l'homme en tant qu'homme est libre, que la liberté spirituelle constitue vraiment sa nature propre. Cette conscience est apparue d'abord dans la religion, dans la plus intime région de l'esprit; mais réaliser ce principe dans le monde profane, fut une autre tâche, dont l'accomplissement a exigé un long, un pénible effort d'éducation. Ainsi, par exemple, l'adoption du christianisme n'a pas entraîné immédiatement l'abolition de l'esclavage ; la liberté n'a pas aussitôt régné dans les États ; les gouvernements et les constitutions n'ont pas été d'emblée rationnellement organisés ou même fondés sur le principe de liberté. C'est cette *application* du principe aux affaires du monde, sa pénétration et les transformations qu'il y apporte, qui constituent le long processus de l'histoire. J'ai déjà parlé de la *différence* qui existe entre le principe comme tel et son application, c'est-à-dire son *introduction* et son *accomplissement* dans la réalité de l'esprit et de la vie : c'est là un concept fondamental de notre science et il faut s'en bien souvenir. La différence dont nous avons fait état en anticipant quelque peu sur le principe *chrétien* où la liberté prend conscience d'elle-même, vaut aussi essentiellement pour le principe de la *liberté* en général. L'histoire universelle est le progrès de la conscience de la liberté : c'est ce progrès et sa nécessité interne que nous avons à reconnaître ici.

En évoquant d'une manière générale les différents degrés de la connaissance de la liberté, j'ai dit que les Orientaux ont su qu'*un seul* homme est libre, le monde grec et romain, que *quelques-uns* sont libres tandis que nous savons, nous, que *tous* les hommes sont libres, que l'*homme* en tant qu'*homme* est libre. Ces différents stades constituent les époques que nous distinguons dans l'histoire universelle et la division suivant laquelle nous la traiterons. Mais cette remarque n'est faite qu'en passant : nous devons auparavant expliquer quelques concepts.

Nous disons donc que la conscience que l'Esprit a

de sa liberté et par conséquent, la réalité de sa *liberté*, constituent en général la Raison de l'Esprit et donc la destination du monde spirituel. Or, dans la mesure où celui-ci est le monde substantiel auquel est subordonné le monde physique, dans la mesure où, pour parler spéculativement, ce dernier n'a aucune vérité en face du monde de l'Esprit, elles constituent aussi la fin ultime de l'univers. Cela étant, la liberté telle qu'elle est énoncée, reste encore vague ; elle est un mot qui comporte une infinité de significations ; et comme elle est le Bien suprême, elle entraîne une infinité de malentendus, de confusions, d'erreurs et contient toutes les extravagances possibles. Aucune époque n'a plus que la nôtre connu et ressenti cette indétermination de la liberté. Toutefois, nous nous en tiendrons, pour l'instant, à ces généralités. Nous avons noté aussi l'importance de la différence infinie qui existe entre un principe existant seulement *en soi* et un principe existant réellement. En même temps, c'est la liberté elle-même qui renferme en elle-même l'infinie nécessité de devenir consciente — car selon son concept elle est connaissance de soi — et par là même de devenir réelle. En fait, elle est elle-même la fin qu'elle réalise, l'unique fin de l'Esprit.

■ La substance de l'Esprit est la liberté. Par là est indiqué aussi le but qu'il poursuit dans le processus de l'histoire : c'est la liberté du sujet, afin que celui-ci acquière une conscience morale, afin qu'il se donne des fins universelles, qu'il les mette en valeur ; c'est la liberté du sujet, afin que celui-ci acquière une valeur infinie et parvienne au point extrême de lui-même. C'est là la substance du but que poursuit l'Esprit du monde et elle est atteinte par la liberté de chacun.

Grandeur et décadence des peuples

Les Esprits des peuples sont les chaînons dans le processus par lequel l'Esprit parvient a la libre connaissance de lui-même. Les peuples sont des existences pour soi (nous n'avons pas affaire ici à l'Esprit en soi) et en tant que tels ils mènent une existence naturelle. Ils sont des nations et dans cette mesure leur principe est naturel. Puisque les principes sont distincts, les peuples aussi sont distincts naturellement. Chaque peuple a son principe propre et il tend vers lui comme s'il constituait la fin de son être : une fois cette fin atteinte, il n'a plus rien a faire dans le monde.

L'Esprit d'un peuple doit donc être considéré comme le développement d'un principe d'abord implicite et opérant sous la forme d'une obscure tendance, qui s'explicite par la suite et tend à devenir objectif. Un tel Esprit est un Esprit déterminé, un tout concret. Il *doit* être connu dans son caractère déterminé. Étant Esprit, il ne peut être saisi que par l'Esprit, par la pensée — et cette pensée, c'est nous qui la concevons. Mais l'Esprit d'un peuple se saisit également lui-même par la pensée. Nous avons donc à considérer le concept déterminé, le principe interne de chaque Esprit populaire. Ce principe est en lui-même très riche et se déploie en formes multiples. Car l'Esprit est vivant et actif et il s'affaire autour de sa propre production. C'est lui qui se manifeste dans toutes les actions et les aspirations du peuple, c'est lui qui se réalise, jouit de lui-même et se connaît lui-même. Il s'explicite et se développe dans la religion, la science, les arts, les destins, les événements. C'est bien cela, et non la détermination naturelle du peuple (comme pourrait le suggérer l'étymologie du mot « nation » de « nasci »), qui confère à un peuple son caractère particulier. Dans son activité, l'Esprit du peuple ne connaît tout d'abord que les fins de sa réalité déterminée — il ne se connaît pas encore lui-même. Il a pourtant le désir de connaître ses propres pensées. Sa plus haute activité est la pensée et dans ses actions les plus élevées il travaille à se saisir lui-même. Ce qui est suprême pour l'Esprit, c'est de se savoir lui-même, de parvenir non seulement à l'intuition mais aussi à la pensée de lui-même. Cela doit s'accomplir et s'accomplit. Mais cet accomplissement signifie également son déclin, et ce déclin marque le passage à une autre étape et l'avènement d'un autre Esprit. L'Esprit d'un peuple particulier s'accomplit dans la mesure où il sert de transition vers le principe d'un autre peuple, et c'est ainsi que s'effectue la progression, la naissance et la dissolution des principes des peuples. La tâche de l'histoire philosophique consiste précisément à montrer l'enchaînement de ce mouvement.

La succession empirique des événements dans le temps est le mode abstrait de la marche de l'Esprit d'un peuple ; c'est une première activité. L'activité spirituelle constitue un mouvement plus concret. Chaque peuple fait des progrès en lui-même ; il progresse et il décline. La catégorie qui s'impose aussitôt est celle de la *culture* (*Bildung*), de l'excès de culture (*Uberbildung*) et de la perversion de la culture (*Verbildung*) : ce dernier moment est pour le peuple à la fois le produit et la source de sa ruine. Mais le mot « culture » ne spécifie pas le contenu substantiel de l'Esprit populaire. La culture est une mise en forme et se constitue par la forme de l'universalité : ainsi l'homme cultivé est celui qui sait imprimer à toutes ses actions le sceau de l'universalité — qui a renoncé à sa particularité, qui agit selon des principes universels. La culture est forme du penser. Ainsi l'homme sait se retenir ; il n'agit pas selon ses inclinations et ses désirs, mais se recueille. Grâce à cela, il reconnaît à l'objet une position libre et s'habitue à la vie contemplative. A cela se rattache l'habitude de saisir les aspects particuliers dans leur singularité, de fragmenter les circonstances, d'isoler les divers aspects, d'opérer abstraitement tout en conférant immédiatement la forme de l'universalité à chacun de ces aspects. L'homme cultivé connaît les différents aspects des objets ; ils existent pour lui et sa réflexion cultivée leur a donné la forme de l'universalité. Il peut alors, dans son rapport aux objets, laisser subsister leurs aspects particuliers. Au contraire, l'homme inculte, fût-il le mieux intentionné, peut en saisissant l'aspect principal d'une chose, en déformer une bonne douzaine d'autres. En sauvegardant la variété, l'homme cultivé agit concrètement ; il est habitué à agir selon des points de vue et des buts universels. En bref, la culture exprime ce simple fait qu'un contenu porte le sceau de l'universalité.

Cependant, le développement de l'Esprit en tant que mouvement dont procède la culture, doit être saisi plus concrètement. Le caractère général de l'Esprit est de *poser* les déterminations qu'il porte *en soi*. Cela peut s'entendre subjectivement : et alors nous appelons « disposition » ce que l'Esprit porte en soi. Dans la mesure où l'Esprit est posé [explicité], nous parlons de ses propriétés ou aptitudes. De cette façon le produit n'est encore saisi que sous une forme subjective. Au contraire, ce qui advient dans l'histoire apparaît sous la forme objective d'un acte, d'une œuvre de l'Esprit. L'Esprit populaire est savoir. L'activité de la pensée qui veut connaître la réalité d'un Esprit populaire, consiste à savoir son œuvre comme une œuvre objective, non subjective. Remarquons à ce propos qu'on distingue souvent entre les actions d'un homme et ce qu'il est intérieurement. Dans l'histoire cette distinction n'a aucune vérité : l'homme n'est que la série de ses actes. On imagine que l'intention peut être quelque chose d'excellent, même si les actes ne valent rien. Certes, il existe des cas particuliers où l'homme peut se déguiser, mais c'est là quelque chose de partiel. La vérité, c'est que l'extérieur ne diffère en rien de l'intérieur. Dans l'histoire en particulier, ces distinctions subtiles, qui peuvent apparaître par moments, ne conservent aucune validité : les peuples sont ce que sont leurs actes. Les actes sont leur but. L'Esprit est essentiellement actif, il se fait ce qu'il est en soi, son acte, son œuvre ; il devient ainsi son objet et se place devant soi comme devant une réalité existante. Il en est ainsi de l'Esprit d'un peuple : son action consiste à faire de soi un monde objectif, déployé dans l'espace. Sa religion, son culte, ses mœurs, sa constitution et ses lois politiques, l'ensemble des institutions, des événements et des actes : tout cela, c'est son œuvre, et c'est bien cela qu'est ce peuple. Chaque peuple éprouve ce sentiment. L'individu trouve l'être de son peuple comme un monde déjà prêt et fixé auquel il doit s'incorporer. Il doit s'approprier cet être substantiel en sorte qu'il en imprègne sa mentalité et les aptitudes qui lui permettront de devenir quelque chose. L'œuvre est là, et les individus doivent s'en inspirer et s'y conformer. Quand nous considérons les périodes productives, nous voyons que le peuple agit selon les fins de son esprit. Nous disons qu'il est moral, vertueux, vigoureux parce qu'il fait ce qu'exige la volonté intérieure de son esprit et aussi parce que, dans le travail de son objectivation, il défend son œuvre contre la violence externe. A ce stade, l'individu n'est pas encore séparé de l'ensemble. La séparation apparaît plus tard, dans la période de la réflexion. Quand le peuple a fait de soi son œuvre propre, la faille qui existe entre l'En-soi, c'est-à-dire ce qu'il est dans son essence, et la réalité, est supprimée, et le peuple a trouvé sa satisfaction : ce qu'il est en soi, il l'a transformé en un monde qui est le sien propre. Alors l'Esprit jouit de lui-même dans cette œuvre qui est son œuvre et dans ce monde qui est son monde.

Advient alors ce qui arrive lorsque l'Esprit a exaucé ses désirs. Son activité n'est plus stimulée ; son âme substantielle n'est plus active. Son action n'a plus qu'un rapport lointain avec ses plus hauts intérêts. Je ne puis m'intéresser qu'à une chose qui demeure encore cachée pour moi ou qui est nécessaire pour un but que je n'ai pas encore atteint. Quand un peuple s'est pleinement formé, quand il a réalisé son but, alors disparaît son intérêt profond. L'Esprit d'un peuple est un individu naturel ; en tant que tel, il s'épanouit, se renforce, puis décline et meurt. Il est dans la nature de la finitude que l'Esprit limité soit périssable. Il est vivant et en tant que tel essentiellement actif ; son œuvre est son propre accomplissement, sa propre réalisation et production. Tant que la réalité n'est pas encore adéquate à son concept, tant que son concept interne n'est pas encore parvenu à la conscience de soi, il y a opposition. Mais dès que l'Esprit s'est donné son objectivité, dès qu'il a extériorisé et pleinement réalisé son concept, il est parvenu, nous l'avons dit, à cette jouissance de lui-même, qui n'est plus activité mais expansion sans résistance. La période où l'Esprit est encore actif est la plus belle époque, la jeunesse d'un peuple. Alors, les individus sont tous poussés à défendre leur patrie, à faire valoir les buts de leur peuple. Lorsque Tout cela une fois accompli, apparaît l'habitude de la vie. Et de même que l'homme meurt dans l'habitude de la vie, de même l'Esprit d'un peuple meurt dans la jouissance de lui-même. Lorsque l'Esprit d'un peuple a imposé son activité, alors disparaît l'intérêt et il cesse d'être en éveil : le peuple passe de l'âge viril à la vieillesse, à la jouissance de l'accomplissement. Les besoins qu'il éprouvait auparavant ont été satisfaits par quelque institution et ils n'existent plus. L'institution elle-même perd ainsi sa raison d'être et l'on vit désormais dans un présent sans besoins. Il se peut que, renonçant à certains aspects de son but, le peuple ait trouvé son contentement dans un monde de moindre envergure. Si même son imagination s'est élancée au-dessus de ce monde limité, il a renoncé à ces buts parce que la réalité ne s'y prêtait pas et il s'est limité à des tâches réalisables. Il vit désormais dans la satisfaction du but accompli ; il tombe dans la routine où il n'y a plus de place pour la vitalité, et avance vers sa mort naturelle. Il peut encore faire quantité de choses dans la guerre et dans la paix, à l'intérieur et à l'extérieur ; pendant longtemps, il peut continuer à végéter. Il reste certes remuant, mais cette agitation n'est plus que celle des intérêts privés : elle ne concerne plus l'intérêt même du peuple. L'intérêt majeur, suprême s'est retiré de la vie. Car il n'y a d'intérêt que là où il y a opposition.

La mort naturelle de l'Esprit d'un peuple peut se

manifester par la nullité politique. C'est ce que nous appelons l'habitude. L'horloge est remontée et marche d'elle-même. L'habitude est une activité qui ne rencontre pas d'opposition — une activité qui se déploie dans une durée formelle et où la plénitude et la profondeur du but ne sont plus senties. C'est une existence pour ainsi dire extérieure, empirique, qui n'est plus attirée par les profondeurs. Peuples et individus meurent ainsi de leur mort naturelle. Les peuples continuent à durer, leur existence est sans intérêt, sans vie. Celle-ci n'a plus besoin de ses institutions précisément parce que ce besoin a été satisfait. Elle n'est que nullité politique et ennui. La négativité n'apparaît plus comme lutte interne, comme combat. C'est ainsi par exemple que les anciennes villes impériales ont cessé d'exister d'elles-mêmes, bien innocemment, sans même savoir ce qui leur arrivait. Dans une telle mort, un peuple peut se sentir fort à son aise, bien qu'il soit sorti de la vie de l'Idée. Il sert alors de matériau à un principe supérieur ; il devient province d'un autre peuple où prévaut un principe supérieur. Mais le principe qu'il a atteint, demeure comme une réalité. S'il dépérit dans la routine, il ne peut entièrement périr parce qu'il est spirituel, et cherche son assomption dans un principe supérieur. La caducité peut nous troubler, mais si l'on va au fond des choses on en reconnaît la nécessité au sein de l'idée plus haute de l'Esprit. Au moyen des figures périssables l'Esprit accomplit sa fin ultime absolue : telle est sa définition. Aussi devons-nous nous réconcilier avec la caducité.

Chaque Esprit populaire particulier est soumis à la caducité ; il décline, perd toute signification pour l'histoire universelle, et cesse d'être le porteur du plus haut concept que l'Esprit a forgé de lui-même. A chaque époque domine le peuple qui a saisi le plus haut concept de l'Esprit. Des peuples peuvent subsister sans avoir atteint un concept aussi élevé ; mais ils sont mis à l'écart de l'histoire universelle.

Le peuple étant un être universel, générique, une nouvelle détermination apparaît. En tant que genre l'Esprit d'un peuple est un existant pour soi. Il devient ainsi possible que l'Universel qui réside dans cet existant, se dresse contre lui comme son opposé. Le négatif de soi-même se manifeste en lui ; la pensée s'élève au-dessus de l'action immédiate. Ainsi la mort naturelle d'un peuple apparaît-elle comme son suicide. Nous pouvons ainsi observer comment l'Esprit d'un peuple prépare lui-même sa propre décadence. Le déclin apparaît sous diverses formes : la corruption jaillit du dedans, les appétits se déchaînent ; la particularité ne cherche que sa satisfaction, si bien que l'Esprit substantiel devient inopérant et tombe en ruine. Les intérêts particuliers s'emparent des forces et des capacités qui étaient auparavant au service du tout. Le négatif apparaît ainsi comme corruption interne, comme particularisme. Pareille situation appelle en règle générale la violence étrangère qui exclut le peuple de l'exercice de sa souveraineté et lui fait perdre la primauté. La violence étrangère n'est pourtant qu'un épiphénomène : aucune puissance ne peut détruire l'Esprit d'un peuple soit du dehors soit du dedans, s'il n'est déjà en lui-même sans vie, s'il n'a déjà dépéri.

Mais, par-delà le moment de la caducité, on trouve que la vie suit la mort. On pourrait ici évoquer la vie de la nature, les bourgeons qui se flétrissent et ceux qui germent. Mais dans la vie spirituelle il en va autrement. L'arbre se perpétue, produit des branches, des feuilles, des fleurs, des fruits, et recommence toujours au même point. La plante annuelle ne survit pas à son fruit ; l'arbre dure pendant des dizaines d'années, mais il finit lui aussi par mourir. Dans la nature, la résurrection n'est pourtant qu'une répétition du même, une histoire monotone qui suit un cycle toujours identique. Il n'y a rien de nouveau sous le soleil. Il en va autrement du soleil de l'Esprit. Sa marche, son mouvement, n'est pas une auto-répétition ; l'aspect changeant que revêt l'Esprit dans ses figures toujours nouvelles est essentiellement un progrès. Progrès qui se manifeste, dans la dissolution d'un Esprit populaire, par la négativité de sa pensée : en effet, la connaissance, la conception pensante de l'être, devient source et lieu de naissance d'une forme nouvelle et supérieure qui relève d'un principe à la fois conservateur et transformateur. C'est que la pensée est l'universel, l'espèce qui ne meurt pas mais demeure toujours égale à elle-même. Ainsi la forme déterminée de l'Esprit ne passe pas dans le temps comme passent les choses naturelles, mais se dépasse dans l'activité spontanée et consciente d'elle-même de la conscience de soi. Et précisément parce que ce dépassement est une œuvre de la pensée, il est à la fois conservation et transfiguration. Ainsi, en dépassant la réalité de ce qu'il est, l'Esprit parvient en même temps à l'essence, à la prise de conscience, à la saisie de la signification universelle de ce qu'il a *été*. Son principe n'est plus le contenu et le but immédiats de ce qu'il a été, mais leur essence.

Puisqu'il est question du passage d'un Esprit populaire à unautre, notons que l'Esprit universel en général ne meurt pas. Toutefois, en tant qu'Esprit populaire appartenant à l'histoire, il doit connaître son ouvrage et se penser soi-même. Cette pensée, cette réflexion n'a plus aucun respect pour l'immédiat dans lequel elle ne reconnaît qu'un principe particulier. Une scission se produit alors entre l'esprit subjectif et l'esprit général. Les individus se retirent en eux-mêmes et poursuivent des buts particuliers, Nous avons remarqué que cet état marque la décadence d'un peuple ; chacun pose ses buts personnels selon ses propres passions. Cependant, dans ce retour en soi de l'Esprit, la pensée apparaît comme une réalité particulière : les sciences naissent. Les sciences vont toujours de pair avec la corruption et le déclin d'un peuple.

Mais là même réside le commencement d'un principe plus haut. Cette scission contient et entraîne le besoin de l'unification, car l'Esprit est un. Il est vivant et assez vigoureux pour produire l'unité. L'opposition qui se produit entre l'Esprit et le principe inférieur, la contradiction, conduit au principe supérieur. Ainsi les Grecs — même dans leur période d'épanouissement, dans leur sereine éthique collective (*Sittlichkeit*) — n'ont pas connu la notion de la liberté universelle. Ils possédaient bien celle du Καθῆκον, du devoir qui convient à chaque individu, mais ils n'avaient pas de moralité subjective (*Moralität*) ni de conscience morale indépendante (*Gewissen*). La moralité, qui est retour de l'Esprit en lui-même, réflexion et fuite de l'Esprit vers sa propre profondeur, n'existait pas encore. Elle ne commença qu'avec Socrate. Mais la réflexion une fois apparue, l'individu une fois retiré en lui-même et séparé de l'éthique collective pour vivre en lui-même, selon ses propres déterminations, alors apparurent la corruption et la contradiction. Or l'Esprit ne peut pas s'installer dans la contradiction : il aspire à l'unification et celle-ci contient un principe supérieur. L'histoire n'est que le processus par lequel l'Esprit parvient à son Soi, à son Concept. La scission contient donc ce qu'il y a de plus haut dans celle-ci. Cet élément supérieur comporte certains aspects qui échappent encore à la conscience : c'est que la conscience ne peut assumer la contradiction que lorsque le principe de la liberté personnelle est déjà établi.

Le résultat de cette progression est que l'Esprit, dans la mesure où il s'objective et pense son être, détruit d'un côté la forme déterminée de son être et en saisit d'autre part l'élément universel, donnant ainsi à son principe une destination nouvelle. De cette façon s'effectue la transformation du caractère substantiel d'un Esprit populaire donné : son principe est passé en un autre, qui est certes plus élevé.

Avoir le sens de cette transition, savoir la reconnaître, c'est la chose la plus importante, l'âme et l'excellence de l'appréhension et de la compréhension philosophique de l'histoire. Un individu passe par plusieurs étapes de formation et cependant reste le même. Il en va de même pour chaque peuple jusqu'à ce qu'il arrive au stade qui est le stade universel de son génie. A ce point, le changement s'impose en vertu d'une nécessité interne, conforme au Concept. L'impuissance de la vie se manifeste en ceci que le commencement et le résultat se séparent. Il en est de même dans la vie des individus et des peuples. Chaque Esprit populaire déterminé n'est qu'un individu dans la marche de l'histoire universelle. La vie de chaque peuple fait mûrir un fruit, car son activité vise à réaliser complètement son principe. Mais ce fruit ne retombe pas dans le giron du peuple qui l'a produit. Il ne lui est pas permis d'en jouir. Au contraire, ce fruit devient pour lui une boisson amère ; il ne peut la rejeter car il en a une soif infinie, mais goûter à ce breuvage est sa ruine et en même temps l'avènement d'un nouveau principe. Le fruit redevient germe, germe d'un autre peuple qui mûrira.

L'esprit est essentiellement résultat de son activité : son activité, c'est le dépassement de son immédiateté, la négation de celle-ci et le retour en soi.

L'Esprit est libre. Réaliser son être est le but que l'Esprit universel poursuit dans l'histoire universelle. Se connaître soi-même est son œuvre, et cette œuvre ne s'accomplit pas d'un seul coup, mais graduellement, par étapes. Chaque nouvel Esprit populaire déterminé représente une nouvelle étape du combat par lequel l'Esprit du Monde conquiert sa conscience et sa liberté. La mort d'un Esprit populaire est passage à la vie ; ce n'est pas comme dans la nature, où la mort d'un être appelle à l'existence un autre être, identique. L'Esprit du Monde s'élève, des déterminations inférieures, à des principes et à des concepts supérieurs à une présentation plus développée de son idée.

La fin ultime

Il s'agit donc du but final que poursuit l'humanité, que l'Esprit se propose dans le monde et qu'il accomplit, poussé par une force infinie, absolue. Pour saisir cette fin ultime, il convient de se rappeler ce qui a été avancé au sujet de l'Esprit populaire. Nous avons dit que l'objet de l'Esprit n'est autre que lui-même. Il n'y a rien de plus haut que l'Esprit, rien ne saurait être plus digne que lui de devenir son objet. L'Esprit ne peut trouver la paix, il ne peut s'occuper de rien avant de connaître ce qu'il est. Cela est certes une pensée générale, abstraite, et il existe un abîme entre ce que nous disons être l'intérêt suprême de l'Esprit et ce qui, dans l'histoire, a éveillé l'intérêt des peuples et des individus. Au point de vue empirique, nous constatons que les peuples se sont occupés pendant des siècles à poursuivre des buts, des intérêts particuliers. Que l'on songe, par exemple, au conflit entre Rome et Carthage. Un abîme sépare tout cela de cet intérêt essentiel que nous voulons reconnaître dans les phénomènes historiques. Cette contradiction entre les intérêts qui se manifestent dans l'histoire et ce qui a été posé comme l'intérêt absolu de l'Esprit, sera levée plus tard. Disons pour le moment qu'il est aisé de comprendre que l'Esprit libre se rapporte nécessairement à lui-même, que s'il en était autrement, il serait non libre et dépendant. Son but est de parvenir à la conscience de lui-même ou, ce qui revient au même. de rendre le monde adéquat à lui-même. En effet, on peut dire que l'Esprit doit s'approprier le monde objectif ou, inversement, que l'Esprit doit devenir ce qu'il est, expliciter et objectiver son concept. C'est dans l'objectivité qu'il prend conscience de sa propre félicité, car là où l'objectivité correspond à l' « exigence intérieure », là réside la liberté. La fin ultime étant ainsi définie, la progression historique cesse de signifier un simple accroissement quantitatif. Ajoutons que notre conscience ordinaire admet elle aussi que, pour pouvoir connaître son essence, la conscience doit passer par certains stades de culture.

L'Esprit doit donc parvenir au savoir de ce qu'il est vraiment et objectiver ce savoir, le transformer en un monde réel et se produire lui-même objectivement. C'est là le but de l'histoire universelle. L'essentiel est ici que ce but soit un résultat.

L'Esprit n'est pas un être naturel, comme l'animal qui est ce qu'il est immédiatement. L'Esprit se produit lui-même, il se fait lui-même ce qu'il est. Son être n'est pas existence en repos, mais activité pure : son être est d'avoir été produit par lui-même, d'être devenu pour lui-même, de s'être fait par soi-même. Pour exister vraiment, il faut qu'il ait été produit par lui-même : son être est le processus absolu. Ce processus, médiation de lui-même avec lui-même et par lui-même (et non par un autre), implique que l'Esprit se différencie en Moments (*Momente*) distincts, se livre au mouvement et au changement et se laisse déterminer de diverses façons. Ce processus est aussi, essentiellement, un processus graduel, et l'histoire universelle est la manifestation du processus divin, de la marche graduelle par laquelle l'Esprit connaît et réalise sa vérité. Tout ce qui est historique est une étape de cette connaissance de soi. Le devoir suprême, l'essence de l'Esprit, est de se connaître soi-même et de se réaliser. C'est ce qu'il accomplit dans l'histoire : il se produit sous certaines formes déterminées, et ces formes sont les peuples historiques. Chacun de ces peuples exprime une étape, désigne une époque de l'histoire universelle. Plus profondément : ces peuples incarnent les principes que l'Esprit a trouvés en lui et qu'il a dû réaliser dans le monde. Il existe donc entre eux une connexion nécessaire qui n'exprime rien d'autre que la nature même de l'Esprit.

L'histoire universelle est la manifestation du processus divin absolu de l'Esprit dans ses plus hautes figures : la marche graduelle par laquelle il parvient à sa vérité et prend conscience de soi. Les peuples historiques, les caractères déterminés de leur éthique collective, de leur constitution, de leur art, de leur religion, de leur science, constituent les configurations de cette marche graduelle. Franchir ces degrés, c'est le désir infini et la poussée irrésistible de l'Esprit du Monde, car leur articulation aussi bien que leur réalisation est son concept même. Les principes des Esprits populaires, dans la série nécessaire de leur succession, ne sont eux-mêmes que les moments de l'unique Esprit universel : grâce à eux, il s'élève dans l'histoire à une *totalité* transparente à elle-même et apporte la conclusion.

A cette vision du processus par lequel l'Esprit réalise son but dans l'histoire, s'oppose l'idée qu'on se fait communément de la nature de l'Idéal et de ses rapports avec le réel. Rien n'est plus fréquent aujourd'hui que d'entendre des plaintes au sujet des idéaux — et il s'agit toujours d'idéaux posés par l'imagination ou par la raison — qui n'arrivent pas à s'incarner dans la réalité. On déplore notamment que les idéaux de la jeunesse dégénèrent en rêveries au contact de la froide réalité. Mais ces idéaux qui, durant la traversée de la vie, se brisent sur l'écueil de la dure réalité, ne sont, peut-être,que purement subjectifs. Peut-être n'existent-ils qu'au regard de tel ou tel individu qui s'est pris pour ce qu'il y a de plus haut et de plus intelligent. En tout cas, ils ne nous regardent pas ici. Car ce que l'individu s'imagine dans son individualité ne peut faire loi pour l'universelle réalité, de même que la loi universelle ne s'adresse pas exclusivement aux simples individus lesquels pourraient fort bien ne pas trop y trouver leur compte. L'individu se fait souvent des idées sur lui-même, les grands desseins et les actes grandioses qu'il veut accomplir, l'importance de sa personne et sa contribution au salut de ce monde. Mais ces idées ne mènent pas loin. Les rêves que l'individu peut faire à son propre sujet ne donnent qu'une idée exagérée de sa propre valeur. Pourtant il est fort possible que l'individu subisse une injustice — mais cela ne concerne pas l'histoire universelle et son progrès, dont les individus ne sont que les serviteurs, les instruments.

Parmi les idéaux, on compte aussi les idéaux de la raison, les idées du Bien, du Vrai, du Meilleur — idées qui, elles, méritent vraiment d'exiger leur satisfaction. A voir cette exigence rester inassouvie, on éprouve le sentiment d'une injustice objective, et des poètes comme Schiller ont exprimé d'une manière émouvante la tristesse qui en découle. Si nous disons en revanche que la Raison universelle se réalise dans le monde, nous ne nous référons certainement pas à tel ou tel individu empirique : celui-ci peut se trouver plus ou moins bien ou mal du fait que, dans ce domaine, les hasards et la particularité ont reçu du Concept le pouvoir d'exercer leur droit formidable. Lorsqu'on voit les faits particuliers, on peut se dire qu'il y a bien des choses injustes dans le monde. Il y aurait donc beaucoup à redire en ce qui concerne les aspects individuels du monde phénoménal. Mais il ne s'agit pas ici des particularités empiriques : elles sont sujettes au hasard et ne nous concernent point. En outre, rien n'est plus facile que de critiquer et de croire qu'en critiquant on fait preuve de bonne volonté, de meilleure connaissance des choses. La critique subjective qui ne vise que le particulier et ses défauts, sans y reconnaître la Raison universelle, est chose facile ; elle autorise toutes les fanfaronnades de l'exhibitionnisme, dans la mesure où elle donne, avec les airs de la générosité, l'assurance de la dévotion au bien général. Lorsqu'on considère les individus, les États, l'ordre du monde, il est plus facile de voir leurs défauts que de reconnaître leur vrai contenu. En critiquant négativement, on se donne des airs distingués et on survole dédaigneusement la chose sans y avoir pénétré, c'est-à-dire sans l'avoir saisie elle-même, sans avoir saisi ce qu'il y a de positif en elle. Certes, la critique peut être fondée, mais il est plus facile de découvrir les défauts que de trouver la substance : la manière dont on critique les œuvres d'art en est un exemple. Les hommes croient souvent qu'ils en ont fini avec telle chose dès qu'ils en ont trouvé le véritable défaut. Ils ont certes raison, mais ils ont également tort parce qu'ils en méconnaissent l'aspect positif. C'est la marque de la plus grande superficialité que de trouver en toute chose du mal et ne rien voir du bien positif qui s'y trouve. L'âge rend en général plus clément ; la jeunesse est toujours mécontente :

c'est qu'avec l'âge le jugement mûrit, et s'il accepte le mal, ce n'est pas par désintéressement, mais parce qu'il a été instruit par le sérieux de la vie et a appris à se diriger vers le fond substantiel et solide des choses. Ce n'est pas là accommodement bon marché, mais une justice.

Maintenant, en ce qui concerne le vrai Idéal, c'est-à-dire l'idée de la Raison, l'idée à laquelle la philosophie doit aboutir, c'est que le monde réel est tel qu'il doit être ; que la Volonté de la Raison, le Bien, tel qu'il est concrètement, est réellement la plus grande puissance : la puissance absolue qui se réalise. Le vrai Bien, la Raison divine universelle, est aussi la puissance capable de se réaliser. La représentation la plus concrète de ce Bien, de cette Raison, est Dieu. Ce Bien, non pas en tant que pensée générale, mais comme force efficace, est ce que nous appelons Dieu. La perspective philosophique veut qu'aucune force ne puisse s'élever au-dessus de la Puissance du Bien, de Dieu ; qu'aucune force ne puisse lui faire obstacle ou s'affirmer indépendante ; que Dieu possède un Droit souverain ; que l'histoire ne soit rien d'autre que le Plan de sa Providence. Dieu gouverne le monde ; le contenu de son gouvernement, l'accomplissement de son plan est l'histoire universelle. Saisir ce plan, voilà la tâche de la philosophie de l'histoire, et celle-ci présuppose que l'Idéal se réalise, que seul ce qui est conforme à l'Idée est réel. A la pure lumière de cette Idée divine, laquelle n'est pas un simple idéal, s'évanouit l'apparence que le monde est un devenir insensé. La philosophie veut connaître le contenu, la réalité de l'idée divine et justifier la réalité méprisée. Car la Raison est l'intellection de l'œuvre divine.

Ce qu'on appelle « réalité » est sujet à caution aux yeux de la philosophie : elle le considère comme quelque chose qui peut paraître, mais qui n'est pas en soi et pour soi réel. On pourrait interpréter cette conception comme une sorte de consolation face à l'image qu'on se fait du malheur absolu et de la folie qui règnent par le monde. Mais la consolation est une compensation factice d'un mal qui n'aurait pas dû se produire ; son domaine est celui des choses finies. Aussi bien la philosophie n'est pas une consolation, elle est quelque chose de plus. Elle réconcilie ; elle transfigure le réel qui paraît injuste et l'élève jusqu'au rationnel, en montrant qu'il est fondé sur l'Idée elle-même et en mesure de donner satisfaction à la raison. Car c'est dans la Raison que réside le Divin. Le contenu de la Raison est l'Idée divine, essentiellement le Plan de Dieu. Considérée comme histoire universelle, la Raison n'est pas la volonté subjective, mais l'action de Dieu. Mais pour la représentation, la Raison est la perception de l'Idée ; et déjà, Logos signifie étymologiquement la perception de ce qui a été exprimé — plus précisément, la perception du Vrai. La vérité du vrai : c'est le monde créé. Dieu parle ; il n'exprime que lui-même, et il est la puissance de s'exprimer, de devenir intelligible. Et c'est bien la vérité de Dieu, son image, que perçoit la Raison. Voici donc la conclusion de la philosophie : ce qui est vide n'est pas un idéal ; le seul idéal est ce qui est réel — l'Idée se rend elle-même perceptible dans le monde.

● La question qui vient immédiatement à l'esprit peut s'énoncer comme suit : Quels *moyens* utilise-t-elle ? C'est le deuxième point que nous avons à considérer ici.

2. LES MOYENS DE LA RÉALISATION

Les mobiles historiques

● Cette question des *moyens* par lesquels la liberté se crée un monde, nous conduit au cœur même du phénomène historique. Si la liberté comme telle est au début le concept intérieur, les moyens sont au contraire quelque chose d'extérieur, de phénoménal, qui occupe toute la scène immédiatement visible de l'histoire. Or la première *image* que nous offre l'histoire est celle des actions humaines telles qu'elles dérivent des besoins, des passions, des intérêts, de l'idée que les hommes s'en font, des buts qu'ils s'assignent, de leur caractère et de leurs qualités. Si bien que, dans ce spectacle de l'activité, ce sont ces besoins, ces passions, ces intérêts, etc., qui apparaissent comme les seuls *mobiles*. Il est vrai que les individus se proposent aussi des fins générales et veulent faire le *Bien*, mais leur vouloir est ainsi fait que le Bien qu'ils veulent faire est d'une nature plutôt limitée. Il en est ainsi du noble amour de la patrie, qui peut fort bien être un pays insignifiant au regard du monde et de la finalité générale du monde. Et il en va de même pour tout ce qui relève de l'honnêteté en général : l'amour de la famille, la fidélité aux amis, etc. En bref, toutes les *vertus* s'évanouissent ici. La destination de la raison est certes réalisée dans ces sujets vertueux et le cercle de leur activité, mais il s'agit de quelques individus isolés qui paraissent insignifiants par rapport à la masse de l'espèce humaine, et l'espace où se déploient leurs vertus est relativement restreint. Les passions, en revanche, les fins de l'intérêt particulier, la satisfaction de l'amour-propre, sont la puissance la plus grande. Leur force réside en ceci, qu'elles ne respectent aucune des bornes que le droit et la moralité veulent leur imposer. De surcroît, la force naturelle de la passion est plus apparentée à la nature humaine que l'apprentissage long et artificiel du sens de l'ordre et de la modération, du droit et de la moralité.

Lorsque nous considérons ce spectacle des passions et les conséquences de leur déchaînement, lorsque nous voyons la déraison s'associer non seulement aux passions, mais aussi et surtout aux bonnes intentions et aux fins légitimes, lorsque l'histoire nous met devant les yeux le mal, l'iniquité, la ruine des empires les plus florissants qu'ait produits le génie humain, lorsque nous entendons avec pitié les lamentations sans nom des individus, nous ne pouvons qu'être remplis de tristesse à la pensée de la caducité en général. Et étant donné que ces ruines ne sont pas seulement l'œuvre de la nature, mais encore de la volonté humaine, le spectacle de l'histoire risque à la fin de provoquer une affliction morale et une révolte de l'esprit du bien, si tant est qu'un tel esprit existe en nous. On peut transformer ce bilan en un tableau des plus terrifiants, sans aucune exagération oratoire, rien qu'en relatant avec exactitude les malheurs infligés à la vertu, l'innocence, aux peuples et aux États et à leurs plus beaux échantillons. On en arrive à une douleur profonde, inconsolable que rien ne saurait apaiser. Pour la rendre supportable ou pour nous arracher à son emprise, nous nous disons : *Il en a été ainsi ; c'est le destin ; on n'y peut rien changer* ; et fuyant la tristesse de cette douloureuse réflexion, nous nous retirons dans nos affaires, nos buts et nos intérêts présents, bref, dans l'égoïsme qui, sur la rive tranquille, jouit en sûreté du spectacle lointain de la masse confuse des ruines. Cependant, dans la mesure où l'histoire nous apparaît comme l'autel où ont été sacrifiés le bonheur des peuples, la sagesse des États et la vertu des individus, la question se pose nécessairement de savoir *pour qui, à quelle fin* ces immenses sacrifices ont été accomplis. C'est par cette question que nous commençâmes notre méditation. Or dans tous les faits troublants qui peuplent ce tableau, nous ne voulons voir que des *moyens* au service de ce que nous affirmons être la destination substantielle, la fin ultime absolue ou, ce qui revient au même, le véritable *résultat* de l'histoire universelle. Nous avons généralement évité de nous engager dès le commencement dans la voie des réflexions, de passer directement de l'image des faits particuliers à leur sens général. D'ailleurs ces réflexions sentimentales n'ont aucun intérêt à s'élever au-dessus de ces considérations et des sentiments qui en dérivent, et résoudre réellement les énigmes de la Providence dont nous avons fait état. Il leur convient plutôt de se complaire mélancoliquement dans les sublimités vides et stériles que leur inspire ce premier bilan négatif. Revenons donc au point de vue qui est le nôtre : les éléments que nous indiquerons fourniront l'essentiel pour la réponse aux questions que notre tableau de l'histoire n'aura pas manqué de poser.

Passions et intérêts

Notons, en premier lieu, que ce que nous avons appelé principe, fin ultime, détermination, *en soi*, ou bien nature et concept de l'Esprit n'est qu'une généralité, une abstraction. Le principe, comme la maxime ou la loi, est quelque chose d'intérieur et de général ; en tant que tel, quelque vrai qu'il soit en lui-même, il n'est pas entièrement réel. Les buts, les maximes, etc., se trouvent d'abord dans notre pensée, dans nos intentions intérieures ou bien dans des livres, mais n'existent pas encore dans la réalité. Ce qui est *en soi* est une possibilité, un pouvoir-être, mais qui n'est pas parvenu encore à l'existence. Pour qu'il soit une réalité, un second moment doit s'adjoindre : la mise en acte, la réalisation, qui a son principe dans la volonté, dans l'activité en général de l'homme dans le monde. C'est seulement par cette activité que ces concepts et ces déterminations existant en soi s'accomplissent et se réalisent.

Les lois et les principes ne vivent pas et ne s'imposent pas immédiatement d'eux-mêmes. L'activité qui les rend opératoires et leur confère l'être, c'est le besoin de l'homme, son désir, son inclination et sa passion. Pour que je fasse de quelque chose une œuvre et un être, il faut que j'y sois intéressé. Je dois y participer et je veux que l'exécution me satisfasse, qu'elle m'intéresse. « Intérêt » signifie « être dans quelque chose » une fin pour laquelle je dois agir doit aussi, d'une manière ou d'une autre, être aussi ma fin personnelle. Je dois en même temps satisfaire *mon propre* but, même si la fin pour laquelle j'agis présente encore beaucoup d'aspects qui ne me concernent pas. C'est là le deuxième moment essentiel de la liberté : le droit infini du sujet de trouver la satisfaction dans son activité et son travail. Si les hommes doivent s'intéresser à une chose, il faut qu'ils puissent y participer activement. Il faut qu'ils y retrouvent leur propre intérêt et qu'ils satisfassent leur amour-propre. Ici il faut dissiper un malentendu : On a raison d'employer le mot intérêt dans un sens péjoratif et de reprocher à un individu d'être *intéressé*. On veut dire par là qu'il ne cherche que son bénéfice personnel, sans se soucier de la fin générale sous le couvert de laquelle il cherche son profit, et même en la sacrifiant à celui-ci. Mais celui qui consacre son activité à une chose n'est pas seulement intéressé en général, mais *s'y* intéresse : la langue rend exactement cette nuance. Il n'arrive donc rien, rien ne s'accomplit, sans que les individus qui y collaborent ne se satisfassent aussi. Car ce sont des individus particuliers, c'est-à-dire des hommes dont les besoins, les désirs et les intérêts en général sont particuliers, tout en étant foncièrement les mêmes que ceux des autres. Parmi ces intérêts il faut compter non seulement l'intérêt de leur besoin et de leur volonté propre, mais aussi celui de leur réflexion, de leur conviction ou tout au moins de leur opinion, si toutefois le besoin du raisonnement, de l'entendement et de la raison s'est déjà éveillé. Les hommes exigent aussi que la cause pour laquelle ils doivent agir, leur plaise, que leur opinion lui soit favorable : ils veulent être présents dans l'estimation de la valeur de la cause, de son droit, de son utilité, des avantages qu'ils pourront récolter. C'est là un caractère essentiel de notre époque : les hommes ne sont guère plus conduits par l'autorité ou la confiance ; c'est seulement en suivant leur jugement personnel, leur conviction et leur opinion indépendantes qu'ils consentent à collaborer à une chose.

■ Dans l'histoire universelle nous avons affaire à l'Idée telle qu'elle se manifeste dans l'élément de la volonté et de la liberté humaines. Ici la volonté est la base abstraite de la liberté, mais le produit qui en résulte forme l'existence éthique du peuple. Le premier principe de l'Idée est l'Idée elle-même, dans son abstraction ; l'autre principe est constitué par les passions humaines. Les deux ensemble forment la trame et le fil de l'histoire universelle. L'Idée en tant que telle est la réalité ; les passions sont le bras avec lequel elle gouverne. Ce sont là deux points extrêmes ; ce qui les relie, c'est la liberté concrète, éthique (*sittlich*). Objectivement considérées, l'Idée et l'individualité particulières forment la grande opposition de la nécessité et de la liberté. C'est le combat de l'homme contre le destin — mais la nécessité dont il s'agit ici n'est pas la nécessité extérieure de la destinée, mais celle de l'Idée divine, et le problème qui se pose est : comment relier cette Idée souveraine avec la liberté humaine ? La liberté de chaque individu est libre quand il peut poser absolument, en soi et pour soi, l'objet de sa volonté. Comment alors concevoir l'action déterminante de la Raison, de l'Universel, dans l'histoire ? Ce n'est pas le lieu de résoudre cette contradiction telle qu'elle se présente au niveau de l'individuel. Nous pouvons néanmoins réfléchir sur les exemples suivants.

La ruse de la Raison

La flamme dévore l'air ; elle se nourrit du bois. L'air est une condition indispensable à la vie des arbres ; dans la mesure où le bois élimine l'air en devenant flamme, il combat contre lui-même et contre sa propre source de vie. Et pourtant l'oxygène subsiste toujours dans l'air et les arbres ne cessent de verdir. De même, l'homme qui se propose de bâtir une maison, prend d'abord une décision arbitraire ; mais les éléments doivent lui servir. Et pourtant la maison est faite pour protéger l'homme contre les éléments ; ceux-ci sont donc employés contre eux-mêmes, — ce qui ne signifie pas que la loi générale de la nature soit pour autant invalidée. La construction d'un édifice, c'est d'abord un but et une intention intérieurs. A cette fin les éléments particuliers servent de moyens, tandis que le fer, le bois, les pierres sont utilisés comme des matériaux. Les éléments sont employés pour être travaillés : le feu pour fondre le fer, l'air pour attiser le feu, l'eau pour mettre les roues en mouvement, couper le bois, etc. Le résultat sera que les éléments seront mis en échec par la maison dont ils ont aidé la construction : elle sera à l'abri du vent, de la pluie, de l'incendie. De même les pierres et les poutres obéissent à la pesanteur, tendent vers le bas, et avec elles on édifie de hautes murailles. Ainsi les éléments sont utilisés conformément à leur nature et contribuent ensemble à la production d'un résultat qui limite leur action. Les passions se satisfont de façon analogue; elles se réalisent suivant leur détermination naturelle, mais elles produisent l'édifice de la société humaine dans laquelle elles ont conféré au droit et à l'ordre le pouvoir *contre* elles-mêmes. Dans la vie quotidienne nous voyons qu'il existe un droit qui nous donne la sécurité ; ce droit s'impose de lui-même et constitue pour les hommes un mode substantiel d'action (*Handlungsweise*) qui souvent se dresse contre leurs intérêts et leurs buts particuliers. Ici ou là, les hommes défendent leurs buts particuliers contre le droit général ; ils agissent librement. Mais ce qui constitue le fondement général, l'élément substantiel, le droit n'en est pas troublé. Il en va de même pour l'ordre du monde. Ses éléments sont d'une part les passions, de l'autre la Raison. Les passions constituent l'élément actif. Elles ne sont pas toujours opposées à l'ordre éthique (*Sittlichkeit*) ; bien au contraire, elles réalisent l'Universel. En ce qui concerne la morale des passions, il est évident qu'elles n'aspirent qu'à leur propre intérêt. De ce côté-ci, elles apparaissent comme égoïstes et mauvaises. Or ce qui est actif est toujours individuel : dans l'action je suis moi-même, c'est mon propre but que je cherche à accomplir. Mais ce but peut être bon, et même universel. L'intérêt peut être tout à fait particulier mais il ne s'ensuit pas qu'il soit opposé à l'Universel. L'Universel doit se réaliser par le particulier.

La passion est tenue pour une chose qui n'est pas bonne, qui est plus ou moins mauvaise : l'homme ne doit pas avoir des passions. Mais passion n'est pas tout à fait le mot qui convient pour ce que je veux désigner ici. Pour moi, l'activité humaine en général dérive d'intérêts particuliers, de fins spéciales ou, si l'on veut, d'intentions égoïstes, en ce sens que l'homme met toute l'énergie de son vouloir et de son caractère au service de ces buts en leur sacrifiant tout ce qui pourrait être un autre but, ou plutôt en leur sacrifiant tout le reste. Ce contenu particulier coïncide avec la volonté de l'homme au point qu'il en constitue toute la détermination et en est inséparable : c'est par là qu'il est ce qu'il est. Car l'individu est un *existant* ; ce n'est pas l'« homme en général », celui-ci n'existant pas, mais un homme déterminé. Le mot « caractère » exprime aussi cette détermination concrète de la volonté et de l'intelligence. Mais le caractère comprend en général toutes les particularités de l'individu, sa manière de se comporter dans la vie privée, etc ; et n'indique pas la mise en action et en mouvement de cette détermination. Je dirai donc passion entendant par là la détermination particulière du caractère dans la mesure où ces déterminations du vouloir n'ont pas un contenu purement privé, mais constituent l'élément actif qui met en branle des actions universelles. L'intention, dans la mesure où elle est cette intériorité impuissante que courtisent les caractères faibles pour accoucher d'une souris, n'entre évidemment pas dans nos considérations.

● Nous disons donc que rien ne s'est fait sans être soutenu par l'intérêt de ceux qui y ont collaboré. Cet intérêt, nous l'appelons passion lorsque, refoulant tous les autres intérêts ou buts, l'individualité tout entière se projette sur un objectif avec toutes les fibres intérieures de son vouloir et concentre dans ce but ses forces et tous ses besoins. En ce sens, nous devons dire que *rien de grand ne s'est accompli dans le monde sans passion*. La passion, c'est tout d'abord l'aspect subjectif, formel de l'énergie de la volonté et de l'action. Le contenu ou le but en restent encore indéterminés — aussi indéterminés que dans le cas de la conviction, de l'opinion et de la moralité [*Gewissen*] personnelles. Il s'agit alors de savoir quel est le contenu de ma conviction, le but de ma passion, — de savoir aussi si l'un ou l'autre est vrai. S'il est vrai, il faut qu'il passe dans la réalité, dans l'existence : c'est alors qu'intervient l'élément de la volonté subjective, lequel comprend tous les besoins, les désirs, les passions aussi bien que les opinions, les idées et les convictions de l'individu.

Cette manière de considérer le deuxième moment (*Moment*) essentiel de la réalisation historique d'une fin en général, nous autorise à formuler, en passant, une remarque sur l'État : Un État est bien ordonné et fort en lui-même quand l'intérêt privé des citoyens est uni à la fin générale de l'État, quand l'intérêt privé et la fin de l'État trouvent l'un dans l'autre leur satisfaction et leur réalisation. C'est là une proposition d'une extrême importance. Mais cette unification ne peut devenir réelle que si l'État arrive — ce qui présuppose de longues luttes intellectuelles — à prendre conscience de la fin générale et à se donner une multitude d'institutions conformes à cette fin. En outre, il lui faut lutter contre les intérêts particuliers et les passions et les soumettre à un dressage aussi long que difficile. L'époque où une telle unification a lieu, est celle de sa floraison, de sa vertu, de sa force et de sa félicité. Mais *l'histoire universelle* ne commence avec *aucune fin consciente* comme cela se produit dans les *sociétés particulières* où le simple instinct de la vie en commun a déjà pour fin consciente d'assurer la vie, la propriété, etc. Avec la pratique de cette vie en commun, cette fin se précise davantage et signifie, par exemple, qu'il faut lutter pour la conservation de la ville d'Athènes ou de la ville de Rome, etc. Les difficultés et les besoins se chargeront par la suite de la rendre encore plus précise. La fin *générale* avec laquelle commence l'histoire, est de donner satisfaction au *concept* de l'Esprit. Mais cette fin n'existe qu'*en soi*, c'est-à-dire comme *nature* : c'est un désir inconscient, enfoui dans les couches les plus profondes de l'intériorité, et toute l'œuvre de l'histoire universelle consiste, ainsi qu'il a déjà été dit, dans l'effort de le porter à la conscience. L'homme fait son apparition comme *être naturel* se manifestant comme *volonté naturelle* : c'est ce que nous avons appelé le côté subjectif, besoin, désir, passion, intérêt particulier, opinion et représentation subjectives. Cette masse immense de désirs, d'intérêts et d'activités constitue les *instruments* et les moyens dont se sert l'Esprit du Monde (*Weltgeist*) pour parvenir à sa fin, l'élever à la conscience et la réaliser. Car son seul but est de se trouver, de venir à soi, de se contempler dans la réalité. C'est leur *bien propre* (*das Ihrige*) que peuples et individus cherchent et obtiennent dans leur agissante vitalité, mais en même temps ils sont les *moyens* et les *instruments* d'une chose *plus élevée*, plus vaste qu'ils ignorent et accomplissent inconsciemment. Voilà une question qu'on pourrait poser, qui a été posée, mais qui a été aussi décriée et dénoncée comme rêverie et philosophie. Dès le début, je me suis expliqué sur ce point et j'ai indiqué quel est notre présupposé, ou notre foi : c'est l'Idée (qui ne peut être énoncée qu'en tant que résultat et est donc énoncée ici sans aucune autre prétention) que la Raison gouverne le monde et par conséquent gouverne et a gouverné l'histoire universelle. Par rapport à cette Raison universelle et substantielle, tout le reste est subordonné et lui sert d'instrument et de moyen. De plus, cette Raison est immanente dans la réalité historique, elle s'accomplit en et par celle-ci. C'est l'*union* de l'Universel existant en soi et pour soi et de l'individuel et du subjectif qui constitue l'unique vérité : c'est là la proposition spéculative que nous avons développée dans la Logique. Mais dans le *cours* de l'histoire elle-même, cours que nous considérons comme progressif, le côté subjectif, la conscience n'est pas encore à même de saisir quelle est la pure fin ultime de l'histoire, le concept de l'Esprit. Ce concept n'est pas encore le contenu du besoin et de l'intérêt de la conscience; celle-ci n'en est pas consciente, et pourtant l'Universel est présent dans les fins particulières et s'accomplit par elles. Puisque le développement spéculatif de cette connexion appartient à la Logique, nous ne pouvons pas l'expliquer ici, c'est-à-dire donner son concept et le rendre, comme on dit, *concevable*. Mais, à l'aide de quelques exemples, je tenterai de rendre ce concept plus clair et plus accessible à la représentation.

Une des implications de la connexion ci-dessus indiquée [entre l'Universel et le particulier] est la suivante : dans l'histoire universelle, il résulte des actions des hommes quelque chose d'autre que ce qu'ils ont projeté et atteint, que ce qu'ils savent et veulent immédiatement. Ils réalisent leurs intérêts, mais il se produit en même temps quelque autre chose qui y est cachée, dont leur conscience ne se rendait pas compte et qui n'entrait pas dans leurs vues. Comme exemple analogue, nous pouvons citer un homme qui, par vengeance peut-être juste, c'est-à-dire due à une offense injuste, met le feu à la maison d'un autre. Cet acte immédiat entraînera d'autres faits qui lui sont extérieurs et ne se rapportent pas à l'acte tel qu'il se présente en soi dans l'immédiat. En tant que tel, celui-ci se réduit, si l'on veut, au simple fait d'allumer une petite flamme à un certain endroit d'une poutre. Mais voilà comment ce qui n'a pas encore été fait se produira de lui-même par la suite : la partie enflammée de la poutre se rattache au reste ; la poutre, à la charpente de toute la maison ; celle-ci, à d'autres maisons, et un immense incendie se produit qui détruit la propriété, coûte même la vie à beaucoup de gens qui ne sont pas visés par la vengeance. Cela n'était compris ni dans l'acte tel qu'il se présente immédiatement, ni dans l'intention de celui qui avait déclenché l'affaire. Mais l'opération contient aussi une autre détermination générale qui se manifestera par la suite : le but de l'auteur n'était qu'une vengeance contre un individu dont il s'agissait de détruire la propriété ; mais son acte devient un crime qui entraîne le châtiment. Il n'y avait pas pensé et ne l'avait pas voulu, mais ce fut son acte même, ce qu'il comporte de général et de substantiel qui s'est réalisé par cet acte même. Il faut retenir de cet exemple seulement ceci : l'action immédiate peut également contenir quelque chose de plus vaste que ce qui apparaît dans la volonté et la conscience de l'auteur. L'exemple montre aussi que la substance de l'action et par conséquent l'action elle-même se retourne contre celui qui l'a accomplie, qu'elle devient pour lui un choc en retour qui le ruine, annule l'action, pour autant qu'elle fut un crime, et rétablit le droit dans sa souveraineté. Mais il ne faut pas accorder une importance particulière à cet aspect de l'exemple car il n'existe que dans ce cas particulier. Ce n'est, je vous l'ai dit, qu'un exemple analogique.

Mais je vais vous en donner un autre qui trouvera plus tard sa place, mais qui illustre historiquement et d'une manière parfaitement adéquate la synthèse de l'Universel et du particulier, la synthèse de la détermination nécessaire et du but apparemment contingent. C'est *César* en danger de perdre la position à laquelle il s'était élevé — position qui si elle ne lui assurait pas encore la prédominance, le plaçait du moins au rang de ceux qui se trouvaient à la tête de l'État — et de succomber sous les coups de ses ennemis, lesquels pouvaient appuyer leurs desseins personnels sur la forme de la constitution et la force des apparences juridiques. César les a combattus poussé par le seul intérêt d'assurer sa position, son honneur, sa sécurité et les a vaincus. Or dans la mesure où ses ennemis étaient les maîtres des provinces de l'empire romain, sa victoire sur eux fut en même temps une conquête de la totalité de l'empire : il devint ainsi, sans toucher à la forme de la constitution, le maître individuel de l'État. Or le pouvoir unique à Rome que lui conféra l'accomplissement de son but de prime abord négatif, était en même temps en soi une détermination nécessaire dans l'histoire de Rome et dans l'histoire du monde : ce qui le guidait dans son œuvre n'était pas seulement son profit particulier, mais aussi un instinct qui a accompli ce que le temps réclamait. Les grands hommes de l'histoire sont ceux dont les fins particulières contiennent la substantialité que confère la volonté de l'Esprit du Monde. C'est bien ce contenu qui fait leur véritable force. Ce contenu se trouve aussi dans l'instinct collectif inconscient des hommes et dirige leurs forces les plus profondes. C'est pourquoi ils n'opposent aucune résistance conséquente au grand homme qui a identifié son intérêt personnel à l'accomplissement de ce but. Les peuples se rassemblent sous sa bannière : il leur montre et accomplit leur propre tendance immanente.

L'individu le bonheur et la moralité

■ Ce qu'est un peuple, les éléments qui se distinguent en lui, est une question relative à l'apparence phénoménale en général. De même nature est aussi l'autre principe, celui de l'individualité, et ces deux principes ensemble font partie de la réalité de l'Idée. L'œuvre de chaque peuple, de chaque État se rapporte à l'essence de ces deux éléments, à la manière dont ils se distinguent et dont ils s'unissent. Cette différenciation et cette union constituent le processus vivant grâce auquel l'Idée est vivante. Elle est au début une pure intériorité, quelque chose d'inactif, d'irréel, de seulement pensé et imaginé : elle est le fond intime du peuple. C'est l'activité des individus qui met en action cet universel et le fait sortir à la surface ; c'est elle qui l'extériorise dans la réalité et transforme ce qu'on appelle faussement réalité, et qui n'est que pure extériorité, en une image conforme à l'Idée.

Dans la mesure où elle n'est pas spirituelle et n'est pas encore éduquée, l'individualité fait elle-même partie de cette extériorité. L'individu n'est vrai que dans la mesure où il participe de toutes ses forces à la vie substantielle et intériorise l'Idée. Ce rapport entre l'universel et la subjectivité se manifeste dans le fait que le peuple a la conscience du Vrai, du Vrai en tant qu'Être éternel en soi et pour soi, en tant que l'Essentiel. Or tel qu'il existe dans la conscience vivante, le Vrai n'apparaît pas sous sa vraie forme qui est celle de l'universalité. Aussi longtemps qu'il sommeille à l'intérieur, la volonté demeure naturelle et n'a pas encore trouvé la rationalité. Le Droit, la conscience du Droit n'existent pas encore. La vraie éthique commence lorsque les individus prennent conscience de leurs buts. Ce qui doit être connu, c'est, pour employer l'expression d'Aristote, le moteur immobile qui met en mouvement les individus. Il en résulte que le sujet est fait pour un libre épanouissement de ses propriétés. Il faut aussi que cet élément éternellement immobile se manifeste dans la conscience et les sujets individuels doivent, par conséquent, être libres et indépendants pour soi. Le libre développement qui caractérise les peuples dans l'histoire universelle est aussi reconnaissable dans la vie des individus à l'intérieur de leur peuple.

Une détermination de l'Idée est d'être connaissance de soi, activité. En tant que vie éternelle de Dieu avant la création du monde, l'Idée est le processus logique. Étant tout d'abord l'élément intérieur, universel, pensé, l'Idée ne possède pas encore la forme de l'être immédiat. Le second moment est donc que l'Idée doit rendre son dû à son droit et progresser jusqu'à poser réellement l'opposition qu'elle recèle idéellement. C'est la différence entre l'Idée sous sa forme libre, universelle, où elle demeure en elle-même, et l'Idée comme réflexion purement abstraite en soi. D'un côté, l'Idée apparaît comme Idée universelle et, de l'autre, comme existence pour soi et liberté formelles, unité abstraite de la conscience de soi, réflexion infinie en soi, négativité infinie : c'est le Moi qui, en tant qu'atome et extrême pointe de l'opposition, se dresse contre toute plénitude, contre la plénitude de l'Idée. L'Idée universelle se présente ainsi, d'une part, comme plénitude substantielle, d'autre part, comme l'abstraction du libre arbitre. Dieu et le tout se trouvent ainsi dissociés et chacun est posé comme autre ; mais le Moi connaissant assume cette altérité, l'atome individuel, qui est en même temps multitude, constitue la finitude en général. Chaque individu exclut de soi l'autre et trouve en lui sa propre limite, la borne qu'il ne peut pas franchir : c'est ainsi qu'il est finitude. Cette réflexion en soi, la conscience individuelle de soi, représente l'altérité en face de l'Idée en général et demeure donc dans la finitude absolue.

Pourtant, cet être fini, cette extrême pointe de la liberté, cette connaissance formelle, est intimement rapporté à la majesté divine de l'Idée absolue qui connaît ce qui doit être ; en tant que tel, il constitue le domaine où se manifeste l'élément spirituel de la connaissance. Il constitue donc un aspect de l'Absolu, sa réalité tout au moins formelle. Saisir la connexion absolue de ces deux termes opposés, c'est la tâche profonde de la métaphysique. La réflexion en soi, cette liberté, considérées dans l'abstrait, constituent l'élément formel de l'activité de l'Idée absolue. Celui qui se connaît se veut lui-même et veut se trouver partout ; dans toute objectivité, il doit être sa propre subjectivité et sa propre conscience de soi. C'est bien cela la certitude de soi-même ; mais étant donné que la subjectivité n'a pas de contenu propre, on devrait l'appeler tendance de la raison : de la même manière, la piété est l'aspiration de l'individu à son salut. Au commencement, le Moi se veut soi-même non pas en tant que Moi connaissant, mais en tant qu'être fini et selon sa propre immédiateté : c'est ainsi que se constitue la sphère de sa manifestation phénoménale. Il se veut soi-même selon sa particularité. Ici se trouve le domaine des passions où l'individualité réalise sa particularité. Elle se dédouble lorsqu'elle parvient à réaliser sa finitude. Lorsque l'atome individuel s'est concilié de la sorte avec son Autre, les individus connaissent ce qu'on appelle le *bonheur*. On appelle heureux celui qui se trouve dans un rapport harmonieux avec lui-même. Dans la considération de l'histoire, on peut adopter aussi le point de vue de bonheur — mais l'histoire n'est pas le lieu de la félicité. Les périodes de bonheur y sont ses pages blanches. Dans l'histoire certes la satisfaction existe aussi, mais ce n'est pas ce qu'on appelle bonheur : il s'agit de la satisfaction de buts qui dépassent les intérêts particuliers. Les buts qui comptent dans l'histoire universelle doivent être affirmés avec énergie et volonté. Les individus historiques, qui ont poursuivi de tels buts, ont certes trouvé la satisfaction — mais ils n'ont pas été heureux.

Ce moment de l'activité abstraite doit être considéré comme le *medius terminus*, l'élément qui établit la liaison entre l'Idée universelle, qui repose dans le noyau interne de l'Esprit, et le monde extérieur : c'est cette activité qui fera sortir l'Idée de son intériorité et la posera à l'extérieur. Dès qu'elle est extériorisée, l'universalité s'individualise. L'intériorité pour soi serait une abstraction morte : l'activité l'a transformée en une existence réelle. Inversement, l'activité transforme l'objectivité vide en une manifestation de l'Être qui est en soi et pour soi. Nous n'avons vu jusqu'ici qu'un aspect de la scission interne de l'Idée : celui où elle se présente d'un côté comme Idée et de l'autre comme un atome individuel — mais comme un atome pensant. Cet atome existe pour un autre et l'autre existe pour lui : c'est pourquoi il faut le considérer comme activité, comme inquiétude infinie. En tant que tel, il est placé, d'un côté, à l'extrême pointe de la scission ; mais en même temps il est quelque chose d'immédiat et le devoir qui lui incombe est de rapporter tout à l'Universel, de travailler afin que la Volonté absolue se sache et s'accomplisse. Cette tendance absolue vers l'unité, vers la suppression de la scission, est l'autre côté de la scission.

La situation de la finitude en général consiste donc dans l'activité individuelle qui réalise l'Universel et ses déterminations. D'un côté, nous trouvons l'activité en tant que telle par laquelle les individus accomplissent leur volonté réelle, finie, et aspirent à jouir de leur particularité. L'autre côté est celui où les fins générales, le Bien, le Droit, le Devoir font leur apparition. Si cela ne se produit pas, c'est le domaine de la barbarie et de l'arbitraire, domaine qui a été déjà dépassé. L'universalisation de l'individu, c'est le travail de l'éducation qui apprend à l'individu ce qui vaut moralement pour tous (*sittlich*). Ainsi s'impose l'éthique (*Sittlichkeit*). Cette universalité [existant] dans les particularités est le Bien particulier en général, le bien qui existe concrètement comme devoir éthique. Sa production est conservatrice dans la mesure seulement où la conservation ne signifie pas une durée morte mais implique une création continue. Cette conservation, la règle collective, la loi en vigueur ne se réfèrent pas au Bien en général, qui est une abstraction, mais ont un contenu bien défini. Le devoir exige de défendre cette patrie déterminée — non pas n'importe quelle patrie. C'est là que réside la règle de conduite pour l'activité éthique des individus ; c'est là que se trouvent les *devoirs* et les lois que tous les individus connaissent ; c'est par rapport à ce lieu que se définit le statut objectif de chaque situation individuelle. Car quelque chose d'aussi vide que le Bien pour l'amour du Bien ne trouve pas de place dans la vivante réalité. Si l'on veut agir, il ne faut pas seulement vouloir le bien ; il faut aussi savoir ce qu'est le bien. Pour les cas ordinaires de la vie privée, les lois et les mœurs d'un État indiquent clairement si tel ou tel contenu est bon ou mauvais, juste ou injuste. Il n'y a pas grande difficulté à le savoir.

Les individus donc ont de la valeur lorsqu'ils sont conformes à l'esprit de leur peuple, lorsqu'il sont ses représentants et s'adjugent un rang particulier (*Stand*) dans la vie de l'ensemble. Il est vital pour la liberté d'un État que ce rang soit le résultat du libre arbitre de l'individu : la répartition des tâches auxquelles l'individu voudra bien se dévouer, ne doit pas être faite à la manière des castes. La *moralité* réside dans l'accomplissement des devoirs qui incombent à chaque état (*Stand*). Cela est bien facile à connaître : le rang détermine les devoirs. Ce qu'il y a de substantiel et de rationnel est connu : il est explicité dans ce qu'on appelle devoir. Se livrer à des investigations sur la nature du devoir, c'est faire des rêves inutiles. Dans le penchant à considérer la moralité comme quelque chose de difficile, il faut surtout voir l'envie de s'écarter du devoir. Chaque individu a sa *place* (*Stand*) et sait en général en quoi consiste une conduite honnête et conforme au droit. Si, dans les affaires privées ordinaires, on considère comme extrêmement difficile de choisir le juste et le bien, et si l'on croit faire preuve d'une moralité supérieure à y trouver bien des difficultés et à avoir des scrupules, il faut l'attribuer plutôt à la mauvaise volonté ou à la méchanceté qui cherchent des prétextes pour ne pas accomplir des devoirs, aisément connaissables pourtant. Tout au moins faut-il y voir le signe d'un esprit paresseux qui a trop peu de volonté pour agir, et qui par conséquent s'agite en lui-même avant de sombrer dans la complaisance morale. La nature de toute situation où l'élément moral prédomine, est donnée par ce qui est substantiel en elle et par les prescriptions du devoir. La nature des rapports entre les enfants et les parents prescrit tout simplement le devoir de se comporter conformément à ce rapport. Il en est de même dans les rapports juridiques. Je dois à quelqu'un de l'argent : suivant le Droit je dois agir conformément à la nature de la chose et rendre l'argent. Il n'y a ici aucune difficulté. Le monde du devoir forme la vie civile : les individus ont le métier qui leur est assigné et aussi le devoir qui leur incombe ; leur moralité consiste à se comporter conformément à leur devoir.

L'unification donc des deux extrêmes — la réalisation de l'Idée universelle, sa transformation en une réalité immédiate, et l'élévation de l'individualité à la vérité universelle —, s'effectue tout d'abord en présumant la diversité et l'indifférence réciproque des deux côtés. Ceux qui agissent ont dans leur activité des buts finis, des intérêts particuliers, mais ils sont aussi des êtres connaissants et pensants. Le contenu de leurs buts est par conséquent imprégné des déterminations universelles, essentielles du droit, du bien, du devoir, etc. Car le simple désir, la volonté brute et sauvage se situe en dehors du théâtre et de la sphère de l'histoire universelle. Ces déterminations universelles (du droit, du devoir, etc) qui guident les buts et les actes, ont un contenu particulier. Chaque individu est le fils de son peuple à une certaine étape du développement de ce peuple. Personne ne peut sauter par-dessus l'esprit de son peuple, comme personne ne peut sauter par-dessus la terre. La terre est le centre de la gravité. Si l'on imagine qu'un corps abandonne son centre, on l'imagine flottant dans les airs. Il en est ainsi de l'individu. S'il est conforme à sa substance, il l'est par sa propre volonté ; il doit porter à la conscience et expliciter la volonté qui correspond à l'exigence du peuple. L'individu n'invente pas son contenu : l'individu n'est que dans la mesure où il élabore le contenu substantiel.

Chaque individu élabore donc cet universel, et c'est par cette activité que le tout éthique est maintenu et conservé. Mais en face de cet universel il existe un deuxième universel qui se manifeste dans les grands événements de l'histoire, et c'est ce dernier qui rend difficile la conformité à l'éthique collective (*Sittlichkeit*). L'origine de cet universel a été indiquée dans nos remarques précédentes sur la marche progressive de l'Idée. Cela ne peut se produire à l'intérieur d'une communauté éthique : celle-ci ne connaît que des cas isolés où le vice, la tromperie, etc. se dressent contre l'universel existant et se trouvent aussitôt étouffés. En revanche, dans la mesure où un tout éthique est limité, il a au-dessus de lui une universalité plus haute : c'est par elle qu'il sera détruit. Le passage d'une forme spirituelle à une autre tient à ce que l'universel qui décline est supprimé et dépassé par le fait qu'il se pense comme particulier. Le principe supérieur qui lui succédera et qu'on peut appeler *genus proximum* de l'espèce antérieure, existe déjà intérieurement, mais ne s'est pas encore imposé : c'est bien cela qui fait que la réalité existante est chancelante, brisée.

Dans le cours de l'histoire, le moment de la conservation d'un peuple, d'un État, des sphères subordonnées de sa vie, est un moment essentiel. C'est ce qui est assuré par l'activité des individus qui participent à l'œuvre commune et concrétisent ses différents aspects. Mais il existe un autre moment : c'est le moment où l'ordre existant est détruit parce qu'il a épuisé et complètement réalisé ses potentialités, parce que l'histoire et l'Esprit du Monde sont allés plus loin. Nous ne parlerons pas ici de la position de l'individu à l'intérieur de la communauté, de son comportement moral et de ses devoirs. Ce qui nous intéresse, c'est seulement l'Esprit avançant et s'élevant à un concept supérieur de lui-même. Mais ce progrès est intimement lié à la destruction et la dissolution de la forme précédente du réel, laquelle a complètement réalisé son concept. Ce processus se produit selon l'évolution interne de l'Idée mais, d'autre part, il est lui-même produit par les individus qui l'accomplissent activement et qui assurent sa réalisation. C'est le moment justement où se produisent les grands conflits entre les devoirs, les lois et les droits existants et reconnus, et les possibilités qui s'opposent à ce système, le lèsent, en détruisent le fondement et la réalité, et qui présentent aussi un contenu pouvant paraître également bon, profitable, essentiel et nécessation. Ces possibilités deviennent dès lors historiques ; elles contiennent un universel d'une autre espèce que celui qui est à la base de l'existence du peuple ou de l'État. Cet universel est un moment de l'Idée créatrice, un moment de l'élan de la vérité vers elle-même.

Les grands hommes

Ce sont maintenant les grands hommes historiques qui saisissent cet universel supérieur et font de lui leur but ; ce sont eux qui réalisent ce but qui correspond au concept supérieur de l'Esprit. C'est pourquoi on doit les nommer des *héros*. Ils n'ont pas puisé leurs fins et leur vocation dans le cours des choses consacré par le système paisible et ordonné du régime. Leur justification n'est pas dans l'ordre existant, mais il la tirent d'une autre source. C'est l'Esprit caché, encore souterrain, qui n'est pas encore parvenu à une existence actuelle, mais qui frappe contre le monde actuel parce qu'il le tient par une écorce qui ne convient pas au noyau qu'elle porte. Mais toutes les opinions, les fins et les idéaux qui représentent une déviation par rapport aux normes établies n'appartiennent pas pour autant à la réalité à venir. Les aventuriers de toute sorte ont de tels idéaux et leur activité correspond toujours à des représentations qui vont à l'encontre des conditions existantes. Mais le fait que ces représentations, ces bonnes raisons et ces principes généraux ne sont pas conformes à l'ordre existant ne les justifie pas. Les véritables buts ne peuvent surgir que du contenu que l'Esprit intérieur a lui-même élaboré en vertu de sa puissance absolue. Et les individus historiques sont ceux qui ont voulu et accompli non une chose imaginée et présumée, mais une chose juste et nécessaire et qu'ils l'ont compris parce qu'ils ont reçu intérieurement la révélation de ce qui est nécessaire et appartient réellement aux possibilités du temps.

Il faut nuancer cette conception d'après laquelle ces figures ne sont que des Moments dans le développement de l'Idée. Ce concept est propre à la philosophie. Mais les individus historiques ne sont pas tenus de le connaître parce qu'ils sont des hommes d'action. En revanche, ils connaissent et veulent leur œuvre parce qu'elle correspond à l'époque. Et c'est de cela qu'il s'agit en fait. Leur affaire est de connaître le [nouvel] universel, le stade nécessaire et supérieur où est parvenu leur monde ; ils en font leur but et lui consacrent leur énergie. L'universel qu'ils ont accompli, ils l'ont puisé en eux-mêmes ; mais ils ne l'ont pas inventé ; il existait de toute éternité, mais il a été réalisé par eux et il est honoré en eux. Parce qu'ils ont puisé en eux-mêmes, en une source qui n'a pas encore surgi à la surface, ils ont l'air de s'appuyer uniquement sur leurs propres forces ; et la nouvelle situation du monde qu'ils créent et les actes qu'ils accomplissent sont en apparence un simple produit de leurs intérêts et de leur œuvre. Mais le Droit est de leur côté parce qu'ils sont lucides : ils savent quelle est la vérité de leur monde et de leur temps ; ils connaissent le Concept, c'est-à-dire l'universel qui est en train de se produire et qui s'imposera à la prochaine étape. Les autres se rassemblent, comme nous l'avons dit, autour de leur bannière parce qu'ils expriment les tendances les plus profondes de l'époque. Leurs discours, leurs actes sont, nous l'avons dit, ce qu'il y a de mieux à leur époque. Les grands hommes de l'histoire doivent être compris en fonction de leur situation. Ce qu'il y a de plus admirable en eux c'est qu'ils sont devenus les organes de l'esprit substantiel : c'est en cela que réside le véritable rapport de l'individu à la substance universelle. Elle est la source de tout, l'unique but, la seule puissance ; elle est ce que ces grands hommes ont uniquement voulu : en eux, elle a cherché la satisfaction et elle a trouvé l'accomplissement. C'est pourquoi ces hommes ont eu la puissance dans le monde. Et c'est seulement parce que leurs buts étaient conformes aux buts de l'Esprit en soi et pour soi que le Droit — mais un Droit d'une espèce particulière — s'est absolument rangé à leur côté.

L'état du monde n'est pas encore connu. Le but est de l'amener à cette connaissance. Tel est bien le but des hommes historiques et c'est là qu'ils trouvent leur satisfaction. Ils sont conscients de l'impuissance de ce qui existe encore mais qui n'a qu'un semblant de réalité. L'Esprit qui a progressé à l'intérieur et qui est en train de sortir de terre, a transcendé dans son concept le monde existant. Sa conscience de soi n'y trouve plus la satisfaction ; son insatisfaction montre qu'il ne sait pas encore ce qu'il veut. Ce qu'il veut n'existe pas encore de façon affirmative ; et il se place donc du côté négatif. Les individus historiques sont ceux qui ont dit les premiers ce que les hommes veulent. Il est difficile de savoir ce qu'on veut. On peut certes vouloir ceci ou cela, mais on reste dans le négatif et le mécontentement : la conscience de l'affirmatif peut fort bien faire défaut. Mais les grands hommes savent aussi que ce qu'ils veulent est l'affirmatif. C'est leur propre satisfaction qu'ils cherchent : ils n'agissent pas pour satisfaire les autres. S'ils voulaient satisfaire les autres, ils eussent eu beaucoup à faire parce que les autres ne savent pas ce que veut l'époque et ce qu'ils veulent eux-mêmes. Il serait vain de résister à ces personnalités historiques parce qu'elles sont irrésistiblement poussées à accomplir leur œuvre. Il appert par la suite qu'ils ont eu raison, et les autres, même s'ils ne croyaient pas que c'était bien ce qu'ils voulaient, s'y attachent et laissent faire. Car l'œuvre du grand homme exerce en eux et sur eux un pouvoir auquel ils ne peuvent pas résister, même s'ils le considèrent comme un pouvoir extérieur et étranger, même s'il va à l'encontre de ce qu'ils croient être leur volonté. Car l'Esprit en marche vers une nouvelle forme est l'âme interne de tous les individus ; il est leur intériorité inconsciente, que les grands hommes porteront à la conscience. Leur œuvre est donc ce que visait la véritable volonté des autres ; c'est pourquoi elle exerce sur eux un pouvoir qu'ils acceptent malgré les réticences de leur volonté consciente : s'ils suivent ces conducteurs d'âmes, c'est parce qu'ils y sentent la puissance irrésistible de leur propre esprit intérieur venant à leur rencontre.

● Si, allant plus loin, nous jetons un regard sur la destinée de ces individus historiques, nous voyons qu'ils ont eu le bonheur d'être les agents d'un but qui constitue une étape dans la marche progressive de l'Esprit universel. Mais en tant que sujets distincts de leur substance, ■ ils n'ont pas été ce qu'on appelle communément heureux. Ils n'ont pas voulu trouver le bonheur, mais atteindre leur but, et ce but, ils l'ont atteint par un labeur pénible. Ils ont su trouver la satisfaction, réaliser leur but, le but universel. Placés devant un but aussi grand, ils se sont audacieusement proposé de le servir contre toute l'opinion des hommes. Ce n'est pas le bonheur qu'ils ont choisi, mais la peine, le combat et le travail pour leur but. Leur but une fois atteint, ils n'en sont pas venus à une paisible jouissance, ils n'ont pas été heureux. Leur être a été leur action, leur passion a déterminé toute leur nature, tout leur caractère. Leur but atteint, ils sont tombés comme des douilles vides. Ils ont eu peut-être du mal à aller jusqu'au bout de leur chemin ; et à l'instant où ils y sont arrivés, ils sont morts — jeunes comme Alexandre, assassinés comme César, déportés comme Napoléon. Qu'ont-ils gagné ? peut-on se demander. Ce qu'ils ont gagné, c'est leur concept, leur but, ce qu'ils ont accompli. Ils n'ont rien gagné d'autre ; ils n'ont pas connu la jouissance paisible. C'est une affreuse consolation de savoir que les hommes historiques n'ont pas été ce qu'on appelle heureux. Mais seule la vie privée, laquelle ne peut exister que dans des conditions extérieures très différentes, peut connaître le bonheur. Ceux qui ont besoin d'une consolation aussi affreuse peuvent la chercher dans l'histoire. Mais seule la jalousie en a besoin, la jalousie qui est gênée par ce qui est grand et excellent et qui cherche à l'amoindrir et à lui trouver des défauts. Les grands ne furent grands que parce qu'ils ont été malheureux : ainsi raisonne la jalousie pour pouvoir supporter la grandeur et se mettre sur un pied d'égalité avec elle. Dans les temps modernes aussi, il a été abondamment prouvé que les princes ne sont pas heureux sur leur trône. On le leur concède donc et l'on trouve tolérable de n'y pas être assis. Mais l'homme libre n'est point jaloux ; il reconnaît volontiers les grandes personnalités et s'en réjouit.

Les grands hommes sont suivis par un cortège jaloux qui dénonce leurs passions comme des fautes.

En effet, la forme de la passion peut s'appliquer à leur manifestation extérieure et, dans le jugement qu'on porte sur eux, il est possible de mettre l'accent sur le côté moral et dire que c'est leur passion qui les a poussés. En fait, ils ont été des passionnés, c'est-à-dire ils ont passionnément poursuivi leur but et lui ont consacré tout leur caractère, leur génie et leur tempérament. Ce qui est en soi et pour soi nécessaire se manifeste ici sous la forme de la passion. Ces grands hommes semblent obéir uniquement à leur passion, à leur caprice. Mais ce qu'ils veulent est l'Universel. C'est là leur côté pathétique. La passion est devenue l'énergie de leur moi ; sans la passion ils n'auraient rien pu produire.

Le but de la passion est le même que celui de l'Idée : la passion est l'unité absolue du caractère et de l'Universel. Il y a quelque chose d'animal dans la manière dont l'Esprit dans sa particularité subjective s'identifie avec l'Idée.

L'homme qui produit quelque chose de valable, y met toute son énergie. Il n'est pas assez sobre pour vouloir ceci ou cela ; il ne se disperse pas dans une multitude d'objectifs, mais il est entièrement voué à la fin qui est sa véritable grande fin. La passion est l'énergie de cette fin et la détermination de cette volonté. C'est un penchant presque animal qui pousse l'homme à concentrer son énergie sur une seule chose. Cette passion est aussi ce que nous appelons enthousiasme. Pourtant le mot enthousiasme sert plutôt à désigner des situations où les buts sont de nature plus idéale, plus universelle. Or l'homme politique n'est pas un enthousiaste ; il doit posséder une lucidité qui n'est pas le trait que nous attribuons ordinairement aux enthousiastes. Pour que l'homme produise quelque chose de valable, il lui faut la passion. C'est pourquoi la passion n'a rien d'immoral. S'il s'agit vraiment d'enthousiasme, cet enthousiasme est plutôt froid ; la théorie exerce sa surveillance sur tous les moyens qui serviront à produire les vrais buts.

En réalisant le but nécessaire à l'Esprit universel,

les hommes historiques n'ont pas seulement trouvé la satisfaction : ils en ont également tiré des bénéfices extérieurs. Le but qu'ils ont accompli était en même temps leur bien propre (*das Ihrige*). Ces deux éléments ne sauraient être dissociés : la chose même doit être accomplie et le héros doit trouver une satisfaction pour soi. On peut séparer ces deux aspects, prouver que les grands hommes ont cherché leur bien personnel et conclure qu'ils n'ont cherché que cela. En fait, ces hommes ont cherché la gloire et l'honneur et ils ont été reconnus par leur époque et par la postérité dans la mesure où celles-ci n'ont pas été prises de fièvre critique et n'ont pas succombé à l'envie. Mais il est absurde de croire qu'on puisse entreprendre quoi que ce soit sans chercher la satisfaction. La subjectivité en tant que pure particularité qui ne se pose que des buts finis et individuels, doit se soumettre à l'universel. Mais dans la mesure où elle est la force active de l'Idée, elle devient la sauvegarde du substantiel.

C'est la psychologie des maîtres d'école qui sépare ces deux aspects. Ayant réduit la passion à une manie, elle rend suspecte la morale de ces hommes ; ensuite, elle tient les *conséquences* de leurs actes pour leurs vrais *motifs* et leurs actes mêmes pour des *moyens* au service de ces buts : leurs actions s'expliquent par la manie des grandeurs ou la manie des conquêtes. Ainsi par exemple l'aspiration d'Alexandre est réduite à la manie de conquête, donc à quelque chose de subjectif qui n'est pas le Bien. Cette réflexion dite psychologique explique par le fond du cœur toutes les actions et leur donne une forme subjective. De ce point de vue, les protagonistes de l'histoire auraient tout fait, poussés par une passion grande ou petite ou par une *manie* et ne méritent donc pas d'être considérés comme des hommes moraux. Alexandre de Macédoine a conquis une partie de la Grèce, puis l'Asie ; il a *donc* été un obsédé de conquêtes. Il a agi par manie de conquêtes, par manie de gloire, et la preuve en est qu'il s'est couvert de gloire. Quel maître d'école n'a pas démontré d'avance qu'Alexandre le Grand, Jules César et les hommes de la même espèce ont tous été poussés par de telles passions et que, par conséquent, ils ont été des hommes immoraux? D'où il suit aussitôt que lui, le maître d'école, vaut mieux que ces gens-là, car il n'a pas de ces passions et en donne comme preuve qu'il n'a pas conquis l'Asie, ni vaincu Darius et Porus, mais qu'il est un homme qui vit bien et a laissé également les autres vivre. Le sujet de prédilection de ces psychologues est la considération des particularités des grands hommes en tant que personnes privées. L'homme doit manger et boire, il a des amis et des connaissances, il ressent les sentiments et les transports du moment. Les grands hommes ne font pas exception à la règle : ils ont, eux aussi, mangé et bu et préféré tel plat ou tel vin à tel autre. Il n'y a pas de héros pour son valet de chambre, dit un proverbe connu. J'ai ajouté — et Gœthe l'a redit deux ans plus tard — que s'il en est ainsi ce n'est pas parce que celui-là n'est pas un héros, mais parce que celui-ci n'est qu'un valet *. Ce dernier ôte les bottes du héros, l'aide à se coucher, sait qu'il préfère le champagne, etc. Pour le valet de chambre les héros n'existent pas ; en effet, ils n'existent que pour le monde, la réalité, l'histoire. — Les personnages historiques qui sont servis dans les livres d'histoire par de tels valets psychologiques, s'en tirent mal ; ils sont nivelés par ces valets et placés sur la même ligne ou plutôt quelques degrés au-dessous de la moralité de ces fins connaisseurs d'hommes. Le Thersite d'Homère qui critique les rois est un personnage qui se retrouve à toute époque. Il est vrai qu'il ne reçoit pas toujours de solides coups de bâton, comme à l'âge homérique, mais la jalousie, l'opiniâtreté sont l'écharde qu'il porte en sa chair. Le ver immortel qui le ronge, c'est le tourment de savoir que ces bonnes intentions et ses critiques distinguées n'ont aucune efficacité

* Cf. Hegel : *Phénoménologie de l'Esprit* trad. fr. J. Hyppolite II, 195 ; Gœthe : *Les Affinités électives* IIe Partie, Chap. V.

dans le monde. Il est permis d'éprouver un malin plaisir à voir la malheureuse destinée du thersitisme.

La sagesse psychologique des maîtres d'école comporte en outre une contradiction. On blâme les grands hommes d'avoir connu la gloire et l'honneur, et on les accuse de n'avoir comme but que la gloire et l'honneur. D'autre part, on affirme que ce que ces hommes voulaient faire devait obtenir le consentement des autres, qu'ils devaient donc respecter la volonté subjective des autres. Or la gloire et l'honneur impliquent ce consentement et la reconnaissance de la justesse de leur vouloir. Les hommes historiques portaient caché en eux le but qui est devenu en fait la volonté intime des hommes. Pourtant on leur reproche d'avoir obtenu le consentement exigé et on les accuse en même temps d'avoir voulu la gloire et l'honneur. Or il ne s'agissait nullement chez eux d'honneur et de gloire puisqu'ils avaient méprisé les habitudes, les routines et tout ce qui occupait la surface de leur monde. Et c'est précisément parce qu'ils les avaient méprisés qu'ils ont pu accomplir leur œuvre ; s'ils en étaient restés à la façon ordinaire des hommes, un autre aurait accompli ce que l'Esprit voulait.

On reproche aussi aux grands hommes de ne pas chercher la reconnaissance des autres, d'avoir méprisé leur opinion. Leur honneur c'est précisément d'avoir tourné le dos aux valeurs admises. L'élément nouveau qu'ils apportaient au monde était leur propre but ; ils ont puisé en eux-mêmes l'idée qu'ils s'en sont fait ; et c'est leur propre but qu'ils ont accompli. C'est de cette manière qu'ils ont trouvé la satisfaction. Les grands hommes ont voulu satisfaire leurs propres exigences et non les opinions bien intentionnées des autres. Ils n'ont rien appris des autres ; les autres ne sauraient leur suggérer que la solution la plus bornée et la plus fausse : en fait, ils savaient le mieux ce dont il s'agissait. César avait l'idée la plus exacte de ce qui s'appelait république romaine. Il savait que les lois de l'*auctoritas* et de la *dignitas* qui devaient normalement être suprêmes, étaient en fait bafouées et livrées à l'arbitraire particulier ; il savait qu'il était libre de les abolir. Il a pu le faire parce qu'il était juste de le faire. S'il avait écouté Cicéron, rien ne se serait produit. César savait que la république était un mensonge, que Cicéron ne faisait que tenir des discours vides, qu'une forme nouvelle devait prendre la place de cet édifice creux, que la forme qu'il créait était nécessaire. En poursuivant leurs grands intérêts, les grands hommes ont souvent traité légèrement, sans égards, d'autres intérêts vénérables en soi et même des droits sacrés. C'est là une manière de se conduire qui est assurément exposée au blâme moral. Mais leur position est tout autre. Une si grande figure écrase nécessairement mainte fleur innocente, ruine mainte chose sur son passage.

L'intérêt particulier de la passion est donc inséparable de l'affirmation active de l'Universel ; car l'universel résulte du particulier et du déterminé, et de leur négation. Le particulier a son propre intérêt dans l'histoire ; c'est un être fini et en tant que tel il doit périr. C'est le particulier qui s'use dans le combat et est en partie détruit. C'est de ce combat et de cette disparition du particulier que résulte l'Universel. Celui-ci n'en est point troublé. Ce n'est pas l'Idée qui s'expose au conflit, au combat et au danger ; elle se tient en arrière hors de toute attaque et de tout dommage et envoie au combat la passion pour s'y consumer. On peut appeler *ruse de la Raison* le fait qu'elle laisse agir à sa place les passions, en sorte que c'est seulement le moyen par lequel elle parvient à l'existence qui éprouve des pertes et subit des dommages. Car c'est seulement l'apparence phénoménale qui est en partie nulle et en partie positive. Le particulier est trop petit en face de l'Universel : les individus sont donc sacrifiés et abandonnés. L'Idée paie le tribut de l'existence et de la caducité non par elle-même, mais au moyen des passions individuelles. César devait accomplir le nécessaire et donner le coup de grâce à la liberté moribonde. Lui-même a péri au combat, mais le nécessaire demeura : la liberté selon l'idée se réalise sous la contingence extérieure.

Histoire et responsabilité

● Si nous jugeons acceptable un tableau d'où il ressort que les individus, leurs fins et leur satisfaction sont livrés au sacrifice, que leur bonheur est abandonné au règne de la violence naturelle et donc au hasard dont il relève ; si même nous acceptons de considérer globalement les individus comme des moyens, il existe cependant en eux un côté que nous hésitons à saisir sous cet aspect, même en face de ce qu'il y a de plus élevé. La raison en est que ce n'est absolument pas quelque chose de subordonné : au contraire, il s'agit d'un élément en soi-même éternel et divin, qui leur est inhérent. C'est la moralité subjective (*Moralität*), l'éthique collective (*Sittlichkeit*), la religiosité. Nous avons dit plus haut que la fin de la Raison se réalise par les individus ; nous avons signalé leur côté subjectif, leurs intérêts en général, leurs besoins, leurs désirs, leurs opinions, et nous avons dit que tout en étant formel, ce côté subjectif a le droit infini de devoir être satisfait. Quand il est question de moyens on s'imagine tout d'abord que le moyen est extérieur et étranger à la fin qu'il doit réaliser. Mais déjà les objets naturels en général, voire la chose inanimée la plus vulgaire, ne peuvent être employés comme moyens s'ils ne répondent pas à la fin, s'ils n'ont pas un point commun avec elle. En ce sens tout à fait extérieur, les hommes ne se comportent guère comme de simples moyens au service de la fin de la Raison ; s'ils remplissent ses exigences, ils satisfont en même temps et par la même occasion leurs propres fins particulières qui ont un contenu différent. En outre, ils *participent* à cette fin elle-même et sont donc eux-mêmes des fins en soi. Ils sont des fins en soi non pas à la manière formelle * des animaux

* En marge : cf. Kant.

dont la vie individuelle est subordonnée à celle des hommes et mérite d'être traitée de moyen, mais d'une autre manière : les hommes, les individus sont des fins *en soi* selon le contenu même de la fin. C'est en pensant à cette détermination que nous nous refusons de subsumer sous la catégorie des moyens la moralité subjective, la moralité collective et la religiosité. En effet, l'homme n'est fin en soi que par le divin qu'il porte en lui : c'est ce que nous avons appelé au début *Raison*, et puis, pour désigner l'activité se déterminant elle-même de la Raison, *Liberté*. Disons maintenant, sans pouvoir insister davantage, que c'est justement dans cet élément que réside le fond et la source de la religion, de la moralité, etc., — ce qui leur permet de s'élever au-dessus de la nécessité externe et de la contingence. Mais il ne faut pas oublier que nous ne parlons ici de la religion, de la moralité, etc., que dans la mesure où elles existent réellement dans les individus et dépendent donc de leur libre arbitre. En ce sens, l'affaiblissement, la ruine et la perte de la religion et de la moralité engagent la *responsabilité* des individus.

Le signe de la haute destination absolue de l'homme c'est de *savoir* ce qui est bien et ce qui est mal et de *vouloir* soit le bien soit le mal, en un mot, d'être *responsable* — responsable non seulement du mal, mais aussi du bien, non seulement de ceci, de cela, de tout ce qu'il est et de tout ce qu'il fait, mais aussi du bien et du mal qui incombent à son libre arbitre. L'animal seul est irresponsable. Mais il faudrait une longue explication, aussi longue qu'une dissertation complète sur la liberté, pour dissiper tous les malentendus qui se produisent ordinairement à ce sujet (lorsqu'on dit, par exemple, que ce qu'on nomme innocence — l'ignorance même du mal — est ainsi déprécié et méprisé.)

En considérant le destin que la vertu, la moralité, la religiosité même, subissent dans l'histoire, nous ne devons pas tomber dans la litanie des lamentations. On déplore que, souvent ou même la plupart du temps, les gens bons et pieux sont malheureux sur terre tandis que le bonheur est réservé aux méchants et aux mauvais. Par bonheur on entend souvent des choses bien différentes, la richesse par exemple, les signes extérieures de l'estime et des choses de ce genre. Mais lorsqu'il est question de ce qui est la fin en soi et pour soi, ce qu'on appelle bonheur ou infortune de tel ou tel individu particulier ne peut être considéré comme un moment de l'ordre rationnel du monde. Plus légitime que la revendication du bonheur individuel, est celle qui réclame de la Fin universelle de prendre sous sa sauvegarde et de favoriser l'accomplissement de fins bonnes, morales et conformes au droit. Ce qui rend les hommes *mécontents* moralement (et c'est un mécontentement dont ils tirent gloire), c'est qu'à leur avis le présent ne correspond pas aux fins qu'ils considèrent comme justes et bonnes (aujourd'hui en particulier ce sont les idéaux constitutionnels qui servent d'étalon) ou aux idéaux qu'on se donne pour pouvoir se faire une haute idée de soi-même. Quoi qu'il en soit, on oppose aux conditions existantes ce qu'elles *devraient être* selon la Justice. Ce n'est point ici l'intérêt particulier, ni la passion, qui demandent satisfaction, mais la raison, la justice, la liberté. Armée de ce titre, cette revendication lève la tête et facilement se montre non seulement mécontente, mais encore indignée de la condition du monde. Pour juger ce sentiment et ces opinions qu'on énonce sous une forme extrêmement affirmative, il faudrait se livrer à un examen approfondi. A aucune époque on n'a émis à ce sujet, plus prétentieusement qu'à la nôtre, des propositions et des pensées générales. D'ordinaire l'histoire paraît se présenter comme une lutte de passions. En revanche, ce qui semble prédominer à notre époque, où pourtant les passions ne font pas défaut, c'est ou bien le conflit d'idées justificatrices ou bien le combat des passions et des intérêts subjectifs sous le couvert de ces justifications supérieures. Proclamées au nom de la raison, de la fin absolue et de la conscience de la liberté, ces revendications de justice se posent par la suite comme des buts absolus, au même titre que la religion, la moralité collective et la moralité personnelle.

Ces revendications concernent l'État dont il sera question plus loin. Mais en ce qui concerne [l'autre sujet des plaintes, à savoir] la décadence, l'altération et la ruine des fins et des formes de la vie religieuse, morale et éthique, disons pour le moment — nous y reviendrons — que ces forces spirituelles sont en elles-mêmes absolument justifiées. Mais dans la mesure où l'Universel qu'elles recèlent est infini, leurs configurations, leur contenu et leur devenir réels peuvent être limités et donc soumis à l'extériorité naturelle et à la contingence. Aussi sont-ils périssables et exposés à la décadence et aux altérations. La religion et la moralité collective (*Sittlichkeit*) justement ont, en tant qu'essences universelles, la propriété d'exister conformément à leur concept, c'est-à-dire d'être vraiment présentes dans l'âme individuelle, même si elles n'y ont pas toute l'ampleur que confère l'éducation, même si elles ne trouvent pas un champ d'application évolué. La religiosité, la moralité d'une vie bornée — d'un berger, d'un paysan — avec toute la densité de son intériorité et son horizon limité à quelques situations absolument simples, a une valeur infinie, la même valeur que la religiosité et la moralité d'un homme cultivé, d'une existence riche par l'étendue de ses relations et de ses actions. Ce centre intérieur, cette simple région où règne le droit de la liberté subjective, ce foyer d'où émane la volonté, la décision et l'action, ce contenu abstrait de la conscience morale où se trouvent enfermées la responsabilité et la valeur de l'individu reste intact et échappe à la bruyante clameur de l'histoire : il échappe non seulement aux changements externes qui arrivent dans le temps, mais aussi à ceux-là même qu'entraîne la nécessité absolue du concept de liberté. Toute grandeur dans le monde a au-dessus d'elle-même quelque chose de plus élevé : voilà ce qu'il ne faut jamais perdre de vue. Le Droit de l'Esprit du Monde dépasse toutes les justifications particulières ; il leur communique une part de son droit, mais d'une manière conditionnée, car si elles correspondent à son contenu, elles n'en restent pas moins entachées de particularité.

Ces développements sont suffisants en ce qui concerne le problème des *moyens* dont se sert l'Esprit du Monde pour réaliser son concept. Simplement et abstraitement, ces moyens sont constitués par l'activité des sujets. La Raison est présente en eux ; elle en est la substance et le fondement d'abord obscur et latent. Mais le problème se complique et devient plus difficile si nous tenons compte du fait que ces individus ne sont pas seulement des êtres actifs qui agissent selon des buts particuliers et limités à tel ou tel individu, mais qu'ils sont, plus concrètement, déterminés par leur religion et leur éthique, et qu'en tant que tels ils participent à la Raison et à son droit absolu. Le rapport qui s'établit ici cesse d'être le rapport d'un simple moyen à sa fin. Les principaux points de vue concernant la fin absolue de l'Esprit ont été ainsi brièvement examinés.

3. LE MATÉRIEL DE LA RÉALISATION DE L'ESPRIT

● En troisième lieu il s'agit de connaître la *fin qui doit être réalisée* par ces moyens, c'est-à-dire son incarnation dans le réel. On a parlé des moyens ; or la réalisation de tout but subjectif fini fait entrer en ligne de compte un autre facteur, à savoir le *matériel* requis pour cette réalisation. Voici donc la question : quelle est la matière qui servira à réaliser la fin de la Raison ?

L'État

Les changements dans la vie historique présupposent quelque chose dont ils découlent. Nous avons vu qu'ils sont dus à la volonté subjective. Le premier moment est donc encore une fois le sujet lui-même, les besoins humains, la subjectivité en général. La matière où la Raison parvient à l'existence est donc le savoir et le vouloir humains. La volonté subjective a été prise en considération dans la mesure où elle se pose un but qui est la vérité d'une réalité et plus précisément dans la mesure où elle est animée par une grande passion historique. Or dans la mesure où elle est subjective et animée par des passions bornées, la volonté est dépendante et n'arrive à satisfaire ses fins particulières qu'à l'intérieur de cette dépendance. Mais, comme nous l'avons montré, la volonté subjective a aussi une vie substantielle, une réalité, par laquelle elle se meut dans l'essentiel et en fait la fin de son existence. Cet élément essentiel où la volonté subjective et l'Universel s'unissent, est le tout éthique et l'*État* dont il est la figure concrète. Dans la mesure où l'individu porte en soi la connaissance, la foi et la volonté de l'Universel, l'État est la réalité où il trouve sa liberté et la jouissance de sa liberté. Ainsi l'État est le lieu de convergence de tous les autres côtés concrets de la vie : art, droit, mœurs, commodités de l'existence. Dans l'État, la liberté devient objective et se réalise positivement. Cela ne signifie nullement que la volonté générale soit un moyen que la volonté subjective des particuliers utilise pour parvenir à ses fins et à la jouissance d'elle-même. Ce qui constitue l'État n'est pas une forme de la vie en commun dans laquelle la liberté de tous les individus doit être limitée. On s'imagine que la société est une juxtaposition d'individus et qu'en limitant leur liberté les individus font de sorte que cette limitation commune et cette gêne réciproque laissent à chacun une petite place où il peut se livrer à lui-même. C'est là une conception purement négative de la liberté. Bien au contraire, le droit, l'ordre éthique, l'État constituent la seule réalité positive et la seule satisfaction de la liberté. La seule liberté qui se trouve réellement brimée, est l'arbitraire qui ne concerne d'ailleurs que la particularité des besoins.

C'est seulement dans l'État que l'homme a une existence conforme à la Raison. Le but de toute éducation est que l'individu cesse d'être quelque chose de purement subjectif et qu'il s'objective dans l'État. L'individu peut certes utiliser l'État comme un moyen pour parvenir à ceci ou à cela. Mais le Vrai exige que chacun veuille la chose même (*die Sache selbst*) et élimine ce qui est inessentiel. Tout ce que l'homme est, il le doit à l'État : c'est là que réside son être. Toute sa valeur, toute sa réalité spirituelle, il ne les a que par l'État. Ce qui constitue sa réalité spirituelle, c'est le fait que la Raison, son être même, devient un objet pour lui en tant que sujet connaissant et se présente à lui comme une objectivité immédiatement existante. C'est ainsi que l'homme est conscience, c'est ainsi qu'il participe aux mœurs, aux lois, à la vie éthique et étatique. Car le Vrai est l'unité de la volonté subjective et de la volonté générale : dans l'État, l'Universel s'exprime dans les lois, dans des déterminations rationnelles et universelles.

La volonté subjective, la passion, est l'élément agissant, réalisateur. L'idée est l'intérieur ; l'État est la vie éthique réelle et existante car il est l'unité du vouloir subjectif et du vouloir général et essentiel ; c'est cette unité qui constitue l'ordre éthique (*Sittlichkeit*). L'individu qui vit dans une telle unité a une vie éthique et une valeur qui consiste seulement dans cette substantialité. Antigone dit chez Sophocle : les lois divines ne sont ni d'hier ni d'aujourd'hui ; elles n'auront pas de fin et nul ne saurait dire d'où elles vinrent. Les lois de l'ordre éthique ne sont pas le fait du hasard, mais la Raison même. Faire en sorte que le substantiel demeure toujours valable, présent et inaltérable dans la conduite réelle et l'esprit des hommes : telle est la fin de l'État. C'est l'intérêt absolu de la Raison que ce tout éthique existe et c'est cet intérêt de la Raison qui fonde le droit et le mérite des héros qui ont créé des États, quelle qu'ait été leur imperfection. L'État n'existe pas *pour* le citoyen. On pourrait dire que l'État est la fin et les citoyens les moyens. Mais le rapport fin-moyens n'a pas de validité ici, car l'État n'est pas une abstraction qui se dresse face aux citoyens, mais ceux-ci sont ses moments, comme dans la vie organique où aucun membre n'est la fin ou le moyen d'un autre. Ce qu'il y a de divin dans l'État, c'est l'Idée telle qu'elle existe sur terre.

L'essence de l'État est constituée par la vitalité éthique et celle-ci consiste dans l'union de la volonté universelle et de la volonté subjective. La volonté est activité et dans la volonté subjective, cette activité s'oppose au monde extérieur. Le principe de la volonté est l'être pour soi ; il implique donc l'exclusion et la finitude. On dit que l'homme est illimité par sa volonté et limité par sa pensée. C'est le contraire qui est vrai. Si l'on saisit la volonté dans la forme dans laquelle elle est essentiellement en soi et pour soi, on voit qu'elle est affranchie de son opposition au monde extérieur, qu'elle est universelle également de ce côté-ci. Ainsi la volonté est la puissance sur soi-même ; elle est l'essence de la puissance universelle, de la nature et de l'esprit. Cette essence peut être pensée comme « le maître » — le maître de la nature et de l'esprit, mais ce sujet, ce maître, est ainsi considéré comme un être qui se trouve encore en opposition avec l'autre. Or la puissance en tant que puissance absolue ne signifie pas la maîtrise sur l'autre, mais la maîtrise sur soi-même : elle est réflexion en soi-même, personnalité. Cette réflexion en soi est un simple rapport avec soi-même : un existant ; et dans la mesure où elle se réfléchit en elle-même, cette puissance constitue une réalité immédiate. Cette réalité est le savoir ou plutôt le sujet du savoir (*das Wissende*) et ce sujet est l'individualité humaine. L'Esprit universel existe essentiellement comme conscience humaine. C'est l'homme qui est l'être, et l'être pour soi, du savoir. L'Esprit en tant que savoir de soi, l'Esprit existant concrètement comme sujet, se pose immédiatement comme être : c'est ainsi qu'il est conscience humaine.

Ce qui prévaut dans l'État, c'est l'habitude d'agir suivant la volonté générale et de s'assigner l'Universel comme but. Même dans l'État le plus rudimentaire, on voit que la volonté se soumet à une autre volonté. Cela ne signifie pas que l'individu n'a pas de volonté pour soi, mais seulement que sa volonté particulière n'a pas de valeur. Le bon plaisir, les préférences particulières n'ont aucune validité. Déjà dans les formes les plus rudimentaires de l'État, on renonce à la particularité de la volonté et c'est la volonté générale qui s'affirme comme l'essentiel. Or, dans la mesure où la volonté particulière est tant soit peu opprimée, elle rentre en soi. Ce refoulement est le premier moment requis pour l'existence de l'universel : c'est l'élément du savoir, de la pensée qui fait ainsi son apparition dans l'État. C'est seulement sur ce terrain, c'est-à-dire dans l'État, que l'art et la religion peuvent exister. Nous ne prenons ici en considération que les peuples qui se sont rationnellement organisés. Dans l'histoire universelle il ne peut être question que des peuples qui se sont constitués en État. Il est impossible même de s'imaginer que cela aurait pu se produire dans une île sauvage et dans un état d'isolement. Il est vrai que les grands hommes se sont formés dans la solitude — mais ils n'ont fait qu'élaborer ce que l'État avait déjà créé. L'Universel ne doit pas être quelque chose de seulement pensé par les individus — il doit être une réalité existante. C'est en tant que tel qu'il existe dans l'État : ici, seul l'Universel vaut, et l'intériorité est en même temps réalité. La réalité est certes multiplicité extérieure, mais elle est saisie dans son universalité.

L'Idée universelle se manifeste dans l'État. Le terme de *manifestation* n'a pas ici le même sens que dans la représentation ordinaire. Celle-ci sépare la force et sa manifestation comme si l'une était l'essentiel tandis que l'autre n'était qu'une extériorité inessentielle. Mais dans la catégorie de la force nous nous trouvons encore en deçà de la détermination concrète. En revanche, là où l'Esprit — le Concept concret — existe, la manifestation est elle-même l'essentiel. La différenciation de l'Esprit est son propre acte, sa propre activité. L'homme est son action, la série de ses actes : il est ce qu'il s'est fait lui-même. L'Esprit est essentiellement énergie et l'on ne peut pas faire abstraction de sa manifestation phénoménale. La manifestation de l'Esprit est son auto-détermination ; c'est là qu'apparaît sa nature concrète : l'Esprit qui ne se détermine pas est une abstraction de l'entendement. La manifestation de l'Esprit est sa propre auto-détermination et les États et les individus nous offrent les figures dans lesquelles nous devons étudier la manifestation de l'Esprit.

Ce que nous appelons État est l'individu spirituel, le peuple, dans la mesure où il s'est structuré en lui-même et forme un tout organique. Ce terme peut paraître ambigu parce que dans l'État et le Droit public on voit d'habitude uniquement le côté politique, indépendamment de la religion, de la science, de l'art, etc. Mais ici le concept de l'État est pris en un sens plus étendu. De même, nous avons employé l'expression « royaume » pour désigner le champ où se manifeste l'Esprit. Aussi bien, lorsque nous considérons le peuple comme un individu spirituel, nous ne mettons pas l'accent sur l'aspect extérieur, mais nous présupposons ce que nous avons déjà appelé l'Esprit du Peuple, c'est-à-dire la conscience qu'il a de sa vérité et de son être, ce qu'il tient pour le vrai, les puissances spirituelles qui existent dans un peuple et le dirigent. L'Universel qui s'affirme et se connaît dans l'État, la *forme* sous laquelle tout est produit, est ce qui constitue en général la *culture* d'une nation. Mais le *contenu* déterminé qui reçoit cette forme de l'universalité et se trouve contenu dans la réalité concrète créée par l'État, est l'*Esprit même du Peuple*. Cet Esprit anime l'État réel dans toutes ses affaires, les guerres, les institutions, etc. Ce contenu spirituel est quelque chose de solide et de compact qui échappe totalement à l'emprise de l'arbitraire, des particularités, des opinions, de l'individualité et du hasard. Tout ce qui est livré à leur merci n'entre pas dans la nature du peuple ; de même un nuage de poussière flottant au-dessus d'une ville ou d'un champ ne détermine en rien leur aspect essentiel. C'est ce contenu spirituel qui constitue l'essence de l'individu lorsque celui-ci se saisit comme l'Esprit de son peuple. C'est l'élément sacré qui relie les hommes, les esprits [1], entre eux ; il est ce qui fait l'unité de la vie, la grandeur du but et du contenu dont dépend tout bonheur privé et toute liberté privée.

L'État est donc la forme historique spécifique dans laquelle la liberté acquiert une existence objective et jouit de son objectivité. Car la loi est l'objectivité de l'Esprit et la volonté dans sa vérité ; seule la volonté qui obéit à la loi est libre ; car elle obéit à elle-même, se trouve auprès d'elle-même et est libre. Dans la mesure où l'État, la patrie, constituent une communauté d'existence, dans la mesure aussi où la volonté subjective se soumet aux lois, l'opposition entre la liberté et la nécessité disparaît. Le rationnel en tant que substantiel est nécessaire et nous sommes libres lorsque nous le reconnaissons comme loi et que nous lui obéissons comme à la substance de notre être : la volonté objective et la volonté subjective se trouvent alors réconciliées et forment la même totalité imperturbable. Car l'éthique de l'État n'est point une moralité réfléchie où domine la seule conviction personnelle. Celle-ci est plus accessible au monde moderne mais la vraie éthique, l'éthique antique, se fonde sur ceci que chacun tient à son devoir. Un citoyen d'Athènes faisait en quelque sorte d'instinct ce qu'il devait faire ; si je réfléchis sur l'objet de mon action, il me faut avoir conscience que ma volonté y consent. Mais l'éthique (*Sittlichkeit*) c'est le devoir, le droit substantiel, la seconde nature, comme on l'a appelée avec raison ; car la première nature de l'homme n'est que son existence immédiate, animale.

● La nature de l'État a déjà été indiquée ; cependant il faut rappeler ici que maintes erreurs se sont répandues à son sujet dans les théories contemporaines, erreurs qui passent pour des vérités établies et sont devenues des préjugés. Nous n'en voulons indiquer qu'un petit nombre, notamment celles qui concernent le problème de la fin de l'histoire.

A l'opposé de notre conception suivant laquelle l'État est la réalisation de la liberté, nous trouvons l'opinion que l'homme est libre naturellement, mais que, dans la société et dans l'État dont il fait partie nécessairement, il doit restreindre cette liberté naturelle. Il est tout à fait exact que l'homme est naturellement libre, si l'on veut dire qu'il l'est suivant son concept, c'est-à-dire suivant sa détermination ou seulement *en soi*. En effet, la nature d'un objet ne signifie autre chose que son concept. Mais on entend aussi par là la façon d'être de l'homme dans son existence naturelle, immédiate. En ce sens, on suppose un état de nature et l'on s'imagine que l'homme y vit en possession de ses droits naturels, dans l'exercice illimité et la jouissance de sa liberté. Cette conception ne se présente pas comme historiquement fondée ; en effet, si l'on voulait la prendre au sérieux, il serait difficile de prouver qu'un tel état ait jamais existé dans le passé ou dans le présent. Il existe, certes, un état de sauvagerie qu'on peut aisément constater — mais on le voit lié aux passions de la brutalité et aux actes de violence. En outre, on y discerne, encore que peu développées, ces mêmes institutions sociales dont on nous dit qu'elles limitent la liberté. Cette idée de l'état de nature est une des formes nébuleuses comme en produit la théorie, une fiction qu'elle a nécessairement sécrétée et à laquelle elle a conféré l'existence, sans la moindre preuve historique.

■ Il est d'usage de poser au commencement de l'histoire un état naturel, l'état de l'innocence. Selon notre concept de l'Esprit, cet état originel est un état de non-liberté où l'Esprit en tant que tel n'est pas réel. La conception opposée repose sur un malentendu. Si le mot nature désigne l'essence ou le concept d'une chose, alors l'état naturel coïncide avec le droit naturel, c'est-à-dire avec le droit qui convient à l'homme tel qu'il est selon son concept, selon le concept de l'Esprit. Mais cela ne doit pas être confondu avec ce que l'homme est dans son état naturel, car celui-ci est l'état de la non-liberté et de l'intuition sensible : *exeundum est e statu naturae* (Spinoza). C'est pourquoi aussi nous n'évoquerons pas les traditions qui se rapportent à l'état originel, par exemple la tradition mosaïque. Le moment où nous la rencontrerons, c'est le moment où la prophétie qu'elle contient * commence à s'accomplir. C'est alors qu'elle acquiert une existence historique ; avant elle n'entrait pas dans la culture des peuples.

● En son concept l'état de nature est tel que nous le trouvons empiriquement dans la réalité. La liberté, en tant qu'idéalité de l'immédiat et du naturel, n'est pas un état naturel et immédiat, elle doit plutôt être acquise et conquise, par la médiation infinie de l'éducation du savoir et du vouloir. L'état de nature est plutôt l'état de l'injustice, de la violence, de l'instinct naturel déchaîné, des actions et des sentiments inhumains. La société et l'État imposent assurément des bornes, mais ce qu'ils limitent, ce sont ces sentiments amorphes, ces instincts bruts et — plus tard — les opinions et les besoins, les caprices et les passions que crée la civilisation. Cette limitation est due à la médiation par laquelle se produit la volonté consciente de la liberté telle qu'elle est en vérité selon la Raison et selon son concept. C'est de son concept que relèvent le droit et les mœurs, mais le droit et les mœurs sont des entités, des objets et des fins de portée universelle dont la découverte est déjà le résultat de l'acti-

* La connaissance du bien et du mal (N. d. tr.)

vité de la pensée qui s'est dégagée de l'emprise des sens (*Sinnlichkeit*) et se dresse contre eux. D'autre part, le droit et les mœurs doivent imprégner la volonté sensible et la mater. L'éternel malentendu provient donc du concept purement formel, subjectif, abstrait qu'on se fait de la liberté considérée indépendamment des tâches et des objets qui lui sont propres. Ainsi on confond la liberté avec les instincts, les désirs, les passions, le caprice et l'arbitraire des individus particuliers et l'on tient leur limitation pour une limitation de la liberté. Bien au contraire, cette limitation est la condition même de la délivrance ; l'État et la société sont précisément les conditions dans lesquelles la liberté se réalise.

Il faut en second lieu mentionner une autre théorie qui s'oppose à l'évolution du droit vers la forme légale. L'état *patriarcal* y est considéré comme le seul qui satisfasse à la fois le droit, l'éthique (*Sittlichkeit*) et l'affectivité ; la justice elle-même ne saurait s'exercer véritablement que dans le cadre de cet état patriarcal. A la base de l'ordre patriarcal se trouve l'ordre familial qui constitue la première sphère éthique à laquelle s'ajoutera par la suite celle que crée consciemment l'État. L'état patriarcal est un état transitoire où la famille est déjà devenue une tribu ou un peuple et où le lien social a donc cessé d'être un lien d'amour et de confiance pour devenir une relation de *service*. — Ici, il faut expliciter l'éthique (*Sittlichkeit*) familiale. La famille est une seule personne ; ses membres (les parents) ont renoncé à leur personnalité (et donc à leur condition juridique, à leurs intérêts particuliers et à leurs vues égoïstes) ou bien n'y sont pas encore parvenus (telle est la condition des enfants qui vivent au début dans l'état de nature tel que nous l'avons décrit). Il y a donc entre eux unité de sentiment, d'amour, de confiance, de foi. Dans l'amour, l'individu prend conscience de lui-même dans et par la conscience de l'autre ; il s'aliène et dans cette aliénation réciproque chacun prend possession de l'autre et de soi-même en tant que faisant un avec l'autre. Les autres intérêts des besoins, les circonstances extérieures de la vie, le développement à l'intérieur de la famille, notamment celui des enfants constituent un but commun. L'Esprit de la famille, les Pénates, forment une entité substantielle *unique* comme celle que constitue le peuple dans l'État ; dans les deux cas, l'éthique (*Sittlichkeit*) consiste dans le fait que ce qui est senti, connu et voulu n'est pas la personnalité individuelle et ses intérêts, mais la personnalité commune de tous les membres. Dans la famille, cette unité est essentiellement objet du sentiment et elle demeure enfoncée dans la naturalité. L'État doit avoir le plus grand respect pour la piété familiale ; grâce à elle, il peut compter parmi les siens des individus qui, en eux-mêmes et pour eux-mêmes (mais non point en tant que personnes), sont conformes à l'ordre éthique (*sittlich*) et qui apportent à l'État la base la plus solide : le sentiment de faire un avec le tout. Cependant l'élargissement de la famille en un tout patriarcal dépasse le lien de consanguinité et transcende la base naturelle de la famille ; or, ce niveau une fois dépassé, les individus doivent s'élever au rang de personnes.

Une étude plus étendue de l'état patriarcal nous conduirait à examiner la forme de la théocratie : le chef de la tribu patriarcale en est aussi le prêtre. Quand la famille ne s'est pas encore dégagée de la cité et de l'État, la religion n'arrive pas non plus à se séparer de la famille et cela d'autant moins que sa piété même n'est qu'une intériorité affective.

■ De tels états se trouvent partout dans le monde ; des États ont été formés en partie par la réunion de plusieurs familles. La famille forme un tout éthique, mais, ici, c'est l'amour qui constitue le mode d'existence de l'Esprit. Ici aussi chaque membre se sait comme partie intégrante du tout ; il ne travaille pas d'une manière égoïste pour lui-même mais pour toute la famille. Mais l'esprit de l'État n'est pas l'esprit des Pénates et diffère essentiellement de cette éthique. L'Esprit n'apparaît plus sous la forme de l'amour et du sentiment, mais sous la forme de la conscience, du vouloir et du savoir. L'État trouve cet universel devant lui comme une sorte de monde naturel ; les mœurs apparaissent comme une modalité immédiate de l'être éthique. En revanche, les lois appartiennent à l'essence de l'État et cela signifie que les mœurs n'existent plus comme un immédiat, mais doivent revêtir une forme universelle et devenir l'objet du savoir. Le fait que cet universel est connu constitue l'élément spirituel dans l'État. L'individu se soumet aux lois, et sait qu'il trouve sa liberté dans cette soumission. C'est son propre vouloir qu'il retrouve dans ces lois. Il s'agit donc ici d'une unité voulue et consciente d'elle-même. L'indépendance des individus est donc réelle dans l'État car les individus agissent en connaissance de cause, c'est-à-dire opposent leur Moi à l'universel. Dans la famille cette indépendance n'existe pas : c'est un instinct naturel qui relie ses membres entre eux. C'est d'abord dans l'État qu'ils se réfléchissent en eux-mêmes. Dans l'État une scission s'opère : ce qui est l'objet des individus leur est opposé et ceux-ci obtiennent leur indépendance. Le moment de la rationalité est que l'État demeure quelque chose de concret en soi.

L'État et la Religion

Il faudrait examiner les déterminations plus concrètes de l'Esprit populaire et plus précisément la manière dont il se différencie : les manifestations essentielles et nécessaires dans lesquelles l'Esprit agit et se détermine, et par lesquelles il est Esprit. Lorsque nous parlons d'un Peuple, nous devons expliciter les forces dans lesquelles il se particularise. Ces forces particulières sont la religion, la constitution, le système juridique, les droits civils y compris, l'industrie, le monde du travail, les arts et les sciences, de même que l'élément militaire, le facteur du courage, par lequel chaque peuple se distingue des autres. La connexion de ces différents moments est le sujet de prédilection pour la considération générale de l'histoire. Tous les aspects qui se manifestent dans l'histoire d'un peuple sont étroitement liés. L'histoire d'un peuple n'est autre chose que le processus par lequel ce peuple exprime le concept que l'Esprit a de lui-même dans les différentes sphères où il se manifeste. Cela veut dire que son État, sa religion, son art, son droit, ses rapports avec les autres, etc. sont les divers domaines où le concept que l'Esprit a de lui-même devient une réalité, où l'Esprit parvient à se contempler et à se connaître comme monde réellement existant. De même l'artiste a besoin d'extérioriser son être et de jouir de lui-même dans son œuvre. Parmi les produits de l'Esprit du Peuple il faut compter, nous l'avons dit, la religion, etc.. ; Ses destinées et ses actes en font partie aussi : ils sont autant d'expressions de son concept. La religion d'un peuple, ses lois, son éthique, l'état de ses sciences, de ses arts, de ses dispositions juridiques, ses habiletés techniques et l'industrie par lesquelles il satisfait ses besoins physiques, toutes ses destinées et ses rapports avec ses voisins, pacifiques ou guerriers — tout cela est intimement lié. C'est là un point de vue que Montesquieu a particulièrement défendu et très intelligemment illustré et développé. Pour de multiples raisons, il importe de savoir que la religion hindoue, par exemple, est incompatible avec la liberté spirituelle des Européens ; de même des constitutions politiques qui diffèrent grandement entre elles peuvent être toutes incompatibles avec une certaine religion. Pourtant c'est là un sujet rebattu. On peut en parler indéfiniment et remplir des pages et des livres sans lui donner un contenu réel. Il existe des peuples où certains arts ont atteint le plus haut point de perfection, par exemple les Chinois et les Hindous. Les uns ont inventé la poudre mais ils n'ont pas su s'en servir. Les autres ont connu une magnifique floraison de la poésie, mais ils n'ont pas su progresser dans les arts, la liberté, le droit. A partir de ces productions particulières on peut inférer superficiellement que la culture de ces peuples a été aussi réussie dans tous les domaines, ce qui suffit pour montrer combien cette proposition générale peut être mal comprise. Il s'ensuit que ce qui importe, c'est de spécifier la nature réelle de cette connexion interne. Ce qui compte ce n'est pas tant le fait que toutes les déterminations particulières sont en général étroitement liées, mais le fait qu'à leur base se trouve un principe *unique*, et que c'est un Esprit particulier qui imprègne tous ces différents aspects. Ce principe est la *conscience de soi* du peuple. C'est elle qui est la force agissante dans les destinées des peuples. Les divers aspects que revêt la culture d'un peuple expriment les rapports que l'Esprit entretient avec lui-même. C'est cet Esprit qui donne une forme aux peuples et c'est seulement dans la mesure où nous le connaissons que nous arrivons à connaître ces rapports. Cet élément substantiel de l'Esprit du Peuple, nous devons le considérer comme le dieu Hermès qui conduit les âmes dans les Enfers — comme le conducteur et le guide de tous les individus qui constituent le peuple. C'est en cela que réside le contenu de l'opinion d'après laquelle il importe de tenir compte de l'existence des individus.

● L'État vit dans les individus et sa vitalité nous l'avons appelée ordre éthique (*Sittlichkeit*). L'État, ses lois, ses institutions appartiennent à ces individus ; leurs droits et leur propriété extérieure se trouvent dans un milieu naturel (le sol, les montagnes, l'air, les eaux) qui appartient à l'État et qui est en même temps leur pays, leur patrie. L'histoire de l'État, leurs actions et celles de leurs ancêtres sont les leurs ; elles vivent dans leur souvenir ; elles les ont faits tels qu'ils sont et elles leur appartiennent. Tout cela est leur propriété mais ils en sont aussi possédés car c'est leur substance, leur être. L'image qu'ils se font d'eux-mêmes en est remplie et leur volonté consiste à vouloir ces lois et cette patrie. Si l'on demande à un Anglais ce qu'il est ■ il dira de lui-même et de ses concitoyens qu'ils sont ceux qui règnent sur l'Inde et sur les océans, qui contrôlent le commerce mondial, qui ont un Parlement, des jurys, etc. Ce sont ces actes qui forment le sentiment de soi d'un peuple. ● Cette communauté spirituelle est une entité *unique* : elle est l'*Esprit* d'un Peuple. Étant un être spirituel, le peuple saisit toutes ses déterminations comme une entité simple et lui donne la forme fixe d'une Puissance *unique*, d'un Être *unique*. Ainsi Athènes a une double signification : [elle désigne la ville dans sa totalité en même temps que la Déesse en tant qu'esprit de cette totalité]. Les individus lui appartiennent ; chaque individu est le fils de son peuple, et dans la mesure où l'État dont il fait partie est en évolution, il est le fils de son temps. Nul n'est en retard sur son temps, encore moins le dépasse-t-il. Cet être spirituel est le sien propre ; il en est un représentant : c'est là son origine et c'est là le lieu où il demeure. ■ C'est bien ce qui constitue l'élément objectif dans chaque individu ; tout le reste est formel.

● L'esprit d'un peuple est un esprit *déterminé* et — on l'a déjà dit — déterminé selon le degré historique de son développement. Cet esprit fournit le fondement et le contenu de toutes les autres formes de sa conscience de soi qui ont été signalées. ■ Dans sa conscience de soi, l'Esprit doit devenir pour lui-même un objet, et l'objectivité fait immédiatement surgir des différences qui existent en général comme la totalité des sphères différenciées de l'esprit objectif. De même l'âme n'existe que dans la mesure où elle est le système de ses membres, lesquels, se rassemblant dans leur unité simple, produisent l'âme. ● L'Esprit est une individualité *unique* et s'affirme dans son essentialité dans toutes ces sphères : la *religion* le représente et le vénère comme le Dieu ou l'Être ; l'*art* le présente comme image et comme intuition sensible ; enfin la *philosophie* le connaît et le saisit dans la pensée. A cause de l'identité originelle de leur substance, de leur contenu et de leur objet, ces formations sont unies inséparablement à l'esprit de l'État. Ainsi *telle* forme politique ne peut exister qu'avec telle religion, et dans tel État ne peuvent exister que tel art et telle philosophie.

Cette remarque s'impose tout particulièrement lorsqu'on pense à la sotte tentative de notre époque d'inventer et de réaliser des constitutions indépendamment de la religion. La confession catholique, bien qu'appartenant à la religion chrétienne comme la confession protestante, ne reconnaît ni la justice ni l'éthique (*Sittlichkeit*) internes de l'État ; en revanche ces idées sont fermement établies dans l'intériorité du principe protestant. Pour sauvegarder son propre caractère, qui ne reconnaît pas le droit et l'ordre éthique comme étant *en soi*, comme substantiels, le catholicisme doit nécessairement expulser la sphère du droit public, de la constitution hors de la sphère religieuse ; mais ainsi, séparés du monde intérieur, du sanctuaire profond de la conscience, du lieu silencieux où la religion a son siège, les principes et les institutions du droit public ne parviennent pas à se donner un véritable centre et demeurent dans l'abstraction et l'imprécision.

■ Deux moments sont déjà établis : l'un, c'est l'idée de la liberté en tant que fin absolue ; l'autre, c'est son moyen : le côté subjectif du savoir et du vouloir, avec toute sa vitalité, son mouvement, son activité. Nous avons ensuite reconnu dans l'État la totalité éthique (*sittlich*) et la réalité de la liberté, donc l'unité objective de ces deux moments. Car si, pour notre examen, il est indispensable de distinguer entre les deux côtés, il faut bien remarquer qu'ils sont intimement liés et que leur union se trouve en chacun des deux, même si nous les considérons séparément. D'un côté nous avons reconnu l'Idée, déterminée en tant que liberté se sachant et se voulant elle-même, n'ayant comme fin qu'elle-même. Or cette détermination est aussi le simple concept de la Raison ainsi que ce que nous nommons sujet : la conscience de soi, l'esprit existant réellement dans le monde. Si nous considérons l'autre côté, la subjectivité, nous trouvons que le savoir et le vouloir subjectif sont la pensée. Mais dans la mesure où je veux et je connais en tant qu'être pensant, l'objet de mon vouloir est l'objet universel, l'élément substantiel de ce qui est en soi et pour soi rationnel. Ainsi nous constatons une union, qui existe en soi, entre le côté objectif, le concept, et le côté subjectif. L'État est cette union existant objectivement. Il est donc le fondement et le point central de tous les autres côtés concrets de la vie populaire : l'art, le droit, les mœurs, la religion, la science. Toute action spirituelle n'a d'autre but que de rendre consciente cette union, c'est-à-dire sa liberté. La *religion* vient en tête parmi les formes de cette union consciente. En elle, l'Esprit existant dans le monde devient conscient de l'Esprit absolu. En prenant conscience de l'Être qui est en soi et pour soi, la volonté de l'homme renonce à ses intérêts particuliers ; il les met de côté dans la dévotion dans laquelle il ne peut plus se soucier du particulier. Par le sacrifice l'homme signifie qu'il se dépouille de ses biens, de sa volonté, de ses sentiments particuliers. La concentration religieuse de l'âme se manifeste comme sentiment ; cependant elle passe aussi dans la réflexion : le culte est une extériorisation de la réflexion. La deuxième forme de l'union de l'objectif et du subjectif est l'*art* : il pénètre plus que la religion dans le réel et le sensible. Dans ses plus hautes expressions l'art se donne la tâche d'exprimer la religion, non l'esprit de Dieu mais la forme de Dieu, puis le divin et le spirituel en général. Dans l'art, le divin doit devenir visible ; l'art l'exprime dans l'imagination et l'intuition. Mais le Vrai ne parvient pas seulement à la représentation et au sentiment, comme dans la religion ; ni seulement à l'intuition, comme dans l'art. Il provient aussi à l'esprit pensant. Nous obtenons ainsi la troisième forme de l'union : la *philosophie*. Celle-ci est donc la formation la plus haute, la plus libre, la plus sage.

Le contenu en soi et pour soi de l'État est l'Esprit même du Peuple. C'est cet esprit qui anime l'État réel ; seulement dans l'État réel il s'agit toujours d'intérêts et de conditions particulières : guerres, institutions, etc. L'homme ne doit pas seulement connaître tout cela ; il doit aussi se connaître lui-même et acquérir la claire conscience de son unité originelle vers l'Esprit universel. Le véritable véhicule de cette conscience, le centre de ce savoir est la *religion*. Celle-ci est la première modalité de la conscience de soi, la conscience spirituelle de l'Esprit même du Peuple ; elle est la conscience de l'Esprit universel, tel qu'il est en soi et pour soi, tel qu'il se donne à l'Esprit d'un Peuple : la conscience du Vrai dans sa détermination la plus pure, la plus entière. Toute définition ultérieure du Vrai n'est valable pour l'individu que dans la mesure où elle correspond à son principe religieux. La religion, la représentation de Dieu, constitue donc la limite générale et le fondement du peuple. La religion est le lieu où un peuple se donne la définition de ce qu'il tient pour le Vrai. La définition d'un objet, d'une loi contient tout ce qui relève de l'essence de cet objet ; elle est le tout de l'objet, sa nature ramenée à une simple détermination de la pensée. Tous les cas singuliers se laissent expliquer par elle, si bien qu'on peut dire qu'elle est l'âme de tout ce qui est particulier. Ainsi des lois du mouvement des astres nous déduisons toutes leurs positions particulières.

La religion d'un peuple est la conscience qu'a un peuple de ce qui est, de ce qui est suprême dans l'Être. Ce savoir est l'essence universelle. Telle est la manière dont un peuple se représente Dieu, telle est aussi la manière dont il se représente ses relations avec Dieu et celle dont il se représente lui-même. La religion est donc le concept qu'un peuple se fait de lui-même. Un peuple qui tient la nature pour son dieu ne peut pas être un peuple libre. C'est seulement lorsqu'un peuple conçoit Dieu comme un Esprit élevé au-dessus de la nature qu'il devient lui-même Esprit et liberté. S'il s'agit de la religion de l'Esprit, il importe de savoir si elle connaît le Vrai, l'Idée, dans sa séparation ou dans son unité véritable. *Dans sa séparation* : cela veut dire que Dieu est conçu comme l'Être abstraitement suprême qui, maître du ciel et de la terre, règne dans un pur au-delà hors de la réalité humaine. *Dans son unité* : cela veut dire que Dieu est conçu comme l'unité de l'universel et du singulier, et qu'en lui le singulier est positivement affirmé ; c'est l'idée de l'incarnation. Dans l'Idée divine se trouve l'être de l'unité de l'universalité de l'Esprit et de la conscience existante : elle exprime l'union du fini et de l'infini. Lorsque ces deux termes sont séparés, c'est l'infinité de l'entendement qui règne. Dans la religion chrétienne, l'Idée divine est révélée comme l'unité de la nature humaine et de la nature divine. C'est là la véritable Idée de la religion. Le culte exprime cette idée : il n'est que l'acte par lequel la conscience singulière obtient son unité avec le divin. L'entendement moderne a fait de Dieu une abstraction ; il l'a situé dans un au-delà inaccessible à la conscience de soi humaine ; il l'a transformé en une muraille de fer sur laquelle l'homme ne peut que se casser la tête. Mais la Raison a de toute autres idées que les abstractions de l'entendement.

L'objet de la religion est le Vrai, l'unité du subjectif et de l'objectif. Mais, dans les religions particulières l'Absolu est souvent séparé du fini — même les religions où l'Absolu est appelé Esprit : dans ces cas l'Esprit n'est encore qu'un nom vide. C'est le cas des Juifs, des Musulmans et des religions actuelles de l'entendement, (*verstandesreligion*) qui sous ce rapport semblent avoir adopté les idées des Turcs. Cet universel abstrait peut aussi être représenté d'une manière élémentaire comme un simple produit de la nature ; par exemple le Feu ; mais il peut aussi être représenté comme un universel spirituel, comme chez les Juifs. Quand l'homme se représente l'universel comme nature, alors nous avons le panthéisme. Mais il n'y a là aucun contenu. Dieu, le sujet, disparaît parce qu'il n'y est plus posé dans sa différence. L'autre approche est l'unité de Dieu avec le monde. C'est l'idée de l'incarnation chez les Hindous, l'art grec et, d'une manière beaucoup plus pure, la religion chrétienne où se manifeste l'unité dans le Christ de la nature humaine et de la nature divine. Ici l'incarnation n'est plus présentée d'une manière anthropomorphique et indigne de la divinité, mais conduit à la véritable idée de Dieu.

Il appartient à la philosophie de la religion de montrer d'une manière plus précise l'évolution que parcourt la conscience religieuse dans sa saisie de l'essence de l'Esprit. Mais ici nous devons nous limiter car nous devons nous occuper des autres aspects et des autres formes dans lesquelles l'Esprit des Peuples se manifeste et se différencie. Le véritable Esprit de cette conscience est la religion ; l'art et la science en sont des aspects et des formes. L'art a le même contenu que la religion, seulement son élément est l'intuition sensible. La science καρ'εξοχην, *, la philosophie traite du même objet, mais dans l'élément de la pensée. Les autres sciences n'ont pas un contenu absolu ; telles qu'elles sont dans l'État, elles n'ont qu'un contenu fini qui se rapporte aux besoins. Dans la religion c'est donc le principe même du peuple qui trouve sa plus simple expression ; de même l'existence entière du peuple repose sur la religion.

De ce côté la religion se trouve dans la liaison la plus étroite avec le principe de l'État. Elle donne à l'esprit de l'État une représentation universelle et inconditionnée, mais elle procède de telle sorte que le sujet réel de cette représentation se dépouille de toutes les contingences extérieures. La liberté consciente ne peut exister que là où l'on sait que l'individualité est positivement présente dans l'être de la divinité, où la subjectivité est contemplée dans l'être même de la divinité. Cette liberté consciente existe chez les Grecs et d'une manière plus développée dans le monde chrétien. A cet égard on dit avec raison que l'État repose sur la religion. Leur connexion interne consiste en ceci : l'existence dans le monde est temporelle et se meut parmi les intérêts singuliers ; elle est par conséquent une existence relative et injustifiée qui se légitime dans la mesure seulement où son âme universelle, son principe est absolument justifié ; or cela n'est possible que si on le reconnaît comme étant une détermination, une réalité de l'essence de Dieu.

* Par excellence (M. d. tr.)

C'est en ce sens que nous disons que l'État est fondé sur la religion. Le principe de l'État doit être immédiatement justifié ; en revanche, les intérêts sont quelque chose de relatif. Dès lors le principe de l'État, l'universel qu'il prescrit, est connu comme absolu, comme détermination de l'être même de la divinité. On entend souvent répéter de nos jours que l'État se fonde sur la religion et l'on entend par là que plus les individus vivent dans la crainte de Dieu, plus ils sont portés à faire leur devoir, parce que l'obéissance au prince et à la loi peut aisément se rattacher à la crainte de Dieu. (2) Or précisément parce qu'elle met l'universel au-dessus du particulier, la crainte de Dieu peut aussi se tourner contre ce dernier ; elle peut devenir fanatique et mettre à feu et à sang l'État, son édifice et ses institutions. C'est pourquoi on s'empresse d'ajouter que la crainte de Dieu doit être réfléchie et tempérée afin qu'elle ne se dresse pas contre ce qu'elle doit protéger et conserver et qu'elle ne l'emporte pas dans ses flots. Pourtant elle porte en elle-même cette possibilité — sinon plus.

Après avoir acquis la juste conviction que l'État repose sur la religion, on risque de se méprendre quant à la place qu'elle occupe ; on peut croire en effet que l'État est une chose réellement existante tandis que la religion ne l'est pas, mais qu'on doit l'injecter à fortes doses dans les esprits et l'introduire dans l'État pour lui donner une assise. Il est absolument vrai que l'éducation doit élever les hommes à la religion, mais cela ne signifie pas que la religion soit quelque chose qui n'existe pas encore. L'éducation porte sur ce qui est — non sur ce qui n'est pas. Lorsque donc nous disons que l'État se fonde sur la religion, qu'il y plonge ses racines, nous voulons dire essentiellement que l'État est sorti de la religion, qu'il en sort maintenant et toujours : chaque État déterminé est né d'une religion déterminée. Comme nous l'avons dit, les principes de l'État doivent être considérés comme valables en soi et pour soi, ce qui n'est possible que s'ils sont eux-mêmes reconnus comme déterminations de la nature divine. Telle est la structure de la religion, telle sera aussi celle de l'État et de sa constitution. L'État est vraiment issu de la religion ; ainsi l'État athénien, l'État romain n'étaient possibles que dans les conditions spécifiques du paganisme de ces peuples ; de même un État catholique a un autre esprit et une autre constitution qu'un État protestant.

Les appels à la religion et les efforts qu'on déploie pour l'implanter ne sont trop souvent qu'un cri d'angoisse et de misère exprimant le danger de voir la religion disparaître de l'État. S'il en était ainsi les choses iraient mal, plus mal même que ne l'indique ce cri d'angoisse, car on croit pouvoir y remédier par la propagande et l'implantation, mais ce n'est pas de cette manière qu'on développe la religion : son développement se déroule sur un plan bien plus profond.

L'État a le même principe que la religion ; la religion ne vient pas de l'extérieur pour régler le mécanisme intérieur de l'État, la conduite des individus et leurs rapports avec lui. Bien au contraire, la religion est la première intériorité : c'est elle qui se détermine et agit en eux. Les hommes doivent s'élever à la religion par l'éducation et la religion doit être conservée de la même manière que les sciences doivent être enseignées. Une fois de plus, on ne doit pas s'imaginer que le rapport entre la religion et l'État signifie que celle-là vient de l'extérieur pour s'ajouter à celui-ci ; ce rapport signifie plutôt, nous l'avons déjà dit, que l'État est chaque fois issu d'une religion déterminée, qu'il a le même principe que la religion et que s'il a une vie politique, artistique et scientifique propre, c'est parce qu'il a une religion.

Là-dessus on peut formuler maintes objections superficielles. Mais on ne doit pas prendre pour exemple le premier peuple venu et se poser la question de savoir si cette connexion existe réellement chez lui. Seuls comptent les États qui sont parvenus à maturité et les peuples qui se sont développés entièrement — et non, par exemple, des peuples de pâtres dont la constitution est la même sous les religions les plus différentes. Dans un tel État non-évolué, le développement par lequel se réalise le principe d'un Esprit populaire et grâce auquel nous pouvons le connaître, n'a pas eu lieu. Un peuple développé a uni en lui toutes les sphères et les formes de vie qu'on trouve isolément dans un peuple plus simple. Plusieurs peuples ne sont pas indépendants ; parfois ce n'est pas à leur indépendance qu'ils doivent leurs forces et leur constitution. Ces peuples n'ont pas connu un développement suffisamment riche ou bien leur indépendance ne les a pas amenés à se constituer pour soi. Athènes avait une constitution démocratique ; Hambourg aussi : la religion dans ces deux États est on ne peut plus différente, mais leur constitution est la même. C'est un des exemples qu'on peut apparemment avancer contre la liaison essentielle que nous établissons entre la religion et la constitution. Cette apparence se dissipe toutefois si l'on se rappelle qu'à Hambourg c'est l'élément commerçant qui prédomine ; que la ville est indépendante mais non de la même manière qu'un grand État européen. De même on ne doit pas tenir compte des peuples qui ont la capacité extérieure d'un libre développement mais qui n'y sont pas encore parvenus. Les États de l'Amérique du Nord ont commencé par le commerce et les activités maritimes ; maintenant ils se répandent vers l'intérieur, mais ils ne sont pas encore parvenus à l'évolution, à la maturité qui caractérise les vieux États européens.

Les différentes sphères de la vie populaire

Dans la religion, il faut saisir la nécessité qui la pousse à se traduire dans le gouvernement séculier, la constitution, la vie profane. Le principe universel est dans le monde et doit se réaliser en lui parce qu'il connaît le monde. Plus le principe spirituel descend dans ses propres profondeurs, plus la religion devient pure, moins celui-ci s'intéresse aux choses de ce monde ;

tel est, par exemple, le cas de la religion chrétienne. En ce sens la religion est foncièrement différente de la sagesse du monde (*Weltweisheit*) ; celle-là recommande l'indifférence à l'égard de l'honneur, du courage, de la propriété, tandis que celle-ci est engagée dans le monde, aspire à l'honneur et admire le courage et l'héroïsme : c'est en cela que consiste l'existence dans le monde (*Weltlichkeit*). La religion peut être très stérile : c'est là une chose bien connue. Mais on dit aussi que la religion ne doit pas exister seulement dans la tête de l'homme, mais aussi dans son cœur ; en vérité c'est sa vie tout entière qui doit exprimer la religion ; et l'homme est essentiellement un être qui doit avoir le sens de l'ordre éthique et du droit. Si tel ou tel individu peut nous donner l'impression que la réalité peut ne pas être conforme au principe de la vérité, il n'en va pas de même pour les peuples. Ici, le principe universel imprègne toutes les sphères particulières de la vie et la vie en tant que conscience religieuse pratique est pénétrée par la vérité. Ce qui se réalise dans la constitution politique, les relations juridiques, l'ordre éthique en général ou l'art et la science n'est autre que la manifestation même de la vérité dans ces différentes sphères. L'Esprit doit réaliser sa conscience de soi ; il doit devenir l'objet de lui-même. Il est Esprit seulement dans la mesure où il se connaît et devient objet pour lui-même. Mais l'objectivité implique la finitude, donc l'existence de différences qui sont posées comme les membres particuliers de l'organisme. L'Esprit se rapporte à son objet et ainsi la différence est posée ; mais il se rapporte à lui-même, se déploie lui-même ; il est l'âme vivante unique qui est présente dans tous les membres ; c'est ainsi qu'il est conscient de lui-même et résulte en lui-même en tant qu'expression de ses membres particuliers [tels qu'ils sont] dans ses sphères particulières. Il n'y a pas de commencement pur pour l'Esprit, mais il est toujours en train de se produire ; il est le but et le résultat de lui-même, si bien que son point d'aboutissement n'est autre que son point de départ. Toujours est-il que c'est par la médiation de l'objectivation qu'il se donne une réalité. La religion en tant que telle doit donc essentiellement se réaliser ; il faut qu'elle se crée un monde pour que l'Esprit se connaisse lui-même et sache qu'il est un esprit réel.

Dans la religion il est essentiel de savoir jusqu'à quel point elle contient effectivement la conscience que l'Esprit a de ce qu'il est en réalité. Si dans la conscience de ce qu'est l'Esprit, est contenue la conscience de ce qui est la Vérité, à savoir de l'Esprit selon son concept, alors tous les côtés de son existence sont posés dans la Vérité et expriment les déterminations du Vrai. Mais cela ne peut se produire que dans la Vraie religion. Les autres côtés doivent se fonder sur la religion aussi longtemps qu'ils demeurent stériles et ne sont pas déterminés par la Vérité. Il existe toutefois des sphères qui sont livrées à l'arbitraire et demeurent à l'état sauvage parce qu'elles n'ont pas encore été élevées à la Vérité. Le but de ces considérations est de rendre claire la manière dont la religion marque de son sceau toutes les sphères particulières.

Il a été dit que la religion en tant que telle s'est souvent avérée stérile dans l'individu. En revanche, le système où s'ordonne la vitalité d'un peuple doit se former conformément à la religion. En ce qui concerne la caractéristique distinctive de la religion, il s'agit de savoir si tout ce qui appartient au concept de l'Esprit a trouvé son équivalent dans le principe religieux et a pénétré jusqu'au principe déterminé qui lui est propre. Si l'Esprit n'est pas saisi dans sa véritable profondeur, la vie du peuple nous montre certains côtés où celui-ci se comporte d'une manière irrationnelle, arbitraire, non-libre. La défectuosité de la religion grecque, ou de l'Esprit grec, ou du concept que l'Esprit en tant qu'esprit grec s'est fait de lui-même, apparaît dans le fait que dans certaines circonstances officielles — signatures des traités — et même privées, les Grecs devaient recourir à des *oracles*. Cela concerne un aspect essentiel de l'Esprit : il s'agit d'une exigence qui avait été satisfaite de cette manière absurde et non libre, bien avant sa consécration dans le principe substantiel de la religion. Il en est de même de l'Islam. Son fanatisme a poussé ses fidèles à conquérir le monde ; mais il a été incapable d'élever l'État à une vie organique et ordonnée, à un ordre légal favorable à la liberté. Une religion, comme le christianisme, qui a comme principe le concept absolu de l'Esprit, devait nécessairement façonner le monde suivant le Concept. La transformation de la réalité suivant ce principe est un long travail qui ne pouvait pas se faire immédiatement ; nous trouverons, au début de l'ère chrétienne, une immense contradiction entre son principe, d'une part et d'autre part la sauvagerie et la brutalité qui régnaient au commencement parmi les peuples chrétiens.

Dans la mesure où il travaille les matières en vue des besoins et dans la mesure où il aspire à produire de belles œuvres, l'art est étroitement lié à la religion. L'entendement est inapte à l'art ; son art ne peut être que l'art du sublime où la forme est soumise à une purification si poussée que l'individu disparaît. Là où l'Esprit est conçu comme opposé à l'homme, comme Informel (chez les Juifs et les Musulmans par exemple), il n'y a pas de place pour les arts plastiques. Ce qui est tenu pour le Vrai ne supporte pas la figuration. La manière dont il est saisi exclut toute figuration extérieure. L'imagination n'est pas ici l'organe pour saisir ce que l'Esprit tient pour la vraie valeur. Mais l'art est essentiellement art plastique ; il ne peut exister que là où l'imagination, la figuration sont considérées comme l'organe suprême et où Dieu n'est pas saisi comme l'Esprit universel. L'art devait s'épanouir chez les Grecs qui voyaient l'universalité divine sous la forme de la subjectivité naturelle. Dans un tel peuple il est nécessaire que le divin, l'universel soit connu et exprimé dans l'intuition sensible. La religion chrétienne a aussi un art parce que pour elle le Divin n'est pas une abstraction de l'entendement. Toutefois l'art ne peut pas être chez nous ce qu'il était pour les Grecs, à savoir la manière la plus haute de saisir et de représenter le Vrai ; chez nous l'art ne peut tenir qu'une place subordonnée. La forme que seul l'art peut créer, n'a aucune vérité inconditionnée pour nous ; elle n'est pas la forme dans laquelle apparaît ce qui est l'Absolu. La forme artistique n'est qu'une forme finie, inadéquate au contenu infini qui devrait s'y exprimer.

Les *sciences* se rapprochent le plus de la religion. Leur contenu est certes d'une extrême variété et se présente parfois comme une simple collection de connaissances, mais ce qui prévaut dans les sciences est — tout au moins — le principe de la pensée et de la connaissance. Les sciences sont utiles sur tous les plans de la réalité. Également utiles sont la religion, l'État, le droit — le Vrai sert aussi à d'autres fins. On peut dire aussi que Dieu est utile, mais c'est là une expression profane, inappropriée : son utilité est sa bonté, qui laisse à l'Autre son autonomie et sa liberté et s'abandonne à lui. Mais les sciences telles qu'elles sont dans leur essence ne se laissent pas considérer du point de vue subordonné de l'utilité ; de même que la religion, elles constituent une fin en soi et pour soi, elles portent en elles-mêmes leur ultime finalité. Dans la mesure où les sciences, en particulier celle de la pensée libre, la philosophie, appartiennent au domaine de la pensée, elles se meuvent sur le terrain et dans l'élément propre de l'Esprit. Un peuple saisit par la pensée le concept qu'il a de lui-même et de la vérité et l'expose sous la forme de la science, c'est-à-dire dans la forme qui correspond au concept même de l'Esprit. Abstraitement saisi, le trefonds de l'esprit est la pensée. L'objet est donc adéquat à la nature de l'Esprit. En ce sens les sciences constituent le point culminant de l'évolution d'un peuple. Sa tendance la plus haute est de se connaître lui-même et de réaliser son concept. Ce qui importe ici ce n'est pas le besoin physique, quel qu'il soit, ni le droit formel, mais la pensée, l'intelligence. L'épanouissement des peuples est une conscience libre, dépouillée des intérêts et des désirs. Il en est de même pour l'art. Mais le contenu de cette conscience n'est pas exprimé dans un élément matériel-sensible (*sinnlich*), comme dans l'art ; la matière où elle exprime son concept est la pensée. C'est un grand honneur pour un peuple de cultiver les sciences, en particulier la science de la philosophie, car celle-ci pense et saisit conceptuellement le contenu que la religion exprime dans la forme de la représentation sensible et spirituelle. Le christianisme l'exprime dans la parole : Dieu a engendré son Fils. Ce qui est exprimé ici n'est pas un rapport de pensée, mais un rapport naturel. Or ce que la religion exprime par une représentation tirée des rapports vitaux, la science le saisit d'une manière conceptuelle : le contenu est le même, mais se présente dans sa forme la plus élevée, la plus vivante, la plus digne. C'est la façon la plus haute dont un peuple parvient à la conscience de la vérité et réalise le mode d'être absolu de l'Esprit. La situation de la philosophie dans l'histoire du monde est la même que celle de l'art. Une philosophie concrète n'a pu exister que pour les Grecs et les Chrétiens ; la philosophie abstraite se trouve aussi chez les Orientaux, mais précisément elle n'est pas parvenue à l'unité du fini et du divin.

En face de ces formes idéales, l'existence de l'État présente aussi un autre côté qui tire son contenu de la phénoménalité extérieure. Mais ce contenu aussi, et quel qu'en soit le type particulier, reçoit également la lumière de l'Universel.

Un premier domaine est constitué par ce qu'on appelle les mœurs et les coutumes des peuples. A cette catégorie appartiennent l'*éthique naturelle*, les *relations familiales*. Toutes les deux sont déterminées par la nature de l'État, par exemple l'espèce de mariage : polygamie, polyandrie, monogamie. Dans les États chrétiens, ne peut exister que le mariage qui unit *un* homme et *une* femme car c'est ainsi que le droit de chaque partie est pleinement sauvegardé. A la même catégorie appartient aussi le rapport des enfants à leurs parents, leur exclavage ou leur capacité d'avoir une libre propriété. Un autre aspect de l'éthique collective est celui de la conduite réciproque des individus, dans toutes ses formes et jusqu'aux règles de la politesse. Songez à la différence des formules de politesse dont les Occidentaux et les Orientaux font usage dans leurs rapports avec leurs supérieurs. Ces coutumes renvoient aux rapports substantiels et expriment les idées que les hommes se font d'eux-mêmes. Elles sont quelque chose de symbolique bien qu'elles contiennent plusieurs éléments contingents. Tout n'est pas significatif en elles.

Un autre point dans ce domaine de la phénoménalité est le comportement pratique de l'homme envers la nature du point de vue de la satisfaction de ses besoins finis : c'est l'*activité des métiers*. Elle nous permet de connaître la manière dont les hommes se comportent dans les relations de dépendance où ils se trouvent à l'égard de la nature, la manière dont ils satisfont — sur ce plan — leurs besoins et se procurent des agréments. Le penchant naturel dont il est question ici ne concerne que la particularité humaine ; la sphère de l'essentiel en tant que tel, la religion, la constitution de l'État, etc, n'a que des rapports fort lointains avec cette sphère. Mais ici aussi le principe général de l'Esprit est actif et se manifeste dans la manière dont le sens populaire se comporte à l'égard de l'activité économique, de l'industrie et du commerce. Le but de cette activité est que l'individu prenne soin de lui-même, emploie son corps, son intelligence, sa peine et son art à se procurer ce qui est nécessaire à ses besoins, qu'il peut d'ailleurs diversifier et raffiner à l'infini. Sous ce rapport, l'agriculture comporte une dépendance nécessaire à l'égard de la nature. L'activité des métiers proprement dits s'attache à la matière brute pour la transformer et trouve sa subsistance dans les produits de l'entendement, de la réflexion et de l'industrie. Cette branche de l'activité se rapporte au particulier, mais dans ce particulier il n'y a aucune limite immanente. Il s'ensuit que l'accumulation de la richesse et le raffinement peuvent se développer à l'infini. Sur ce point, il existe une grande différence entre les sociétés où l'activité des métiers est limitée, liée par une législation de castes et ne peut connaître aucun développement, et les sociétés où l'individu n'est soumis à aucune limite et peut se développer au-delà de toute mesure. Un tel État présuppose un autre Esprit populaire donc une autre religion et une autre constitution que l'État où les métiers bien que reconnus comme nécessaires, rencontrent dans leur exercice des limites tracées une fois pour toutes.

Au même domaine appartiennent les armes que les hommes utilisent contre les animaux et dans les luttes entre eux ; de même que les navires. Selon une vieille légende, le fer a été découvert par les Asiatiques. L'invention de la poudre ne doit pas être considérée comme accidentelle ; elle n'a pu être inventée et utilisée qu'à une époque et dans une civilisation déterminées. Il existe cependant une foule d'objets de ce genre qui sont entièrement indépendants du caractère déterminé de l'Esprit populaire : par exemple les articles de luxe qui peuvent être produits de la même manière à toutes les époques et dans toutes les civilisations.

Le troisième point est le *droit privé*, le droit concernant ces besoins finis. Ici c'est l'évolution de la liberté personnelle qui parle et qui dit par exemple que l'esclavage ne doit pas exister ou que la propriété doit être libre. La pleine liberté personnelle, la propriété complètement libre ne peuvent exister que dans des États qui relèvent d'un principe déterminé. En effet le principe du droit est immédiatement lié au principe général. Le principe général de la religion chrétienne par exemple dit en premier lieu que l'Esprit, la vérité, est *un* ; en second lieu, que les individus ont une valeur infinie et seront admis par grâce dans l'absolue spiritualité (*Geistigkeit*). Il en résulte que l'individu est infini dans sa personnalité, qu'il doit être reconnu comme conscience de soi, comme être libre. Ce principe d'après lequel l'homme en tant qu'homme a une valeur absolue, n'existe pas dans les religions orientales. C'est dans le christianisme que les hommes sont pour la première fois devenus libres, c'est-à-dire capables de posséder une propriété libre.

Nous devons en dernier lieu mentionner la *science du fini*. Les mathématiques, l'histoire naturelle, la physique présupposent un certain état de la culture. C'est seulement quand l'individu a conquis une liberté intérieure pour soi qu'il laisse l'objet être ce qu'il est, que son comportement à son égard cesse d'être déterminé par le seul désir et devient contemplatif. Ici aussi le monde moderne se distingue du monde antique car celui-ci n'a pas connu cet intérêt pour la nature et pour ses lois. Pour considérer les objets dans leur finitude il faut que l'Esprit ait une une grande puissance et soit sûr de soi d'une manière plus haute et plus concrète. Pour que l'Esprit puisse parvenir à cette abstraction il faut que la conscience de soi fasse preuve d'une intensité plus grande.

Telles sont les sphères principales où se différencie l'Esprit qui se réalise dans un État. Dans un État évolué où ces côtés sont bien distincts et possèdent leur droit propre, ils doivent s'organiser en différents ordres ou états (*Stände*). D'une part, l'individu peut participer à tous ces domaines : la religion, le droit, la constitution, la science ; d'autre part, il y prend nécessairement part, au moins d'une façon indirecte. Par ailleurs, ces sphères se séparent en ordres ou états (*Stände*) particuliers où les individus sont répartis : de là vient ce qui fait la profession de chaque individu. Les différences qui se produisent à l'intérieur de ces domaines, doivent en effet se concrétiser dans des sphères et des occupations particulières. C'est là la base sur laquelle repose la différence des ordres (*Stände*) que présente tout État organisé. Car l'État est un tout organique ; ces articulations lui sont nécessaires comme elles le sont pour l'organisme. L'État est donc un tout organique, mais de nature éthique (*sittlich*). L'être libre n'est pas envieux ; il donne aux éléments *(Momente)* de sa liberté le droit de se construire eux-mêmes, et l'universel a assez de force pour maintenir ces déterminations dans leur unité avec lui-même.

4. LA RÉALITÉ DE L'ESPRIT

● Dans nos considérations antérieures nous avons mentionné les moments abstraits qui se présentent dans le concept de l'État. La réalisation de ces moments, l'établissement des institutions par lesquelles ce qui se passe à l'intérieur de l'État devient conforme à son essence, est l'œuvre de la *constitution*. [On croit qu'il est] superflu qu'un peuple ait une constitution et que [son organisation étatique] se comprend d'elle-même. [Ainsi] l'absence de constitution est considérée comme une [forme de] constitution, de même que la sphère est représentée comme une figure *.

Si l'on considère le principe de la volonté *individuelle* comme l'unique fondement de la liberté politique et si l'on en déduit que tous les individus doivent donner leur consentement à tout ce qui se fait par et pour l'État, alors il n'existe en fait aucune constitution proprement dite. La seule institution souhaitable serait un centre sans volonté qui s'occuperait de ce qui lui paraîtrait être nécessaire à l'État et ferait savoir son opinion ; puis le mécanisme de la convocation des individus, du vote et de l'opération arithmétique du dénombrement et de la comparaison du nombre des voix pour chaque proposition — mécanisme qui déterminerait déjà la décision.

L'État est lui-même une abstraction ; sa réalité qui n'est qu'une simple généralité, réside uniquement dans celle des citoyens, mais il existe réellement, et la simple généralité de son existence doit se concrétiser dans la volonté et l'activité individuelles **. D'une façon générale, le besoin apparaît d'un gouverne-

* Manuscrit fort endommagé. Les mots entre crochets ont été ajoutés par l'éditeur.

** En marge : tromper le peuple — Gœthe — Homère — la conduite de la guerre.

ment et d'une administration, d'une singularisation et d'une séparation de ceux qui dirigent les affaires de l'État, qui en décident, déterminent le mode de la mise en application et commandent aux citoyens chargés de l'exécution. Même dans une démocratie, si, par exemple, le peuple se résout à la guerre, il faudra cependant mettre à la tête un général qui conduira les citoyens. C'est tout d'abord par la constitution que l'abstraction de l'État parvient à la vie et à la réalité ; mais en même temps apparaît aussi la distinction entre ceux qui commandent et ceux qui obéissent, entre les gouvernants et les gouvernés. Or l'obéissance ne semble pas s'accorder avec la liberté ; ceux qui commandent paraissent faire le contraire de ce qui correspond au fondement de l'État, au concept de la liberté. La distinction entre commander et obéir est nécessaire car les choses ne peuvent pas aller autrement. Or si l'on a une idée abstraite de la liberté, on pensera qu'il s'agit là d'une nécessité extérieure, opposée à la liberté, et l'on en déduira qu'il faudra s'organiser de manière que le nombre de ceux qui doivent obéir soit limité au minimum ; que les ordres soient aussi peu arbitraires que possible ; que ce qui rend le fait de commander nécessaire soit, dans ses grandes lignes, décidé et déterminé par la volonté de la majorité ou de la totalité du peuple ; et que, malgré tout, l'État, en tant que réalité et unité individuelle, possède force et puissance.

La toute première détermination est en général la distinction entre gouvernants et gouvernés, et c'est avec raison qu'on a divisé en général les constitutions en monarchie, aristocratie et démocratie. A cela nous devons ajouter les remarques suivantes : Tout d'abord, la monarchie se distingue en despotisme et en monarchie proprement dite. Ensuite, toutes ces classifications créées par le concept mettent l'accent sur le caractère fondamental, ce qui ne signifie pas que celui-ci se réduit dans sa manifestation concrète, en une forme, un genre ou une espèce. En troisième lieu, il faut surtout remarquer que [le concept] admet que quantité de modifications particulières peuvent se produire non seulement à l'intérieur de ces ordres généraux, mais aussi des formations amorphes, inconsistantes en soi et inconséquentes qui peuvent résulter du mélange de ces types généraux. [La toute première détermination est donc la distinction entre gouvernants et gouvernés] et pose plus concrètement la question de savoir dans quel sens et pour quelle fin elle a été établie. Dans cette antithèse la question se pose de savoir quelle est la meilleure *constitution*, c'est-à-dire par quelle disposition, quelle organisation, quelle structure du pouvoir d'État, la fin de l'État peut être le plus sûrement atteinte.

Cette fin, il est vrai, peut être conçue de façon diverse par exemple comme paisible jouissance de la vie bourgeoise, comme bien-être général. De telles conceptions de la fin de l'État ont inspiré ce qu'on appelle les idéaux de gouvernement, plus particulièrement les idéaux d'éducation conçus à l'usage des princes (Fénelon), des dirigeants et notamment de l'aristocratie (Platon). Dans ces premiers systèmes idéaux, l'accent est mis sur l'état d'esprit des dirigeants ; on n'a pas pensé du tout aux institutions organiques de l'État. La question de la meilleure constitution, on l'a le plus souvent traitée en supposant non seulement que la théorie pouvait en être une affaire de libre conviction personnelle, mais aussi que l'adoption effective de la constitution reconnue comme la constitution parfaite ou simplement meilleure, pouvait être la conséquence d'une décision prise d'une façon toute théorique, bref, en supposant que le genre de constitution était l'affaire d'un choix absolument libre, déterminé simplement par la réflexion. C'est de cette façon toute naïve que tinrent conseil, sinon les Perses, du moins les grands de ce peuple qui s'étaient conjurés pour renverser le faux Smerdis et les mages : après la réussite de leur entreprise et comme il n'y avait plus aucun rejeton de la famille royale, ils discutèrent sur la question de la constitution qu'ils donneraient à la Perse, et Hérodote raconte tout aussi naïvement cette délibération.

Personne aujourd'hui ne croit que la constitution d'un pays et d'un peuple est entièrement livrée à un libre choix. La considération abstraite de la liberté en tant que détermination fondamentale a pour conséquence que l'on tient — en théorie — la république pour la seule constitution juste et vraie et qu'une foule d'hommes qui, en des régimes monarchiques, occupent des postes élevées dans l'administration de l'État, par exemple Lafayette, ne s'opposent pas ou même sont favorables à une telle conception. Ils reconnaissent seulement qu'une telle constitution, serait-elle la meilleure, ne peut être réalisée en tout lieu, et que, *les hommes étant ce qu'ils sont*, il faut se contenter d'une liberté moindre : étant donné cet état de choses et la condition morale du peuple, la constitution monarchique serait la plus *utile*. Dans cette perspective la nécessité d'une constitution déterminée dépend de l'état de choses comme d'une contingence purement extérieure. Elle se fonde sur la séparation entre le concept et la réalité qu'établit la réflexion de l'entendement dans la mesure où elle s'en tient à un concept abstrait et donc non vrai et ignore l'Idée ou, ce qui revient essentiellement sinon formellement au même, n'a aucune intuition concrète du peuple et de l'État. Il a été déjà indiqué que la constitution d'un peuple et sa religion, son art et sa philosophie ou tout au moins ses représentations et ses pensées, sa culture en général (pour ne pas citer les autres facteurs externes comme le climat, les peuples voisins, la situation dans le monde) constituent ensemble *une seule* substance, *un seul* esprit. Un État est une totalité individuelle dont on ne peut séparer un côté particulier, même si celui-ci est aussi important que la constitution, et il est également impossible de le considérer isolément afin d'en faire l'objet d'une délibération et d'un choix. Non seulement la constitution tient intimement aux autres facteurs spirituels et en dépend, mais aussi le caractère même de toute l'individualité spirituelle, y compris l'ensemble de ses forces, n'est qu'*un* moment de l'histoire totale et occupe une place prédéterminée dans son cours. De là vient la sanction suprême de la constitution ainsi que sa plus haute nécessité.

■ Sur ce point il faut remarquer que lorsque nous parlons des constitutions, nous ne nous arrêtons pas aux distinctions abstraites comme les distinctions bien connues entre démocratie, aristocratie et monarchie, dont nous avons déjà parlé. On admet d'ailleurs qu'il n'est pas facile de trouver une démocratie pure et sans mélange, étrangère à tout principe aristocratique. En outre, la monarchie est une constitution qui comprend et contient les autres moments. Dans la considération des constitutions, de l'état politique essentiel d'un peuple, ce sont de tout autres déterminations qui entrent en ligne de compte.

Par-delà la multiplicité des aspects de la vie étatique, la détermination essentielle de la constitution s'énonce dans la proposition suivante : le meilleur État est celui dans lequel règne le plus de *liberté*. Mais la question se pose de savoir d'où la liberté tient sa réalité. On s'imagine que la liberté consiste dans la participation de la volonté subjective de tous les individus aux affaires les plus importantes de l'État. La volonté subjective se présente ici comme l'ultime instance, comme le facteur décisif. Mais la nature de l'État est l'unité de la volonté objective et de la volonté universelle; la volonté subjective est contrainte de renoncer à sa particularité. Lorsqu'on pense à l'État, on est tenté de mettre d'un côté le gouvernement et de l'autre côté le peuple : d'une part l'activité concentrée de l'Universel, de l'autre la multitude de volontés subjectives individuelles. On sépare ainsi le gouvernement et le peuple. On croit trouver une bonne constitution lorsqu'on voit que, d'une part, le gouvernement et son affirmation active de l'Universel, d'autre part le peuple dans sa volonté subjective sont assurés l'un contre l'autre et se limitent réciproquement. Une telle forme a certes sa place dans l'histoire, mais dans le concept de l'État cette opposition est surmontée. Il y a de la malveillance dans cette opposition du peuple et du gouvernement, un artifice de la mauvaise volonté qui laisse entendre que le peuple, séparé du gouvernement, pourrait être le tout. Aussi longtemps qu'il en est ainsi, on ne peut dire que l'État, c'est-à-dire l'unité de la volonté singulière et de la volonté universelle, existe déjà dans la réalité. Dans un tel cas, on se trouve encore au stade de la création de l'État. Le concept rationnel de l'État a laissé derrière soi cette opposition abstraite : ceux qui la considèrent comme nécessaire ne savent rien de la nature de l'État. Cette unité est le fondement de l'État ; elle est son être et sa substance.

Mais cette substance n'est pas encore développée. En tant que substance développée, l'État se présente comme un système d'organes, de sphères, d'universalités particulières, indépendants en soi mais dont l'activité consiste à produire le tout, à dépasser (*aufheben*) leur indépendance. Dans la vie organique on ne trouve pas une telle opposition entre autonomies particulières. Dans la vie animale, par exemple, l'universel de la vie est présent dans chaque parcelle : s'il s'en retire il ne reste plus que la manière inorganique. Les différences entre les constitutions concernent la forme sous laquelle cette totalité est façonnée. L'État est une rationalité qui existe dans le monde, les diverses constitutions se succèdent suivant leurs principes : la seule chose qui arrive est que toujours les principes antérieurs sont supprimés et dépassés (*aufgehoben*) par ceux qui leurs succèdent.

L'État est l'Idée spirituelle dans l'extériorité de la volonté humaine et de la liberté de celle-ci. Les changements historiques se rapportent essentiellement à l'État et les Moments de l'Idée se présentent en lui comme des principes différents. Les constitutions sous lesquelles les peuples historiques ont connu leur épanouissement, leur sont particulières. Elles n'ont pas une base commune et on ne peut pas dire que leur différence ne tient qu'à la diversité de leur mode de croissance et d'évolution. La différence découle essentiellement de la différence des principes. Il s'ensuit que l'histoire ne peut rien nous enseigner quant à la forme actuelle de la constitution étatique. Le dernier principe de constitution, celui de notre époque, n'est pas contenu dans les constitutions des peuples historiques antérieures. Il en va tout autrement pour la science et l'art. Ici les principes antérieurs forment la base absolue des principes ultérieurs. La philosophie antique par exemple est la base de la philosophie moderne, c'est-à-dire elle lui est immanente et en constitue le fond. Le rapport entre les deux fait penser au développement ininterrompu d'un seul édifice dont la pierre de base, les murs et le toit sont encore restés les mêmes. De même en art, l'art grec tel qu'il est demeure le modèle le plus élevé. Mais il en est tout autrement de la constitution. Ici l'antique et le moderne n'ont pas un principe essentiel commun. Assurément ils possèdent en commun des définitions et des doctrines abstraites concernant le bon gouvernement, l'idée que l'intelligence et la vertu doivent régner, etc. Cependant rien ne serait plus saugrenu que l'idée d'organiser les constitutions actuelles suivant les exemples des Grecs, des Romains ou des Orientaux. L'Orient peut nous offrir de beaux tableaux d'État patriarcal, de gouvernement paternel, de fidélité dévouée des peuples. Chez les Grecs et les Romains nous pouvons trouver l'image de la liberté civique. Or le concept de constitution libre que nous trouvons chez eux signifie que tous les citoyens doivent participer aux délibérations et aux décisions concernant les affaires générales et les lois. Tout le monde aujourd'hui a la même opinion, mais on ajoute que du fait que nos États sont trop grands et les citoyens trop nombreux, ceux-ci doivent exprimer leur volonté quant aux décisions à prendre sur les affaires publiques, non directement mais indirectement par l'intermédiaire de leurs représentants, c'est-à-dire qu'en ce qui concerne la législation en général, le peuple doit être représenté par des députés. La constitution dite représentative est si intimement liée à l'idée que nous nous faisons de la constitution libre qu'elle est devenue un solide préjugé. — Ici le point principal c'est que la liberté telle qu'elle est déterminée par le concept, n'a pas pour principe la volonté subjective et l'arbitraire, mais l'intelligence de la volonté universelle, et que le système de la liberté est le libre développement de ses moments. La volonté subjective est une détermination toute formelle et n'indique nullement *ce* qu'elle veut. C'est seulement la volonté raisonnable qui constitue cet universel qui se détermine et se développe en lui-même et déploie ses moments comme des membres organiques. Mais cela, la liberté rationnelle, est la phase ultime du développement ; c'est une constitution gothique dont la matière est faite par l'universel. Les Anciens n'ont eu la moindre idée d'une telle cathédrale gothique. Cela est une conquête de l'ère chrétienne. L'Universel est parvenu ici à une différenciation infinie et celle-ci se résout par le fait que les individus savent trouver leur liberté, leur autonomie, leur essentialité dans l'unité avec le substantiel et possèdent la forme dans laquelle s'opère l'action pour ce substantiel. C'est de cette explicitation développée du substantiel qu'il s'agit ici. Et c'est ici que réside la différence la plus haute des peuples et de leurs constitutions.

De ce principe supérieur dérive une différence subordonnée, peu importante mais qui est d'ordinaire tenue pour l'essentiel dans une constitution : c'est la question du consentement subjectif des individus. Il faut considérer en premier lieu si les individus sont conçus comme personnes, si la substantialité existe comme Esprit, comme essence dont les individus ont connaissance. Aucune forme d'un tel consentement ne peut exister chez les Chinois par exemple. Si on les interrogeait sur ce point en laissant entendre que l'absence de consentement est un défaut, ils répondraient que la chose est aussi absurde que l'idée de convoquer des enfants de tout âge à un conseil de famille. Les Chinois ne se connaissent pas encore en tant que subjectivité libre ; l'essentialité de l'ordre éthique et juridique n'existe pas encore pour eux et ne peut encore devenir leur but, leur œuvre, leur objet. D'autre part, nous rencontrons chez les Turcs la volonté subjective déchaînée. Les Janissaires, par exemple ont de la volonté et en font usage, mais cette volonté est une volonté sauvage, en partie déterminée par la religion, mais qui reste déchaînée dans ses désirs. Ici, la volonté personnelle est libre, mais selon une idée fausse de la liberté : c'est une volonté qui ne s'est pas élevée à la volonté concrète, rationnelle. De cela, elle n'a la moindre idée : ce n'est ni son objet ni son intérêt ni le motif de son action. Si elle se laisse toucher par l'Universel, cet Universel est abstrait, non organique, un pur fanatisme qui menace de destruction tout ce qui a une forme organisée, toute espèce de droit et de moralité collective. Dans les États européens la situation est tout à fait différente : ici, l'intelligence est dans son ensemble quelque chose d'universel. La culture scientifique, la détermination selon des fins et des principes universels constituent le bien commun que les citoyens possèdent en commun avec le gouvernement et le gouvernement avec les citoyens, dans la mesure où dans le concept de gouvernement sont comprises toutes les sphères de l'administration. Dans ces conditions, le consentement des individus particuliers est plus ou moins sans importance parce que ceux-ci ne peuvent apporter aucune sagesse spéciale : bien au contraire, ils apporteront en réalité bien moins que ceux qui s'occupent expressément des affaires de l'État. Comme ils sont mus par leurs intérêts particuliers, leur contribution en bonnes intentions sera encore moindre, car précisément le facteur décisif ici est qu'il existe un bien commun devant lequel doivent s'incliner les intérêts particuliers. Si l'on place la liberté dans l'accord des individus, il est facile de voir qu'aucune loi ne saurait être valable sans accord unanime. On dira que la minorité doit céder à la majorité ; celle-ci décide donc. Mais déjà J.-J. Rousseau a remarqué qu'il n'existe pas de liberté si l'on ne respecte pas la volonté de la minorité. A la Diète polonaise, chaque individu devait donner son consentement, et cette liberté conduisit l'État à la ruine. C'est en outre une présomption dangereuse et fausse que *seul* le peuple détient raison et sagesse et sait le vrai ; car chaque fraction du peuple peut se poser comme peuple. De surcroît, ce qui constitue l'État est l'affaire d'une connaissance cultivée et non du peuple.

Les différences des constitutions concernent la forme dans laquelle se manifeste la totalité de la vie étatique. Dans la première forme, cette totalité est encore cachée et les sphères particulières qui la constituent ne sont pas encore parvenues à leur indépendance. Dans la deuxième, ces sphères et les individus deviennent plus libres ; dans la troisième enfin, ceux-ci ont trouvé leur autonomie et donnent libre cours à leur activité, laquelle consiste à produire l'Universel. Tous les empires ainsi que toute l'histoire universelle sont passés par ces formes. Au début, nous voyons dans chaque État une sorte de royauté patriarcale, pacifique ou guerrière. Cette première forme d'État est autoritaire et comme instinctive. Mais, en même temps, l'obéissance et le pouvoir, la crainte du maître constituent déjà un liaison ordonnée des volontés. Ensuite, la particularité se met en avant : des aristocrates, des groupes particuliers, des démocrates, des individus exercent le pouvoir. Ces individus se cristallisent en une aristocratie contingente et celle-ci évolue vers une nouvelle royauté, une monarchie. Le processus s'achève par la soumission de la particularité à une puissance qui ne peut être qu'une puissance située en dehors de la sphère où ces groupes particuliers ont leur indépendance, c'est-à-dire à la puissance monarchique. Il y a donc lieu de distinguer une première et une deuxième royauté. Cette évolution abstraite est toutefois nécessaire dans l'histoire des États vraiment indépendants ; chaque constitution correspond aux phases de cette évolution. La constitution n'est donc pas une affaire de choix, elle est chaque fois celle qui convient précisément à l'esprit du peuple.

L'essentiel, quand il s'agit de constitution, c'est la formation de l'état rationnel, c'est-à-dire politique : ici, les moments du concept sont libérés, les forces particulières se différencient et s'achèvent en elles-mêmes, mais collaborent en même temps librement en vue d'une seule fin et se maintiennent par celle-ci, formant un tout organique. Ainsi l'État est la liberté rationnelle qui se sait objective et existe pour elle-même. Car l'objectivité de la liberté consiste en ceci : d'une part ses moments ne sont pas des virtualités idéelles, mais existent effectivement dans une réalité bien déterminée d'autre part l'activité qu'ils consacrent à eux-mêmes directement se convertit en une activité qui produit et réalise la totalité, l'âme, l'unité individuelle [de l'ensemble].

Disons encore que l'État en question se trouve en relations avec d'autres États, qu'il est indépendant et autonome. L'honneur des peuples est leur indépendance. Pour préciser cette pensée, il faudrait de plus amples développements, mais nous devons y renoncer. En revanche, il importe de distinguer entre les principes qui valent dans les relations réciproques des États et le principe qui prévaut dans leurs relations à l'intérieur de l'histoire du monde. Ce qui prévaut ici est le *droit de l'Esprit absolu* et les seules relations qui méritent considération sont celles qui font valoir un principe supérieur de l'Esprit. Mais aucun État ne peut se réclamer d'un tel droit. Les États singuliers se présupposent comme individus indépendants, et l'indépendance de chaque État n'est respectée que dans la mesure où l'indépendance de tous les autres est présupposée. De telles relations peuvent être fixées par des traités et sur ce point les raisons juridiques *doivent* être au moins décisives. Mais dans l'histoire du monde un tout autre droit se fait valoir et il s'affirme aussi dans la réalité, dans les rapports par exemple entre les peuples civilisés et les hordes barbares. De même, dans les guerres de religion, s'affirme un principe sacré qui réduit les droits des autres peuples à quelque chose de subordonné, de moins légitime. Il en a été ainsi jadis chez les Musulmans et, théoriquement, il en est ainsi encore aujourd'hui. Les Chrétiens aussi ont revendiqué pour leur religion un tel droit supérieur chaque fois qu'ils voulurent convertir par la guerre les peuples païens. Le droit et le tort abstraits n'ont aucune validité dans de telles situations, mais celles-ci se produisent uniquement dans des sociétés qui ignorent l'état de droit proprement dit. Ce qui prévaut dans de telles situations est inappliquables dans toutes les relations entre États vraiments indépendants. Inversement les normes dont la validité présuppose l'existence d'un état de droit, ne peuvent être appliquées à un état de choses qui ne mérite pas le nom d'état de droit. Il en résulte que les principes des États et les normes du droit des États ne nous concernent pas ici. Ce que nous devons considérer, c'est le droit que l'Esprit du Monde possède en face des différents États.

NOTES

1. Allusion au poème de Gœthe (*Jahreszeiten* N° 76) : *Was ist heilig? Das ist's was viele Seelen zusammen bindet* (Qu'est-ce que le sacré? C'est ce qui relie plusieurs âmes ensemble).

2. C'est la vieille théorie de Kritias (Diels B, 25,10) et de Polybe (Hist. VI, 56.)

III

LE COURS DE L'HISTOIRE

I. LE PRINCIPE DE L'ÉVOLUTION

● Le changement abstrait qui s'opère dans l'histoire a déjà été représenté d'une manière générale comme un progrès vers le mieux, le plus parfait. Dans la nature, les changements quelle qu'en soit la diversité infinie, montrent un cycle qui toujours se répète : rien de nouveau sous le soleil, et en ce sens le jeu polymorphe des formes naturelles n'est pas exempt de monotonie. Il ne se produit du nouveau que dans les changements qui ont lieu dans le domaine spirituel. Ce qui apparaît dans le domaine spirituel manifeste chez l'homme une autre détermination que celle qui régit les choses simplement naturelles. Celles-ci sont soumises à une seule détermination ; elles présentent toujours le même caractère stable qui efface le changement et le réduit à quelque chose de subordonné. En revanche, la détermination qui apparaît chez l'homme, est une véritable aptitude au changement et plus précisément, comme il a été dit, une aptitude de devenir meilleur, plus parfait : une impulsion vers la *perfectibilité*. Ce principe qui légitime le changement a été mal accueilli par certaines religions comme le catholicisme, par certains États aussi qui affirment comme leur droit effectif d'être statiques ou tout au moins stables. Si l'on reconnaît en général l'instabilité des choses de ce monde, notamment des États, on en exclut en partie la religion en tant que religion de la Vérité ; il est permis aussi d'attribuer en partie les changements, révolutions et destructions de ce qui a été légitime, au hasard, aux maladresses, mais surtout à la légèreté d'esprit, à la corruption et aux passions perverses des hommes. En effet, la perfectibilité est presque aussi indéfinissable que la mutabilité en général ; elle est sans but ni fin : le meilleur, le plus parfait qu'elle postule, est tout à fait indéterminé.

Mutabilité, perfectibilité, évolution

■ Il est essentiel de noter que la marche de l'Esprit est un progrès : c'est une idée bien connue, mais qui a été, comme nous l'avons dit, fréquemment combattue. La raison en est qu'elle semble s'opposer à l'état d'esprit qui convient à un ordre tranquille, à la constitution et à la législation existantes. Certes, l'ordre établi exige le plus haut respect et toutes les activités doivent contribuer à son maintien. L'idée du progrès est insatisfaisante parce qu'elle est présentée sous une forme qui implique que la perfectibilité de l'homme signifie qu'il a réellement la possibilité, voire l'obligation de devenir meilleur. Il s'ensuit que l'ordre établi n'est pas considéré comme quelque chose de suprême ; c'est au contraire le changement qui reçoit cet attribut. A la base de cette représentation on ne trouve que l'idée du perfectionnement — idée aussi indéterminée que celle de la mutabilité [*Veränderlichkeit*]. Elle ne nous fournit ni le critère qui nous permettrait de mesurer le changement ni le critère qui nous permettrait de comprendre dans quelle mesure ce qui existe est substantiel et juste. On n'y trouve aucun principe d'exclusion ; elle ne pose aucun but, aucune finalité précise ; le changement est l'unique permanence qu'elle laisse subsister, l'unique précision qu'elle peut comporter. L'idée de l'éducation du genre humain (Lessing) est spirituelle, mais elle n'a que des rapports fort lointains avec ce dont il est question ici. Dans toutes ces représentations, le progrès apparaît sous la forme du quantitatif. Des connaissances toujours plus nombreuses, une culture de plus en plus raffinée : on n'y trouve que des comparaisons de ce genre. On peut continuer ainsi à l'infini sans fournir la moindre détermination précise, sans rien dire de qualitatif. La chose même, le qualitatif, existe déjà, mais on ne dit pas quel est le but qui doit être atteint : cela reste complètement indéterminé. Mais, lorsqu'il est question du progrès, le quantitatif n'a justement aucun sens. Le but qui doit être atteint, doit être connu. L'Esprit dans son activité en général est ainsi fait que ses productions et ses métamorphoses doivent être considérées et connues comme des changements qualitatifs.

● Le principe de l'*évolution* a un sens plus précis : il implique qu'il existe à la base de l'évolution une disposition interne, une présupposition existant *en soi*, qui se réalise dans l'existence. Cette détermination formelle est essentielle : l'Esprit qui a l'histoire universelle pour théâtre, propriété et champ de réalisation, ne se plaît pas au jeu extérieur des contingences, mais il est bien plutôt le [*facteur*] déterminant absolu. Son essence propre est de nier les contingences qu'il utilise à son gré et qu'il domine. Toutefois, l'évolution convient aussi aux objets naturels organiques. En effet, leur existence n'est pas une existence simplement immédiate, modifiable seulement par l'extérieur ; elle émane d'un principe interne invariable, d'une entité simple qui existe d'abord dans la simplicité du germe, mais qui produit ensuite par elle-même des différences [*organes* etc.] qui entrent en relation avec d'autres objets, provoquant ainsi un processus continuel de transformation. Or, en même temps, ce processus se retourne aussi bien en son contraire et se transforme lui-même [en moyen] de conservation du principe organique et de sa forme. Ainsi l'individu organique se produit lui-même, il se fait ce qu'il est en soi. De même, l'Esprit n'est que ce qu'il fait, et il se fait ce qu'il est en soi. Cette évolution de l'individu organique se produit de façon immédiate, sans opposition, ni obstacle. Rien ne peut s'immiscer entre le concept et sa réalisation, entre la nature du germe déterminé en soi et l'existence qui lui convient. Dans l'Esprit, c'est différent. Le passage de sa détermination à sa réalisation a lieu grâce à la conscience et à la volonté, lesquelles sont tout d'abord immergées dans leur vie naturelle immédiate. Pour objet et but, elles ont d'abord la détermination naturelle comme telle ; du fait que c'est l'Esprit qui l'anime, celle-ci est elle-même d'une exigence, d'une puissance et d'une richesse infinies. Ainsi l'Esprit s'oppose à lui-même en soi. Il constitue pour lui-même le véritable obstacle hostile qu'il doit surmonter. L'évolution, en tant que telle est [dans la nature] une calme éclosion car elle est à la fois une extériorisation et une conservation de l'égalité et de l'identité avec soi-même. Pour l'Esprit, elle constitue une lutte dure, infinie, contre lui-même. Ce que l'Esprit veut, c'est atteindre son propre concept ; mais lui-même se le cache et dans cette aliénation (*Entfremdung*) de soi-même, il se sent fier et plein de joie.

De cette manière, l'évolution n'est pas une simple éclosion sans peine et sans lutte, comme celle de la vie organique, mais le travail dur et forcé sur soi-même. En outre, elle n'est pas une évolution au sens formel du terme, mais la production d'une fin d'un contenu déterminé. Cette fin, nous l'avons définie dès le début : c'est l'Esprit tel qu'il est dans son essence, le concept de la liberté. Cela est l'objet fondamental et par conséquent le principe conducteur de l'évolution, ce qui lui donne son sens et son importance. Ainsi, dans l'histoire romaine, Rome est l'objet et par conséquent le fil conducteur dans la considération des faits. Inversement, l'événement émane uniquement de cet objet ; s'il a un sens et un contenu, c'est uniquement par rapport à lui et en lui. Il y a dans l'histoire du monde plusieurs grandes époques qui sont passées sans que l'évolution ait paru se poursuivre ; tout l'immense gain de la culture a été plutôt détruit et l'on a dû par la suite recommencer malheureusement par le début pour atteindre, avec le maigre secours de quelques ruines sauvées de ces trésors, et au moyen d'une immense dépense renouvelée de forces et de temps, de crimes et de misères, l'une des régions que cette culture avait depuis longtemps conquises. Il existe de même des évolutions qui n'ont pas été interrompues, des édifices et systèmes de cultures riches, parachevés, formés d'éléments originaux. Le principe purement formel de l'évolution ne peut donner la préférence à l'une [de ces formes] plutôt qu'à l'autre, ni faire comprendre le but de la ruine de ces époques antérieures de l'évolution. Il doit plutôt considérer ces processus, en particulier les régressions, comme des contingences extérieures ; de même, il ne peut juger leurs avantages respectifs que d'après des points de vue indéterminés ; en outre précisément parce qu'il tient l'évolution pour la seule chose qui importe, ses doints de vue sont des fins relatives et nullement absolues.

Le progrès

■ Il est conforme au concept de l'Esprit que l'évolution de l'histoire se produise dans le temps. Le temps contient la détermination du négatif. Pour nous il est quelque chose de positif, un fait positif ; mais il peut aussi signifier le contraire. Cette relation avec le néant est le temps, et cette relation est telle que nous pouvons non seulement la penser, mais aussi la saisir par l'intuition sensible. Le temps est cette matérialité sensible (*das Sinnliche*) totalement abstraite. Quand le néant ne fait pas irruption dans quelque chose, nous disons qu'elle dure. Si nous comparons les modifications de l'Esprit et de la nature, nous voyons que, dans celle-ci, l'être singulier est soumis au changement tandis que les espèces demeurent immobiles. Ainsi la planète abandonne telle ou telle place, mais sa trajectoire est fixe. Il en est ainsi des espèces animales. Le changement est un mouvement circulaire, une répétition du même. Tout est constitué par des cycles, et c'est à l'intérieur de ces cycles, parmi les individus, que le changement a lieu. Dans la nature, la vie, qui sort de la mort, est elle-même à son tour une vie singulière, et si nous considérons l'espèce comme ce qu'il y a de substantiel dans ce changement, alors le déclin de l'individu est une rechute de l'espèce dans la singularité. La conservation de l'espèce n'est que la répétition uniforme du même mode d'existence. Il en est autrement avec les formes spirituelles. Ici, le changement ne s'opère pas à la surface mais dans le concept. C'est le concept lui-même qui est rectifié. Dans la nature, l'espèce ne fait aucun progrès, mais dans l'Esprit, chaque changement est un progrès. Certes, la série des formes naturelles détermine une progression graduelle depuis la lumière jusqu'à l'homme, si bien que chaque degré est une transformation du degré précédent, un principe supérieur issu du dépassement et du déclin du degré précédent. Mais, dans la nature, les moments de ce processus se séparent et tous les échelons singuliers coexistent l'un à côté de l'autre ; la transition n'apparaît qu'aux yeux de l'esprit pensant qui comprend cette connexion. La nature ne se comprend pas elle-même, et c'est pourquoi la négativité de ses formations n'existe pas pour elle. En revanche dans la sphère spirituelle, il devient manifeste que les formations supérieures ont été produites par l'élaboration des formations antérieures, inférieures. C'est pour cela que ces dernières ont cessé d'exister. Ce qui se manifeste dans le monde de l'Esprit est que chaque forme est la transfiguration de la forme précédente : c'est pourquoi l'apparition des formes spirituelles se fait dans le temps. L'histoire universelle est donc en général l'explicitation de l'Esprit dans le temps de même que l'Idée s'explicite dans l'espace comme nature.

En outre, les peuples en tant que formations spirituelles sont également, par un certain côté, des êtres naturels. Les diverses figures [des peuples] se manifestent également comme existant dans l'espace l'une à côté de l'autre, dans une indifférence réciproque et avec la même tendance vers la pérennité. Dans l'Ancien monde, le voyageur peut voir trois formations principales : le principe extrême-oriental qui a été le premier dans l'histoire (c'est le principe des Mongols, des Chinois, des Hindous), le monde musulman dans lequel le principe de l'Esprit abstrait, du Dieu unique, est certes présent mais en face se trouve l'arbitraire déchaîné, — et le monde chrétien de l'Europe occidentale. Ici le principe le plus haut, la connaissance de l'Esprit et de sa profondeur, est atteint. Cette série générale s'étale ici telle qu'elle se perpétue, mais dans l'histoire universelle il n'y a que des degrés qui se suivent. Le fait que les grands principes se perpétuent l'un à côté de l'autre n'implique nullement que toutes les formes qui ont existé dans le temps doivent perdurer. Nous pourrions par exemple exiger que le peuple grec avec son beau paganisme, etc ; ou le peuple romain soient également présents. Mais ces peuples sont morts. De même, à l'intérieur de chaque peuple, il existe des formes qui ont disparu malgré le fait que ce peuple subsiste encore. La raison pour laquelle elles ont disparu et ne se perpétuent pas dans l'espace est une chose que seule leur nature particulière peut expliquer : l'histoire universelle est le lieu de cette explication. Une des leçons de l'histoire est que seules les formes les plus générales continuent d'exister tandis que les plus déterminées ont dû nécessairement disparaître à cause de leur inquiète vitalité.

La définition générale du progrès est que celui-ci constitue une succession d'étapes (*Stufenfolge*) de la conscience. L'homme commence par être un enfant, avec une conscience obscure du monde et de lui-même.

Nous savons qu'en partant de cette conscience empirique, il doit parcourir plusieurs étapes avant d'arriver au savoir de ce qu'il est en soi et pour soi. L'enfant commence par la perception sensible ; en partant de là, l'homme passe à l'étape de la représentation générale, puis à celle de la conception rationnelle et parvient enfin à connaître l'âme des choses, leur véritable nature. — En ce qui concerne l'élément spirituel, l'enfant vit d'abord dans un état de confiance à l'égard de ses parents et de ses proches dont il voit les efforts pour le guider vers le bien, et ce bien lui paraît avoir été prescrit d'une manière arbitraire. Une autre étape est celle de l'adolescence ; son signe distinctif est que l'homme cherche en lui-même son indépendance, qu'il s'appuie sur lui-même et apprend que ce qui est juste et éthique (*sittlich*), que ce qu'il doit essentiellement faire et accomplir, existe dans sa conscience. La conscience de l'homme contient des déterminations plus précises quant à ce qui est l'essentiel. Comme le progrès est une formation de la conscience, il s'ensuit qu'il n'est pas simplement quantitatif, mais une série ascendante (*Stufenfolge*) de relations diverses avec ce qui est essentiel.

Les quatre époques de l'histoire

● L'histoire universelle présente donc les *étapes* (*Stufengang*) de l'évolution du principe dont le contenu est la conscience de la liberté. Cette évolution se fait par *étapes* (*Stufen*) non seulement parce qu'elle n'est pas l'immédiateté de l'Esprit, mais aussi parce qu'elle est médiation en général, médiation de l'Esprit avec soi-même ; les différences qu'elle porte en elle-même sont la division et la différenciation de l'Esprit en soi-même. La détermination plus précise de ces étapes doit être donnée par la Logique quant à son caractère général, et par la Philosophie de l'Esprit quant à son caractère concret. En ce qui concerne cette considération abstraite, disons ici seulement ceci : la première étape en tant qu'étape de l'immédiateté coïncide avec l'état, déjà indiqué précédemment, où l'Esprit est enfoncé dans la naturalité et n'existe qu'en tant que singularité non libre (un seul est libre). La deuxième étape est celle où l'Esprit sort de ce premier état et arrive à la conscience de sa liberté. Mais ce premier arrachement est imparfait et partiel (quelques-uns sont libres) car il provient de la naturalité médiate, se rapporte à celle-ci et en est encore affecté comme par l'un de ses moments. La troisième étape est l'élévation de cette liberté encore *particulière* à la pure universalité (l'homme est libre en tant qu'homme), à la conscience de soi et au sentiment de soi de l'essence de la spiritualité (*Geistigkeit*).

■ La première époque dans laquelle nous considérons l'Esprit, doit être assimilée à l'esprit enfantin. Ici règne la prétendue unité avec la nature que nous trouvons dans le *monde oriental*. Cet esprit naturel est celui qui demeure encore dans la nature, qui n'est pas encore auprès de soi et par conséquent n'est pas encore libre et n'a pas connu le processus de la liberté. Dans cette condition de l'Esprit nous trouvons également des États, des Arts, les premiers commencements des sciences ; mais tout cela se tient encore sur le terrain de la nature. Dans ce premier monde patriarcal, l'Esprit est quelque chose de substantiel ; l'individu vient s'y ajouter comme un simple accident. A la volonté de l'unique [maître] tous les autres sont attachés, en tant qu'enfants, en tant que subordonnés.

La seconde condition de l'Esprit est celle de la séparation, de la réflexion de l'Esprit en soi, la sortie hors de l'état de la simple obéissance et de la simple confiance. Cette condition se scinde en deux. La première est celle de l'adolescence de l'Esprit ; il a une liberté pour soi, mais celle-ci est encore liée à la substantialité. La liberté n'a pas obtenu sa seconde naissance dans les profondeurs de l'Esprit. Ce monde est le *monde grec*. La deuxième condition est celle de l'âge viril de l'Esprit. Ici l'individu a des buts pour soi, mais il ne les atteint qu'en se mettant au service d'un Universel, de l'État. Ce monde est le *monde romain*. L'opposition qui domine ici est celle de la personnalité de chaque individu et du service pour l'Universel.

Le quatrième moment est l'ère germanique, le *monde chrétien*. S'il était possible de maintenir dans ce cas aussi la comparaison entre l'Esprit et l'individu, cette époque pourrait être appelée la vieillesse de l'Esprit. Le caractère propre de la vieillesse est qu'elle vit dans le souvenir du passé, non dans le présent : en ce sens, la comparaison est impossible. L'individu, tel qu'il est déterminé par sa négativité, appartient à l'élément terrestre et disparaît. Mais l'Esprit rentre dans son concept. A l'époque chrétienne, l'Esprit divin est venu dans le monde, a pris place dans l'individu qui est maintenant complètement libre et possède en soi une liberté substantielle. C'est la conciliation de l'Esprit objectif avec l'esprit subjectif. S'étant scindé dans son concept, s'étant engagé dans la direction de la subjectivité, l'Esprit est sorti de l'État de nature. Maintenant il s'est concilié et uni avec son concept. — C'est là l'a priori de l'histoire auquel l'expérience doit correspondre.

● Ces étapes sont les principes fondamentaux du processus général. A l'intérieur de chaque étape a lieu cependant un processus qui se présente à la fois comme le processus qui lui donne la forme (*Gestalten*) et comme la dialectique qui le fait passer dans un autre (*Dialektik ihres Ubergangs*). Mais l'examen des modalités de ces processus doit être réservé pour plus tard.

Disons seulement que l'Esprit *commence* par son infinie possibilité, simple possibilité il est vrai, mais pui enferme son contenu absolu comme l'En-soi et qose la fin et le but que l'Esprit n'atteindra que dans son résultat — résultat qui sera alors sa seule réalité. Dans l'existence, la succession apparaît ainsi comme une progression de l'imparfait vers le plus parfait, et l'imparfait ne doit pas être saisi abstraitement comme seulement imparfait, mais comme ce qui contient également en soi, comme germe et comme tendance

(*Trieb*), le contraire de soi-même, à savoir ce qu'on nomme le parfait. La possibilité indique, tout au moins par réflexion, quelque chose qui doit se réaliser, et la *dynamis* d'Aristote est aussi *potentia*, force et puissance. L'imparfait, en tant qu'il est en soi le contraire de soi-même, est la contradiction qui existe réellement mais qui est tout aussi bien supprimée et résolue : elle est la tendance qui pousse la vie spirituelle à briser l'écorce de la naturalité, de la matérialité sensible (*Sinnlichkeit*), et sa propre altérité (*Fremdheit*) pour parvenir à la lumière de la conscience c'est-à-dire à elle-même.

2. LE DÉBUT DE L'HISTOIRE

Critique du « primitivisme » romantique

● Nous avons déjà indiqué d'une façon générale quelle doit être la manière de concevoir selon le Concept le début de l'histoire de l'Esprit. C'était à propos de l'idée d'un certain état de nature dans lequel la liberté et le droit auraient existé ou existeraient d'une façon parfaite. Pourtant, il ne s'agissait alors que d'un fait historique hypothétique construit à la lumière d'une réflexion féconde en suppositions. Or une tout autre présomption — fondée non pas sur une hypothèse forgée par la pensée mais sur un fait historique attesté par un témoignage supérieur — a engendré une autre idée que certains milieux ont largement mise en circulation. Il s'agit derechef de l'état primitif de l'homme au paradis, que les théologiens ont déjà interprété à leur manière (Dieu par exemple aurait parlé hébreu avec Adam) et qu'on redonne aujourd'hui sous une forme correspondant à d'autres besoins. ■ On affirme l'existence d'un peuple primitif qui serait à l'origine de toutes les sciences et de tous les arts qui nous furent transmis (Schelling ;

Schlegel : *Langue et sagesse des Hindous*). Ce peuple primordial aurait précédé l'espèce humaine proprement dite et se perpétuerait dans les anciennes légendes sous les images des dieux ; de sa haute culture nous pourrions trouver les vestiges déformés dans les mythes des plus anciens peuples. La condition de ces derniers, telle qu'elle apparaît dans l'histoire, serait alors la régression de cet état de haute culture. Cette théorie, nous dit-on, est une exigence de la philosophie et elle s'appuie sur des indices historiques. ● La haute autorité dont on se réclame est tout d'abord le récit biblique. Mais celui-ci représente l'état originel seulement sous les quelques traits peu nombreux que l'on connaît ; d'autre part, ce qu'il présente comme l'état originel et son altération est ou bien l'homme en général — ce serait là la nature humaine en général — ou bien Adam seul, si l'on considère Adam comme un individu et, par conséquent, comme une personne unique, ou bien un seul couple humain, si l'on considère Adam comme deux personnes. Rien ne nous autorise à imaginer un peuple ayant existé dans cette forme primordiale et un état historique de ce peuple, encore moins l'élévation [de ce peuple] à une pure connaissance de Dieu et de la Nature. On imagine qu'au commencement la nature s'est présentée ouverte et transparente, comme un limpide miroir de la création divine, devant le clair regard de l'homme * et que la vérité divine s'est révélée à lui. On indique cependant, bien que d'une manière obscure et confuse, que cet état primordial comportait une connaissance précise et déjà étendue de vérités religieuses, immédiatement révélées par Dieu. Historiquement, toutes les religions auraient leur origine dans cet état, mais en obscurcissant et en voilant cette vérité première avec les produits monstrueux de l'erreur et de l'absurdité. Mais dans toutes les mythologies de l'erreur les traces subsisteraient de cette origine et de ces premières doctrines religieuses, et il s'agit désormais

* Fr. v. Schlegel : *Philosophie de l'histoire* I, 44-1re édition.

de les connaître. L'intérêt que présente l'étude des peuples anciens consiste donc essentiellement en ce qu'elle peut remonter jusqu'au point où il est possible de retrouver dans une pureté plus grande les fragments de la première connaissance révélée *. Nous devons beaucoup à l'intérêt suscité par ces recherches ; mais cette recherche témoigne directement contre elle-même, car il s'agit de prouver d'abord historiquement ce qu'elle présuppose comme fait historique. Du reste, les dates historiques sont brouillées et finissent par disparaître totalement. Toutes ces idées : l'idée d'un tel état caractérisée par la connaissance de Dieu (*Zustand der Gotteserkenntniss*) et diverses connaissances scientifiques, par exemple les connaissances

* Nous devons à cet intérêt beaucoup de découvertes estimables en matière de littérature orientale et une étude nouvelle des trésors précédemment recueillis concernant l'Asie antique, ses conditions, sa mythologie, ses religions, son histoire. Dans les pays catholiques cultivés le gouvernement ne s'est pas soustrait plus longtemps aux exigences de la pensée et a éprouvé le besoin de faire alliance avec la science et la philosophie. Avec éloquence et autorité l'abbé Lamennais a mis au nombre des critères de la vraie religion qu'elle doit être *universelle*, c'est-à-dire *catholique*, et la plus *ancienne*, et en France la Congrégation a travaillé avec zèle et application à ce que de telles affirmations ne soient plus traitées comme autrefois de tirades du haut de la chaire et d'affirmations d'autorité. La religion énormément répandue du Bouddha, un homme-Dieu, a attiré l'attention. La Trimûrti hindoue était en son fond plus claire de même que l'abstraction chinoise de la Trinité. Les savants M. Abel Rémusat (1) et M. Saint-Martin (2) ont fait les recherches les plus méritoires en littérature chinoise ; partant de là ils abordèrent la littérature mongole et ils s'étendraient jusqu'à la littérature thibétaine si cela était possible. De son côté et selon sa manière, c'est-à-dire en utilisant superficiellement les représentations et les procédés de la philosophie allemande de la nature à la façon et à l'imitation de Fr. von Schlegel, mais plus intelligemment que lui (ce qui ne lui a valu le moindre succès en France) le baron d'Eckstein (3) a prêté son appui dans son journal *Le Catholique* à ce catholicisme primitif. Grâce à lui les activités scientifiques de la Congrégation ont pu bénéficier des subsides du gouvernement, en sorte que même des voyages en Orient furent organisés pour la découverte des trésors encore cachés dont on espérait tirer de nouveaux éclaircissements sur les doctrines les plus profondes, en particulier sur la plus ancienne histoire et les sources du bouddhisme. On a cru servir la cause du catholicisme par ce détour assurément long mais intéressant pour les savants.

astronomiques (faussement attribuées aux Hindous par des astronomes même comme Bailly *, l'idée qu'un tel état se soit trouvé au début de l'histoire ou qu'il ait été à l'origine des traditons dont sont parties les religions des peuples : l'idée que l'évolution de ces religions n'a été qu'une déchéance et une dégénérescence progressive (selon l'image qu'en donne le sytème grossièrement conçu qu'on appelle système émanatiste), — toutes ces idées ne sont que des hypothèses qui n'ont pas de fondement et qui ne pourront jamais en avoir un tant que nous pourrons opposer le concept à l'opinion subjective dont elles sont issues.

■ L'élément philosophique dans cette idée de la perfection originelle est qu'elle montre que l'homme n'a pas pu commencer par un état de torpeur animale. Cela est vrai : l'homme ne pourrait évoluer en partant d'un état animal. Mais il a pu évoluer en partant d'un état de torpeur humaine. Une humanité animale c'est tout autre chose que l'animalité. C'est l'Esprit qui a déclenché l'histoire, bien que l'Esprit soit d'abord en soi ; il est Esprit naturel mais il porte pleinement la marque de l'humanité. L'enfant n'a aucune rationalité ; mais il a la possibilité de devenir rationnel. En revanche, l'animal n'a aucune possibilité de prendre conscience de lui-même. Dans les plus simples mouvements de l'enfant il y a déjà l'humanité. Ses premiers gestes, ses cris sont déjà loin de l'animalité. L'homme a toujours été une intelligence, mais dire que dans son état primitif l'homme a eu la pure conscience de Dieu et de la nature, qu'il est parvenu d'emblée au centre de toutes les choses — sciences et arts — que nous avons péniblement conquises, c'est

* Bailly (Histoire de l'astronomie ancienne, 1775) s'est référé avec une connaissance superficielle à l'astronomie des Hindous. Actuellement on sait que les Hindous possédaient bien des connaissances astronomiques (cf. Lambert : *Lettres cosmologiques* 1761) ; ainsi les brahmines calculaient, suivant des formules dépourvues de pensée, les éclipses solaires. Or l'Esprit qui a certainement existé — bien que de façon mécanique, dans ces formules, en a depuis longtemps disparu. En général, les méthodes que leur attribue la tradition ne possèdent pas l'excellence qu'on leur reconnaissait autrefois.

ignorer totalement ce qu'est l'intelligence et la pensée. C'est ignorer que l'Esprit est ce mouvement infini : ἐνέργεια, ἐντελέχεια (énergie, activité), qui ne s'arrête jamais qui a abandonné cet état primitif et se trouve poussé vers un état autre qu'il prépare et trouve en lui par son travail. C'est par son travail que l'Esprit pose devant soi l'Universel, son Concept, et devient réel. Cela n'est pas un état primitif, mais l'état final. Les usages, les lois, les institutions, les symboles des anciens peuples sont des enveloppes qui cachent des idées spéculatives, dans la mesure où ils sont les produits de l'Esprit. Mais la réalité intérieure de l'Idée et le fait qu'elle se connaît elle-même et se saisit dans la forme qui lui est propre, sont des choses tout à fait différentes. La connaissance spéculative de l'Idée ne peut pas être un fait du passé ; c'est le fruit de l'effort le plus haut, le plus abstrait de l'Esprit.

La préhistoire

● Il sied à la considération philosophique et il est digne d'elle de ne commencer l'étude de l'histoire que là où la Raison (*Vernünftigkeit*) commence à pénétrer dans le monde : non là où elle n'est qu'une possibilité en soi, mais là où elle apparaît dans la conscience, dans la volonté et l'action. La réalité inorganique de l'Esprit — l'état où il est inconscient de la liberté, c'est-à-dire du bien et du mal, donc des lois — est un état de torpeur qu'on peut juger sauvage ou non sauvage, qu'on peut même déclarer excellent : en fait, il n'est pas même objet de l'histoire. L'éthique à la fois naturelle et religieuse est la piété familiale. Dans une telle société l'élément éthique consiste justement en ceci que ses membres ne se comportent pas, les uns à l'égard des autres, comme des individus doués d'une libre volonté, comme des personnes ; c'est pourquoi la famille en elle-même est hors de l'évolution qui produit l'histoire. Mais si l'unité spirituelle s'élève au-dessus de cette sphère du sentiment et de l'affection naturelle et parvient à la conscience personnelle, alors se crée ce centre obscur et aride [le moi] dans lequel ni la nature ni l'Esprit ne sont ouverts et transparents et pour lequel ils ne pourront le devenir que grâce au long labeur de culture qu'accomplira, bien de temps après, cette même volonté (libre) devenue consciente d'elle-même. En effet, seule la conscience est l'Ouvert (*das Offene*) : ce à quoi Dieu et toute chose peuvent se révéler (*offenbaren*) et ils ne peuvent se révéler dans leur vérité et leur universalité étant en soi et pour soi que seulement à la conscience devenue réfléchissante. La liberté consiste uniquement à savoir et à vouloir des objets universels, substantiels, comme le droit et la loi, et à créer une réalité qui leur est conforme : l'État.

Avant de parvenir à leur propre destination, les peuples ont pu vivre longtemps sans organisation étatique, tout en réalisant un important développement dans certains domaines. Cette *préhistoire* est, comme nous l'avons dit, en dehors de notre propos, qu'elle ait été suivie d'une vraie-histoire ou que les peuples ne soient pas du tout arrivés à former un État. La découverte, faite il y a vingt et quelques années, du sanscrit et du lien qui le rattache aux langues européennes, a été une grande découverte historique semblable à celle d'un monde nouveau. Elle nous a suggéré en particulier l'idée d'une liaison historique des peuples germaniques avec les peuples de l'Inde ; c'est là une thèse qui comporte toute la certitude qu'on peut exiger en de telles matières. Encore à l'heure actuelle nous connaissons des peuplades qui forment à peine une société, encore moins un État, mais dont nous savons qu'elles existent depuis longtemps. D'autres peuples éminemment intéressants à cause de leur condition évoluée, ont des traditions qui remontent au delà de la fondation de leur État et plusieurs transformations ont eu lieu chez eux avant cette date. Nous avons déjà mentionné le lien qui existe entre les langues de peuples très éloignés dans l'espace et très différents — non seulement aujourd'hui mais depuis les temps les plus anciens qui nous sont connus — tant sur le plan de la religion, de la Constitution et de l'éthique que sur celui de toute leur culture aussi bien spirituelle que matérielle. Cela nous met en présence d'un résultat signifiant d'une part que ces nations se sont répandues en partant de l'Asie, d'autre part, que cette parenté originelle a donné lieu par la suite à des évolutions disparates. C'est là un fait indiscutable et il n'est pas dû à la combinaison sophistique des circonstances grandes ou minuscules, si en vogue aujourd'hui, qui a enrichi l'histoire de tant de fabulations données pour des faits et qui contribuera d'ailleurs à le faire étant donné que d'autres combinaisons des mêmes circonstances avec d'autres sont également possibles. Or ce processus, qui paraît en soi d'une portée si vaste, tombe en dehors de l'histoire : il l'a précédée.

Conditions de la conscience historique

En notre langue, le mot *histoire* unit le côté subjectif et le côté objectif et signifie aussi bien *historiam rerum gestarum* que *res gestas*, aussi bien le récit historique que l'événement, les actes et les faits. Cette union des deux significations doit être considérée comme quelque chose de plus qu'une simple contingence extérieure. Il faut penser que le récit historique apparaît en même temps que les actes et les événements historiques, proprement dits : c'est un commun fondement interne qui les fait surgir ensemble. Souvenirs de famille, traditions patriarcales présentent un intérêt à l'intérieur de la famille, de la tribu. Le cours uniforme de leur mode d'existence n'est point objet de mémoire ; des actes remarquables ou des tournants de la destinée peuvent toutefois pousser Mnémosyne à retenir leur image, de même que l'amour et le sentiment religieux incitent la fantaisie à donner une forme à leur poussée primitivement informe. En revanche, seul l'État peut fournir un contenu qui n'est pas seulement propre à la prose de l'histoire, mais qui contribue lui-même à la produire. Une communauté qui se consolide et s'élève à l'État exige au lieu d'ordres subjectifs, suffisants pour les besoins du moment, des commandements, des lois, des déterminations générales et universellement valables ; elle produit ainsi, comme un besoin vital, le besoin d'exposer les actes et les faits qui sont raisonnables, déterminés en soi et durables pour eux-mêmes dans leur résultat : c'est le but perpétuel, la tâche encore actuelle de former et de constituer l'État qui amènent Mnémosyne à leur conférer la durée du souvenir. En général, le sentiment profond, l'amour par exemple, ensuite l'intuition religieuse et ses images, ont en eux-mêmes une présence totale et portent en eux-mêmes leur propre satisfaction. Or l'existence de l'État avec ses lois et coutumes rationnelles est en même temps une existence extérieure, incomplètement présente, et a besoin, pour son intelligence et son intégration, de la conscience du passé.

Le temps (que nous pouvons imaginer comme des siècles et des millénaires) qui s'est écoulé avant l'apparition de l'histoire écrite, a pu être rempli de révolutions, de migrations, de transformations les plus violentes ; il fut toutefois sans histoire objective parce qu'il n'a laissé aucune histoire subjective, aucun récit historique. Ce n'est pas que [les documents] aient pu disparaître par hasard, dans une période aussi longue. Si nous n'en avons pas, c'est qu'il n'a pas pu en exister. C'est seulement dans l'État que, grâce à la conscience des lois, ont lieu des actions claires qui produisent à leur tour une conscience capable de les saisir clairement, qui éprouve le besoin et se donne la capacité de les conserver de cette manière. Il est frappant pour tous ceux qui commencent à se familiariser avec les trésors de la littérature hindoue, que ce pays, si riche en œuvres spirituelles très profondes, n'ait point d'histoire, formant ainsi avec la Chine le plus vif contraste, puisque celle-ci possède une histoire remarquable, remontant aux époques les plus anciennes. L'Inde ne possède pas seulement d'anciens livres religieux et des œuvres poétiques éclatantes, mais aussi de vieux livres de lois. Une des conditions de la formation de l'histoire que nous avons postulées, y est donc présente, et cependant elle n'a pas d'histoire. Mais, dans ce pays, l'organisation de la différenciation sociale s'est, dès ses premiers pas, pétrifiée dans les déterminations naturelles (castes) en sorte que si les lois contiennent des droits civils, elles les font dépendre de cette différenciation attribuée à la nature et déterminent surtout les compétences — les injustices (*Unrechte*) plutôt que les droits (*Rechte*) — des différentes classes dans leurs rapports réciproques, c'est-à-dire elles déterminent seulement les droits des classes supérieures contre les classes inférieures. Par là même, l'élément éthique (*Sittlichkeit*) se trouve banni de la splendeur de la vie hindoue et de ses royaumes. En dehors de l'esclavage dû à cet ordre stable et rigide comme la nature, tous les autres liens qui peuvent s'établir à l'intérieur de la société ne sont qu'arbitraire sauvage, agitation passagère ou plutôt déchaînement enragé dépourvu de tout but de progrès et d'évolution : il n'existe ainsi aucune commémoration pensante, aucun objet pour Mnémosyne, et une fantaisie, profonde sans doute, mais amorphe, s'agite sur un sol qui pour être capable d'histoire aurait dû trouver en soi un but solide, propre à la réalité et sinon à la liberté subjective, du moins à la liberté substantielle, c'est-à-dire à la liberté rationnelle en soi.

A cause de l'absence d'une telle condition de l'histoire, c'est donc sans histoire que s'est accomplie l'œuvre vaste, immense même, de l'accroissement des familles en tribus, des tribus en peuples ainsi que l'expansion qui a résulté de cet élargissement, toutes choses qui laissent supposer tant de complications, de guerres, de bouleversements et de ruines. Bien plus : pour la même raison, l'extension et le développement du règne de la parole — développement qui y est intimement lié — est demeuré lui-même muet et s'est fait d'une manière furtive. C'est un fait attesté par les monuments, que les langues, pendant l'état barbare des peuples, se sont développées au plus haut point : l'entendement se développant avec sagesse s'était appesanti sur ce domaine théorique. La grammaire développée et systématique est l'ouvrage de la pensée qui met en évidence ses catégories. C'est encore un fait établi qu'avec le progrès de la civilisation, de la société et de l'État, ce développement systématique de l'entendement perd sa force et que la langue en devient plus pauvre et plus grossière. C'est un phénomène caractéristique que le progrès, en se spiritualisant et en donnant naissance et forme à la rationalité, néglige cette minutie et cette prolixité intellectuelle, la trouve gênante et la rend superflue. La langue est l'*action* de l'*intelligence* théorique proprement dite, car elle en est la manifestation extérieure. Sans la langue, les activités du souvenir et de la fantaisie ne sont que des manifestations purement internes. Cependant cette action théorique en général, ainsi que son évolution ultérieure, concrètement liée à l'expansion des peuples, leur séparation, leur enchevêtrement et leurs migrations, demeure sous le voile indistinct d'un passé muet ; ce ne sont pas des actes d'une volonté devenant consciente d'elle-même, de la liberté se donnant une nouvelle extériorité, une véritable réalité. N'appartenant pas à cet élément qui est le vrai élément (de la Raison), toutes ces transformations n'ont pas été enregistrées par l'histoire, nonobstant le haut degré du développement linguistique. La précocité de la langue, l'avance et la dispersion des nations n'ont acquis de l'importance et de l'intérêt au regard de la Raison concrète qu'à partir du moment où ces nations sont entrées en contact avec des États ou ont commencé à former leur propre organisation étatique.

3. LE COURS DE L'ÉVOLUTION

● Après ces remarques qui ont porté sur la forme du *début* de l'histoire et la préhistoire qui doit en être exclue, il faut examiner de plus près le *caractère* de *sa marche*. Toutefois il ne s'agira ici que de son aspect formel ; la détermination approfondie de son contenu sera la tâche [du chapitre consacré à la] Partition de l'Histoire universelle.

Comme il a été déjà établi, l'histoire présente le développement de la conscience que l'Esprit a de sa liberté, et de la réalité produite par cette conscience. Le développement se révèle être un *processus par étapes* (*Stufengang*), une série de déterminations de plus en plus concrètes de la liberté émanant de son concept même, c'est-à-dire de la nature même de la liberté devenant consciente d'elle-même. La nature logique ou, mieux encore, dialectique du Concept en général est de se déterminer lui-même, de poser en soi des déterminations et de les supprimer et de les dépasser (*aufheben*) en acquérant par là une détermination positive plus riche et plus concrète. La nécessité de ce processus et la série nécessaire des pures déterminations abstraites du Concept sont traitées dans la Philosophie. Disons ici qu'en tant que distinct des autres, chaque degré a son principe particulier déterminé. Dans l'histoire, ce principe apparaît chaque fois comme la détermination de l'Esprit d'un peuple qui y exprime concrètement tous les aspects de la conscience et de son vouloir, toute sa réalité. Cette détermination constitue donc l'empreinte commune de sa religion, de sa constitution politique, de son éthique, de son système juridique, de ses mœurs aussi bien que de sa science, de son art, de son habileté technique et de l'orientation de ses activités industrielles. Ces particularités spéciales doivent être comprises à la lumière de cette particularité générale qu'est le principe propre d'un peuple ; inversement, dans la multiplicité des faits historiques on doit retrouver cette universalité particulière. Une particularité déterminée constitue donc l'originalité d'un peuple : voilà ce qui chaque fois doit être appréhendé empiriquement et démontré historiquement. Cela suppose non seulement une faculté d'abstraction exercée, mais aussi une connaissance intime du monde des idées. Il faut être familiarisée *a priori* avec la sphère où se meuvent ces principes, si l'on veut appeler ainsi [le domaine de l'histoire] de même que, pour citer le plus grand homme dans ce genre de connaissance, Kepler a dû connaître a priori les ellipses, les cubes, les carrés et leurs relations, avant même de pouvoir formuler, à partir des données empiriques, ses lois immortelles qui constituent précisément les déterminations tirées de cette sphère des représentations. Celui qui ignore ces déterminations élémentaires universelles ne peut pas plus comprendre ces lois qu'il n'aurait pu les découvrir, quand bien même il passerait sa vie à regarder le ciel et le mouvement de ses astres. C'est cette ignorance des idées concernant la formation progressive de la liberté qui est à l'origine d'une partie des reproches qu'on adresse à toute tentative de considérer philosophiquement une science [l'histoire] qui d'ordinaire se veut empirique. Il s'agit toujours des prétendus apriorismes de la philosophie et des idées qu'elle introduit dans la matière historique. De telles déterminations posées par la pensée (*Gedankenbestimmungen*) apparaissent comme quelque chose d'étranger qui ne se trouve pas dans la chose même. Elles sont, certes, étrangères à la culture subjective qui n'a ni l'expérience ni l'habitude de la pensée, et elles ne se trouvent assurément pas dans l'image et l'idée qu'une intelligence aussi défectueuse se fait de la chose. On dit alors que la philosophie *n'entend rien* à ces sciences. La philosophie confesse qu'elle n'a pas l'entendement qui domine dans ces sciences, qu'elle ne procède pas suivant les catégories de cet entendement, mais suivant les catégories de la Raison, ce qui ne l'empêche pas de connaître la valeur et le rang de l'entendement. Or dans la démarche de l'entendement scientifique il est également important que l'*essentiel* soit distingué et séparé de ce qu'on nomme inessentiel. Pour y parvenir, il faut *connaître* l'essentiel : lorsqu'il s'agit de l'histoire considérée dans son ensemble, l'essentiel est, nous l'avons déjà dit, la conscience de la liberté ; de même, dans son évolution, ce sont les déterminations concrètes de cette conscience qui constituent l'essentiel. Se diriger sur ces catégories, c'est se diriger sur ce qui est vraiment essentiel.

Les objections plus directes qu'on élève contre l'usage de déterminations conçues dans leur universalité proviennent d'ordinaire de l'impuissance à concevoir et à comprendre les idées. Si, en histoire naturelle, on exhibe un spécimen monstrueux, mal venu ou hybride, pour contester la division en espèces et en classes, on peut à bon droit invoquer ce qu'on dit souvent dans le vague, à savoir que l'exception confirme la règle, c'est-à-dire qu'il lui incombe de montrer ou bien les conditions dans lesquelles elle se produit, ou bien la défectuosité et le mélange hybride qui résulte de la déviation du normal. L'impuissance de la nature est qu'elle ne peut pas défendre ses espèces et ses classes contre l'efficace d'autres facteurs élémentaires. De même, par exemple, que la considération concrète de l'organisme humain montre que (des organes comme) le cerveau, le cœur, etc. sont essentiels à sa vie organique, de même il est possible de citer l'exemple d'un avorton ou d'un monstre qui a une forme humaine, totalement ou en partie, qui a été engendré dans un corps humain, qui est né de lui, etc. et qui n'a pas de cœur ou qui n'a pas de cerveau. Si on se sert d'un tel exemple pour contester la condition normale de l'organisme humain, on réduit l'homme à un mot abstrait et on lui donne une définition superficielle. Tout autre est la représentation de l'homme concret, réel : celui-ci doit avoir un cerveau dans la tête et un cœur dans la poitrine.

Critique du formalisme anhistorique

On procède de semblable manière quand on dit, bien justement, que le génie, le talent, les vertus et les sentiments moraux, la piété, se peuvent trouver en tous lieux, sous toutes les constitutions et toutes les conditions politiques et qu'on peut en donner autant d'exemples qu'on voudra. Mais si on en infère que par rapport à ces qualités [universellement constatables] la différence [des degrés] de la conscience de soi de la liberté doit être tenue pour inessentielle et insignifiante, cela signifie que la réflexion reste attachée à des catégories abstraites et renonce au contenu déterminé — et il est vrai que ces catégories ne contiennent aucun principe pour (comprendre) ce contenu. La culture qui se plaît à de tels points de vue formels, offre un champ immense aux questions ingénieuses, à de doctes considérations, de frappants rapprochements, des réflexions faussement profondes et des déclamations qui sont d'autant plus brillantes qu'elles ont à leur disposition un domaine de plus en plus vague et qui peuvent toujours se renouveler et se modifier d'autant plus que leur effort pour aboutir à quelque grand résultat est de moins en moins capable de produire quelque chose de solide et de raisonnable. En ce sens, on peut comparer les épopées (?) hindoues bien connues à l'épopée homérique et leur donner la préférence puisque la grandeur de la fantaisie est censée prouver le génie poétique. De même, on s'est cru autorisé à reconnaître dans les figures de la mythologie hindoue des figures de la mythologie grecque, à cause de la ressemblance de quelques traits fantaisistes et de certains attributs des figures des Dieux. D'une façon analogue, la philosophie chinoise s'est acquis, du fait qu'elle a l'Un comme fondement, la réputation d'être la même que celle qui devait paraître plus tard sous le nom de philosophie éléate et de système spinoziste ; et comme elle aussi s'exprime au moyen de chiffres abstraits et de lignes, on a reconnu en elle la philosophie pythagoricienne, voire le dogme chrétien. Des exemples de courage, d'énergie persévérante, de traits de générosité, d'abnégation et de sacrifice de soi-même qui se rencontrent parmi les nations les plus sauvages comme les plus pusillanimes, sont considérés comme des preuves démontrant qu'il se trouve chez ces peuples autant sinon plus d'éthique et de moralité que dans les États chrétiens les plus civilisés, et ainsi de suite. A ce propos, on doute et on se demande si les progrès de l'histoire et de la civilisation ont rendu les hommes meilleurs, s'ils ont entraîné une augmentation de leur moralité (*Moralität*) — mais il s'agit ici d'une moralité basée uniquement sur l'intention et l'intelligence subjectives, sur ce que le sujet de l'action tient pour juste ou criminel, bon ou mauvais, et non sur ce qui est tel en soi et pour soi ou qui est regardé comme tel dans une religion particulière considérée comme la vraie religion.

Nous pouvons nous dispenser ici de montrer le formalisme et l'erreur de cette manière de voir et d'établir, contre la fausse moralité, les vrais principes de la moralité ou plutôt de l'éthique (*Sittlichkeit*). L'histoire se meut en effet sur un terrain plus élevé que celui où la moralité a proprement sa demeure et que constituent la morale privée (*Privatgesinnung*), la conscience (*Gewissen*) des individus, leur volonté propre et leur manière d'agir, toutes choses qui possèdent en elles-mêmes leur valeur et leur imputation, leur récompense et leur châtiment. Mais ce que la fin ultime existant en soi et pour soi de l'Esprit requiert et accomplit, ce que fait la Providence, se trouve au-dessus des obligations, des estimations et des prétentions dont relèvent les individus du point de vue de leur valeur éthique. Ceux qui ont résisté, par conviction éthique et donc par noblesse morale, à ce que le progrès de l'Idée de l'Esprit rendait nécessaire, se situent, du point de vue de la valeur morale, plus haut que ceux dont les crimes sont convertis, dans un ordre supérieur, en moyens d'exécution de la volonté de cet ordre supérieur. Mais, dans les bouleversements de ce genre, les deux partis se situent généralement à l'intérieur d'un monde en ruine ; il en résulte que le droit défendu par ceux qui se considèrent comme légalement justifiés, n'est qu'un droit formel, abandonné par l'Esprit vivant et par Dieu. Les actions des grands hommes, qui sont des individus appartenant à l'histoire universelle, paraissent ainsi justifiées, non seulement en raison de leur inconsciente signification intérieure, mais aussi au point de vue du monde. Ce point de vue implique d'ailleurs que les milieux moralisants (*moralische Kreisen*) n'ont aucun droit de poser des exigences à l'encontre des grandes actions historiques et de leurs auteurs, car ceux-ci n'y appartiennent pas. La litanie des vertus privées, modestie, humilité, amour du prochain, bienfaisance, ne doit pas leur être opposée. Du reste l'histoire universelle pourrait entièrement négliger la sphère où se situent la moralité et l'opposition — dont on a si souvent et si faussement parlé — entre la morale et la politique ; et cela, non seulement parce que l'histoire devrait s'abstenir de tout jugement — ses principes et le nécessaire rapport des actions à ceux-ci sont déjà en soi le jugement — mais parce que les individus en tant que tels n'entrent pas dans son jeu et qu'elle peut donc les passer complètement sous silence. En effet, ce qu'elle doit raconter ce sont les actes de l'Esprit des peuples ; les formes individuelles qu'il a revêtues dans l'extériorité de la réalité pourraient être abandonnées à l'historiographie proprement dite.

Le même formalisme opère avec des notions vagues telles que « génie », « poésie », « philosophie » et les retrouve uniformément en tout lieu. Ces termes sont des produits de la réflexion, et se mouvoir avec agilité parmi ces généralités — qui signifient et notent des différences essentielles, mais sans aller jusqu'au fond véritable de leur contenu — constitue en général la *culture*. Elle est quelque chose de formel dans la mesure où, faisant abstraction du contenu, elle ne se propose que de le diviser en ses parties constitutives et de les saisir dans des déterminations et des figures posées par la pensée (*Denkbestimmungen, Denkgestaltungen*). Dans la culture en tant que telle, il ne s'agit pas de la libre universalité et de sa transformation en un objet de la conscience. Une telle prise de conscience de la pensée même et de ses formes isolées de toute matière, c'est l'œuvre de la philosophie qui trouve, il est vrai, la condition de son existence dans la culture. Mais la culture consiste seulement à prendre un contenu déjà existant et à l'habiller de la forme de l'universalité ; en les prenant sous sa possession, la culture unit forme et contenu d'une manière tellement indissoluble que tel contenu qui, par l'analyse d'une représentation, s'amplifie en une foule de représentations et devient d'une richesse incalculable, devient pour elle un contenu purement empirique auquel la pensée n'aurait aucune part. Pourtant c'est bien un acte de la pensée et plus précisément de l'entendement aussi bien celui qui consiste à réduire un objet dont le contenu est en soi concret et riche, à une représentation simple (par exemple *terre, homme* ou *Alexandre, César*) désignée par un mot, que celui qui consiste à décomposer la même représentation, à isoler également dans la représentation, les déterminations qu'elle contient et à leur donner des noms particuliers. (J'ai dû faire cette remarque pour ne pas dire des choses vagues et vides sur la culture). Mais en ce qui concerne l'opinion qui a motivé ces considérations, il résultera clairement que de même que la réflexion produit ces généralités : « génie », « talent », « art », « science », etc. et se livre à des réflexions générales à leur sujet, de même la culture formelle, à chaque degré de l'évolution des formations spirituelles, non seulement *peut* mais doit apparaître, prospérer et s'épanouir quand à ce degré se constitue un État, quand donc on passe, sur cette base de la civilisation, à la réflexion de l'entendement et l'on s'élève, dans les lois comme en toutes choses, aux formes de l'universalité. La vie de l'État en tant que telle rend nécessaire la culture formelle et fait donc naître les sciences ainsi qu'un art et une poésie évolués. Les arts compris sous le nom d'arts plastiques exigent d'ailleurs, déjà au point de vue technique, une vie sociale civilisée. En revanche, la poésie, qui nécessite moins de besoins et de moyens externes puisqu'elle n'a comme matière qu'un élément directement produit par l'Esprit : la voix, se manifeste avec une audace sublime déjà dans l'état antérieur à l'unification juridique de la vie d'un peuple : ainsi qu'il a été dit précédemment, la langue atteint pour elle-même et en dehors de la civilisation, à un haut degré de culture intellectuelle.

La philosophie aussi doit apparaître dans la vie de l'État car, nous l'avons dit, c'est la forme propre à la pensée qui transforme un contenu en un contenu de culture. Or la philosophie n'est que la conscience de cette forme, la pensée de la pensée. Les matériaux de son édifice sont déjà préparés dans la culture générale ; et dans l'évolution même de l'État doivent apparaître des périodes qui contraignent l'esprit des natures supérieures à fuir le présent pour trouver dans le monde idéal la paix intérieure dont il n'est plus possible de jouir dans la réalité déchirée. Dès lors que l'entendement réfléchissant attaque toute la profondeur et la sainteté spontanément contenues dans les lois, la religion et les mœurs des peuples et qu'il les aplatit et les dissout dans des généralités abstraites et athées, la pensée est poussée à se transformer en raison pensante pour tenter de réaliser dans son propre élément la restauration de ce qui a été jeté en ruine.

Chez tous les peuples historiques on trouve certes une poésie, des arts plastiques, une science et aussi une philosophie ; ce qui diffère, ce n'est pas uniquement le ton, le style et la tendance en général, mais surtout le fond, et ce fond révèle la différence suprême, celle de la rationalité. Peu importe qu'une critique esthétique prétentieuse postule que le fond, c'est-à-dire l'élément substantiel du contenu, ne doit pas déterminer notre plaisir, mais que c'est seulement la forme belle comme telle, la grandeur de la fantaisie et des facteurs de ce genre, qui constituent le but de l'art et doivent attirer l'attention et faire la joie d'une âme libérale et d'un esprit cultivé. Lorsque le contenu est insignifiant, barbare, fantastique ou insensé, le bon sens se refuse d'en faire abstraction et trouver du plaisir dans de telles œuvres. Même si l'on se plaisait à mettre au niveau des épopées homériques celles de l'Inde, par déférence à leurs qualités formelles, par exemple la grandeur de l'invention et de l'imagination, la vivacité des images et des sentiments, la beauté du style, etc., l'immense différence du contenu demeure et avec elle la substantialité de la Raison qui ne s'intéresse qu'à la conscience du concept de la liberté et à son expression dans les individus. Il n'y a pas seulement une forme classique, mais il y a aussi un contenu *classique* ; d'ailleurs, forme et contenu sont si intimement unis dans une œuvre d'art que la forme ne peut être classique que dans la mesure où le contenu l'est aussi. Un contenu fantastique, illimité en soi — et le rationnel est précisément ce qui possède en lui-même sa mesure et sa fin — rend la forme à la fois démesurée et amorphe ou bien mesquine et pénible.

De même, on peut établir toutes sortes de parallélismes entre la philosophie chinoise, hindoue, éléate, pythagoricienne, spinoziste et toute la métaphysique moderne dans la mesure où elles posent toutes comme fondement l'Un ou l'Unité, c'est-à-dire l'Universel dans sa forme la plus abstraite, mais une telle comparaison ou assimilation est suprêmement superficielle. Elle néglige le point le plus important, à savoir la détermination précise de cette unité. Or ce qui fait la différence essentielle, c'est la question de savoir si cette unité est conçue d'une manière abstraite ou concrète, si sa saisie concrète a progressé jusqu'à l'Unité en soi, qui est Esprit. Celui qui met ainsi un signe d'égalité entre ces philosophies prouve qu'il ne connaît que la seule unité abstraite et qu'en parlant ainsi des diverses philosophies, il ignore ce qui constitue l'intérêt de la philosophie.

Permanence et historicité

Mais il existe aussi des sphères qui demeurent les mêmes, nonobstant toute la différence du contenu substantiel d'une culture. La différence en question concerne la raison pensante. La liberté dont elle est l'auto-conscience, a avec la pensée une même et *unique* racine. L'animal ne pense pas, mais seulement l'homme, de même celui-ci seul est libre et seulement parce qu'il pense. Sa conscience contient ceci que l'individu se saisit comme personne, c'est-à-dire se saisit dans sa singularité comme un être universel en soi, capable d'abstraction, capable de renoncer à toute particularité et donc comme un être infini en soi. Les sphères qui ne sont pas touchées par cette expérience, constituent donc un élément commun à toutes ces différences substantielles. Même la morale, qui a un lien si étroit avec la conscience de la liberté, peut, même si celle-ci fait encore défaut, être très pure en tant qu'elle se borne à énoncer les devoirs et droits généraux comme des ordres objectifs, ou encore dans la mesure où elle s'en tient au moment purement négatif de l'élévation formelle et de la renonciation aux sens ainsi qu'à leurs incitations. Depuis que les Européens ont pris connaissance des écrits de Confucius et de la morale *chinoise*, celle-ci a obtenu les plus grands éloges, et même ceux qui sont familiarisés avec la morale chrétienne ont glorifié son excellence. De même, on reconnaît la sublimité avec laquelle la religion et la poésie de l'*Inde* (nous devons cependant ajouter : la religion et la poésie supérieures) et particulièrement sa philosophie, annoncent et prescrivent la mise à l'écart et le sacrifice de l'élément sensible. Ces deux nations cependant, il faut bien le dire, manquent tout à fait de la conscience essentielle du concept de liberté. Pour les Chinois leurs lois morales sont comme des lois naturelles, des commandements positifs extérieurs, des droits et des devoirs imposés par la contrainte ou bien des règles de politesse réciproque. Il leur manque la liberté par laquelle les déterminations substantielles de la Raison deviennent conscience (*Gesinnung*) éthique : la morale est affaire d'État et elle est aux mains des fonctionnaires et des tribunaux. Leurs ouvrages sur ce sujet, lorsqu'ils ne sont pas des codes d'État et s'adressent à la volonté subjective et à la disposition personnelle (*Gesinnung*), se lisent comme les traités de morale des stoïciens, c'est-à-dire comme une série de préceptes nécessaires pour arriver au bonheur, mais ils sont énoncés d'une manière telle que l'arbitraire paraît leur être opposé, tant et si bien que c'est à lui qu'incombe de décider s'il faut les suivre ou non. D'ailleurs, le point culminant des doctrines des moralistes chinois aussi bien que des stoïciens, est l'image d'un sujet abstrait, du Sage. De même, le but et l'achèvement de la doctrine *hindoue* du renoncement aux sens, aux désirs et aux intérêts terrestres n'est pas la liberté positive, éthique, mais le néant de la conscience, l'anéantissement de la vie spirituelle et même physique.

■ D'une façon générale, un peuple ne participe à l'histoire que dans la mesure où il a identifié sa nature fondamentale, sa fin fondamentale, avec un principe universel, et c'est dans cette mesure seulement que l'œuvre qu'il produit constitue un organisme éthique, politique. Si c'est seulement le désir qui pousse les peuples à l'action, leur agitation passe sans laisser des traces. Le fanatisme par exemple n'est pas une œuvre et ses traces ne sont que ruines et destructions. C'est ainsi que les Grecs parlent d'un règne de Kronos (4), du Temps qui dévore ses enfants, les actes qu'il engendre : c'était l'âge d'or, l'âge qui n'a pas créé d'œuvres éthiques. C'est Zeus, le dieu politique, qui par la tête engendra Minerve et au cycle duquel appartiennent Apollon et les Muses, qui le premier a dompté le temps en produisant une œuvre éthique, consciente, en créant l'État.

Ce qui constitue l'objectivité d'une œuvre consiste dans le fait qu'elle est connaissable. La nature même de l'œuvre contient en soi la détermination de l'universalité, de la pensée. Sans la pensée l'œuvre n'a pas d'objectivité : c'est la pensée qui en constitue le fondement. Le peuple doit connaître l'Universel sur lequel repose son éthique et dans lequel l'élément particulier disparaît : il doit connaître les déterminations de son droit, de sa religion. L'Esprit ne se contente pas de savoir qu'il existe un ordre, un culte ; il veut savoir leurs déterminations car c'est ainsi seulement que l'Esprit se pose dans l'unité de sa subjectivité avec l'universel de son objectivité. Certes, son monde est ainsi fait qu'il se présente en même temps comme une juxtaposition d'éléments (*Aussereinander*) et son rapport avec lui est, par exemple, celui de l'intuition extérieure, mais l'Esprit doit aussi unir sa plus profonde intériorité avec son monde. Cela est sa libération suprême parce que son intériorité la plus profonde est précisément la pensée. Le point suprême de la culture d'un peuple est de penser sa vie et sa condition, de connaître ses lois, son droit, son éthique, car en cette unité réside l'unité la plus intime dans laquelle l'Esprit peut se trouver avec lui-même. Dans son œuvre, il s'agit de se prendre lui-même pour objet, mais c'est seulement en se pensant que l'Esprit se possède lui-même comme objet tel qu'il est d'après son essence. A ce point donc l'Esprit connaît ses principes, l'universel que contient son monde réel. Si nous voulons connaître ce que les Grecs ont été, nous le trouverons chez Sophocle et Aristophane, Thucydide et Platon. Ce que la vie grecque a été est devenu ici historique. Dans ces individus, l'esprit grec s'est lui-même saisi tel qu'il s'est représenté et tel qu'il s'est pensé.

Le sens de l'évolution

Cette conscience spirituelle que le peuple a de lui-même est la chose suprême, mais au début elle est seulement idéelle. Cependant cette œuvre de la pensée est la satisfaction la plus profonde; mais, en tant que l'Universel, elle est une œuvre idéelle qui diffère formellement de l'activité réelle, de l'œuvre effective et de la vie qui l'a produite. Il existe donc maintenant une existence réelle et une existence idéale. A une telle époque, nous voyons des peuples trouver la satisfaction dans l'idée de la vertu et dans le bavardage sur la vertu et celui-ci s'installer à côté de la vertu ou se substituer à elle. Tout cela, l'Esprit l'a produit et il sait amener ce qui est non-réfléchi, ce qui n'est qu'un simple état de fait, à réfléchir sur soi. Il en résulte une prise de conscience du caractère borné des déterminations telles que la foi, la confiance, les mœurs, et la conscience trouve ainsi des raisons (*Gründe*) pour échapper à ces déterminations et à leurs lois. De façon générale, cela se manifeste dans le fait qu'on exige d'en connaître la raison ; or, dans la mesure où cette raison — c'est-à-dire l'Universel entièrement abstrait qui doit servir de fondement à ces lois — n'est pas trouvée, l'idée de la vertu chancelle et l'absolu ne s'impose plus en tant que tel mais seulement dans la mesure où il a une raison. Alors se produit l'isolement des individus, la destruction des liens qui les relient entre eux et avec l'ensemble ; un égoïsme envahissant apparaît et avec lui la vanité, la recherche de l'intérêt particulier et sa satisfaction aux dépens de l'ensemble. Car la conscience est subjectivité et celle-ci porte en elle-même le besoin de se singulariser. La vanité et l'égoïsme l'accompagnent et les passions et le déchaînement des intérêts entraînent la ruine. Or cela n'est pas la mort naturelle d'un Esprit populaire, mais sa dissolution interne.

C'est ainsi que Zeus, qui a mis un terme à la puissance anéantissante du temps et fixé son écoulement en fondant quelque chose de stable en soi, a été lui-même anéanti, ainsi que tout son royaume, par le principe de la pensée, générateur de la connaissance, du raisonnement, de la conviction fondée sur des raisons et de l'exigence de trouver des raisons. Le temps est l'élément négatif dans le monde sensible. La pensée est la même négativité, mais elle est la forme la plus intime, la forme infinie dans laquelle se dissout tout ce qui existe en général et, tout d'abord, tout être fini, toute forme déterminée. Le temps est, certes, l'action corrosive du négatif, mais l'Esprit est lui-même tel qu'il dissout tout contenu déterminé. Il est l'Universel, l'Illimité, la Forme intérieure infinie qui élimine tout ce qui est limité. Même si, considéré d'après son contenu, l'être objectif n'apparaît pas comme fini et limité, il apparaît pourtant comme quelque chose de donné, d'immédiat, qui s'impose par voie d'autorité et, en tant que tel, il n'a aucun pouvoir de limiter la pensée, de s'ériger comme limite en face du sujet pensant et de la réflexion infinie.

Maintenant, cette dissolution par la pensée est nécessairement le surgissement d'un principe nouveau. La pensée, en tant qu'universalité, est dissolvante, mais en fait le principe précédent est conservé dans cette dissolution même. L'essence universelle est conservée et c'est son universalité en tant que telle qui est rendue évidente. Le principe précédent a été transfiguré par l'universalité ; en même temps, la forme actuelle d'existence doit être considérée comme différente de la précédente dans laquelle elle était contenue d'une manière purement intérieure, ne se manifestant extérieurement qu'à travers l'enchevêtrement des diverses conditions. Ce qui auparavant n'existait que dans la singularité concrète, a été élaboré et reçut la forme de l'universalité ; toutefois, un élément nouveau, une détermination différente, plus étendue, est entrée dans l'existence. L'Esprit, tel qu'il est déterminé maintenant en soi, a des intérêts et des buts nouveaux et plus étendus. La transformation de la forme du principe entraîne aussi des déterminations nouvelles et plus vastes du contenu. Chacun sait que, dans un même peuple, un homme cultivé a de tout autres exigences que l'homme inculte demeuré dans la même religion, la même éthique, la même condition substantielle. Au début, la culture semble être purement formelle, mais elle apporte aussi un contenu différent. Un chrétien cultivé et un chrétien inculte paraissent être les mêmes, mais ont des besoins tout à fait différents. Il en va de même pour les conditions de la propriété. Le serf possède aussi une propriété, mais celle-ci est grevée de charges qui la transforment en co-propriété d'un autre. Si l'on *pense* à ce que la propriété est, il appert que le propriétaire doit être une seule personne. La pensée affirme l'universel et ainsi naissent d'autres intérêts, d'autres besoins.

Dans cette transformation, la transition est déterminée par le fait que ce qui existe devient objet de la pensée et se fait élever à l'universalité. L'Esprit consiste en ceci qu'il saisit l'universel, l'essentiel. L'universalité, saisie telle qu'elle est en vérité, est la substance, l'essentialité, le vrai être. Dans l'esclave, par exemple, l'élément universel est le fait qu'il est un homme : ici la particularité s'évanouit dans l'universalité. Si, dans un peuple, par exemple le peuple athénien, la pensée supprime la particularité et évolue jusqu'à ce que le principe particulier du peuple cesse d'être essentiel, ce peuple ne peut plus subsister : un autre principe est né. L'histoire du monde passe alors à un autre peuple. Dans l'histoire, les divers principes apparaissent comme des Esprits populaires ; mais ces derniers sont en même temps des existences naturelles. Le stade auquel l'Esprit est parvenu existe chaque fois comme *principe naturel* du peuple, comme *nation*. Selon les diverses manières dont il s'explicite dans cet élément naturel déterminé, l'Esprit apparaît sous des formes diverses. Dans l'Esprit d'un Peuple déterminé, l'apparition d'une détermination supérieure et plus étendue semble, certes, être une négation, une destruction de son état antérieur, mais le côté positif apparaît sous la forme d'un nouveau peuple. Un peuple ne peut pas passer par plusieurs stades, il ne peut pas faire deux fois époque dans l'histoire. Pour que des intérêts vraiment nouveaux puissent naître dans un peuple, il faut que son esprit arrive au point de vouloir quelque chose de nouveau — mais d'où cet élément nouveau peut-il provenir ? Ce ne pourrait être qu'une représentation supérieure et plus universelle de soi-même, un dépassement de son propre principe, une poussée (*Streben*) vers un principe plus universel — mais avec cela c'est un principe autrement déterminé, un Esprit nouveau qui surgit. Dans l'histoire, un peuple ne peut dominer qu'une seule fois parce que dans le processus de l'Esprit un peuple ne peut se charger que d'une seule mission.

Dans la perspective de la perfectibilité, cette marche graduelle paraît être un progrès à l'infini, une progression qui reste éternellement éloignée du but. D'ailleurs, s'il est vrai que, dans la progression vers le nouveau principe, le contenu du principe précédent est saisi d'une manière plus universelle, il n'en est pas moins certain que la forme nouvelle est toujours une forme déterminée. En tout cas, le domaine de l'histoire est celui de la réalité dans laquelle l'Universel doit chaque fois se présenter d'une manière déterminée. Aucune forme limitée ne peut s'assurer contre la pensée, le Concept. S'il y avait quelque chose que le Concept serait incapable d'assimiler et de dissoudre, alors il faudrait y voir la plus haute scission, le plus grand malheur. Mais la seule chose de ce genre ne peut être que la pensée elle-même telle qu'elle se saisit elle-même. Car seule la pensée est ce qui est en soi illimité, et toute la réalité est déterminée en elle. Ainsi disparaît la scission et la pensée se satisfait en elle-même. C'est ici que réside la fin ultime du monde. La Raison connaît le Vrai, l'Être en soi et pour soi qui ignore toute limitation. Le concept de l'Esprit est retour à soi, sa transformation en son propre objet ; ainsi le progrès n'est pas une progression indéterminée à l'infini, mais il existe un but : le retour à soi. Il existe ainsi un certain mouvement circulaire : l'Esprit se cherche lui-même.

On dit que la fin ultime est le Bien. De prime abord, cette expression est indéterminée. A ce propos, l'on peut et l'on doit se rappeler la forme religieuse. En philosophie nous ne devons pas nous comporter comme si nous avions peur d'évoquer ces vénérables intuitions. D'après l'intuition religieuse, le but est la sanctification de l'homme. Au point de vue religieux, cela est le vrai but en ce qui concerne les individus. Le sujet en tant que tel trouve l'accomplissement de ce but dans l'institution religieuse. Ainsi compris, ce but présuppose déjà un contenu d'ordre général, à savoir ce par quoi l'âme trouve son salut. On pourrait croire que cette conception du salut ne nous concerne pas étant donné qu'elle se rapporte à une fin future, située dans l'au-delà ; en ce sens, l'existence terrestre devrait être considérée comme une préparation pour cette fin. Or cette distinction n'est légitime en général que du point de vue subjectif : la seule chose qu'elle laisse aux individus, c'est de considérer la voie du salut comme un simple moyen. Mais tel n'est pas le cas : tout cela doit être conçu comme l'Absolu même. Du point de vue religieux, le but des êtres naturels aussi bien que de l'activité spirituelle est la *glorification de Dieu*. En fait, c'est là le but le plus digne de l'Esprit et de l'histoire. L'Esprit est ceci : s'objectiver et se saisir soi-même. C'est seulement alors qu'il existe réellement comme un produit de soi-même, comme un résultat. Se saisir soi-même, c'est se saisir par la pensée, ce qui ne signifie pas la seule connaissance de quelques déterminations arbitraires, contingentes, passagères, mais l'intellection de l'Absolu lui-même. Le but de l'Esprit est de se donner la conscience de l'Absolu, de faire en sorte que cette conscience soit donnée comme l'unique et seule vérité : tout doit être ordonné et est effectivement ordonné conformément à cette conscience et c'est celle-ci qui gouverne l'histoire universelle. Reconnaître cela dans les faits signifie honorer Dieu ou glorifier la vérité. C'est là la fin ultime absolue ; et la vérité est la puissance qui produit elle-même la glorification de la vérité. Dans l'honneur rendu à Dieu l'Esprit individuel reçoit également sa part, non pas en tant qu'Esprit particulier, mais par la connaissance du fait que son action en honneur de Dieu est l'action absolue. Ici, il se trouve dans la vérité et se rapporte à l'Absolu : il demeure donc auprès de soi. Ici, disparaît également l'opposition qu'éprouve l'esprit limité qui ne voit dans son être que sa seule limitation et la surmonte par la pensée. Et la mort naturelle perd, elle aussi, son pouvoir.

Dans la mesure où nous prenons connaissance de l'histoire, celle-ci se présente tout d'abord comme l'histoire du passé. Mais il n'est pas moins vrai qu'il s'agit en même temps du présent. Ce qui est vrai est en soi et pour soi éternel ; il n'est pas d'hier ou de demain, mais absolument actuel : il est « maintenant » et signifie une présence absolue. Ce qui semble appartenir au passé est éternellement conservé dans l'Idée. L'Idée est présente, l'Esprit immortel ; il n'existe pas de temps où il n'a pas été ou ne sera pas présent : l'Esprit n'appartient ni au passé ni à l'avenir, mais il est absolument « maintenant ». Comme nous l'avons dit, le monde actuel, la forme actuelle de l'Esprit, sa conscience de soi, comprend, en soi tout ce qui est apparu dans l'histoire sous la forme des degrés antérieurs. Ceux-ci, certes, se sont développés successivement et d'une manière indépendante, mais ce que l'Esprit est, il le fut toujours en soi, et la différence provient uniquement du développement de cet en-soi. L'Esprit du monde actuel est le Concept que l'Esprit se fait de lui-même ; c'est lui qui maintient et gouverne le monde et il est le résultat des efforts de 6 000 ans : il est ce que l'Esprit a fait par le travail de l'histoire et ce qui devait en résulter. C'est ainsi que nous devons comprendre l'histoire car ce qui se manifeste en elle c'est le travail par lequel l'Esprit est parvenu à la connaissance de ce qu'il est et à la réalisation de soi-même dans les diverses sphères.

A ce propos, on peut rappeler le fait que, dans son éducation, chaque individu doit passer par diverses sphères qui constituent le fondement de son concept de l'Esprit et qui ont été formées et élaborées dans le passé, indépendamment l'une de l'autre. Mais ce que l'Esprit est maintenant, il l'était depuis toujours ; ce qu'il est maintenant est seulement une conscience plus riche, un concept plus profondément élaboré de soi-même. L'Esprit porte encore en lui tous les degrés de l'évolution passée, et la vie de l'Esprit dans l'histoire consiste en un cycle de degrés qui, d'un côté, existent actuellement et, de l'autre, ont existé sous une forme passée. Lorsque nous parcourons le passé le plus reculé, nous avons toujours affaire à quelque chose d'actuel car notre objet est l'Idée de l'Esprit et nous considérons toute l'histoire comme sa manifestation. En philosophie, il s'agit toujours du présent, du réel. Les moments que l'Esprit paraît avoir laissés derrière lui, il les possède toujours dans son actuelle profondeur. De même qu'il a passé par ses moments dans l'histoire, de même il doit les parcourir dans le présent — dans son propre concept.

NOTES

1. Jean-Pierre Abel Rémusat 1788-1832, professeur de sinologie au Collège de France.

2. La théosophie du marquis de Saint-Martin (1743-1803) a exercé une grande influence sur le romantisme allemand (Schelling, Schlegel, etc.)

3. Le baron Ferdinand d'Eckstein (1790-1861), doctrinaire de la Restauration et de l'Ultramontanisme, a été aussi l'historien de la diplomatie française.

4. Conformément à une interprétation remontant déjà aux Alexandrins, Hegel confond Kronos (Saturne) et Chronos (le Temps).

IV

LES CONDITIONS NATURELLES

LE FONDEMENT GÉOGRAPHIQUE DE L'HISTOIRE UNIVERSELLE

I. DÉFINITIONS GÉNÉRALES

Le conditionnement naturel

■ Notre point de départ est l'affirmation générale que l'histoire universelle montre l'Idée de l'Esprit se réalisant comme une suite de figures extérieures. Chaque étape (*Stufe*) de l'évolution de la conscience de soi de l'Esprit apparaît dans l'histoire comme l'esprit d'un peuple concrètement existant, comme un peuple réel. Elle se manifeste donc dans l'espace et le temps, à la manière d'une existence naturelle. Les esprits particuliers, que nous devons considérer dans leur juxtaposition et leur succession, sont particuliers en vertu de leur principe déterminé, et à chaque peuple historique a été confiée la mission de représenter un principe. Il doit, il est vrai, passer à travers l'expérience de plusieurs autres, afin que son principe arrive à maturité, mais dans l'histoire universelle il ne présente qu'un seul visage. Il peut, certes, adopter plusieurs positions sur le plan historique, mais cette pluralité disparaît lorsqu'il parvient au sommet de l'histoire du monde. Il s'incorpore plutôt, alors, à un autre principe qui, d'ailleurs, conformément à sa nature originaire, ne lui est pas adéquat. D'autre part, ce principe particulier du peuple se présente dans la réalité comme une caractéristique (*Bestimmtheit*) naturelle de ce peuple, comme son principe naturel. Les différents Esprits des peuples sont séparés dans le temps et dans l'espace et, à cet égard, l'influence de la situation naturelle, c'est-à-dire du rapport entre le spirituel et le naturel, le tempérament, etc., se fait sentir. Comparé à l'universalité du monde moral et à son existence active et individuelle, ce rapport est quelque chose d'extérieur ; mais, étant le terrain sur lequel se meut l'Esprit il est essentiellement et nécessairement fondamental.

Dès qu'il entre dans l'existence, l'Esprit se soumet au mode de la finitude et, par là même, au mode général de la naturalité. Les formations particulières se distinguent l'une de l'autre car le mode d'être de la naturalité est une extériorité réciproque (*Aussereinander*) où les déterminations particulières se présentent comme *entités singulières* (*Einzelheit*). Cette détermination abstraite contient la raison pour laquelle il est nécessaire que ce qui apparaît dans l'Esprit comme un degré particulier de son développement se manifeste comme une *figure* naturelle singulière qui existe pour soi et exclut les autres. Dans la mesure où elle se manifeste dans la nature, cette particularité est particularité naturelle, c'est-à-dire qu'elle existe comme principe naturel, comme détermination naturelle particulière. C'est la raison pour laquelle chaque peuple représentant un degré particulier du développement de l'Esprit, est une *nation*. Sa configuration naturelle correspond à ce qui, dans la suite des formes spirituelles, est le principe spirituel.

Cet aspect naturel nous fait entrer dans le domaine de la détermination géographique, lequel comprend tout ce qui appartient à la nature. Dans l'existence naturelle les deux aspects de cette détermination sont immédiatement contenus : d'une part, elle se présente comme la volonté naturelle du peuple ou la manière d'être subjective des peuples, mais d'autre part elle est aussi la nature extérieure particulière. L'élément sensible définit l'homme aussi longtemps qu'il est non libre et naturel, et le sensible se présente sous deux aspects, celui de la naturalité subjective et celui de la naturalité extérieure. Ce dernier est l'aspect géographique qui appartient d'une façon générale à la nature extérieure. C'est donc le domaine des différences naturelles que nous devons considérer. Elles constituent avant tout les possibilités particulières à partir desquelles opère l'Esprit. Elles en fournissent ainsi la base géographique. Ce qui importe est de connaître non pas le sol comme terrain extérieur, mais le type naturel de l'endroit, qui coïncide exactement avec le type et le caractère du peuple qui est le fils de ce sol. Or ce caractère donne en même temps la manière dont les peuples se présentent dans l'histoire du monde, y prennent place et position. Cette connexion entre la nature et le caractère de l'homme semble bien être en opposition avec la liberté du vouloir humain. L'élément sensible en général (*das Sinnliche*) est fait de ce lien, et l'on pourrait bien penser que l'homme possède la vérité en lui-même, indépendamment de la nature. En fait, il ne faut pas considérer cette connexion comme un rapport de dépendance signifiant que le caractère des peuples serait formé par la seule détermination naturelle du sol. L'Esprit ne doit pas être pensé comme quelque chose d'abstrait qui recevrait après coup son contenu de la nature. Bien au contraire, les esprits qui se présentent dans l'histoire sont des esprits particuliers, déterminés. L'idée spéculative montre comment le particulier est contenu dans l'universel, sans que ce dernier en soit obscurci. Les peuples sont des esprits d'un type de formation particulier ; leur caractère est un caractère spirituel, mais à celui-ci correspond d'autre part le caractère naturel. Ce qui est d'abord en soi, existe de façon naturelle ; ainsi l'enfant est en soi un homme, mais en tant qu'enfant il n'est qu'un homme naturel qui a seulement les aptitudes pour devenir pour soi en tant qu'homme libre.

Ces considérations semblent s'accorder avec ce qu'on dit au sujet de l'influence du *climat* sur les situations humaines. C'est l'opinion universellement admise que l'esprit particulier d'un peuple se rattache au climat de la nation. Une « nation », c'est un peuple en tant qu'il est né *. Toutes ces idées sont très répandues. Cependant, si nécessaire que soit le lien du principe spirituel avec le principe naturel, il ne faut pas s'en tenir à ce qu'on dit généralement et attribuer au climat des effets et des influences trop particulières. Ainsi on parle souvent du doux ciel de l'Ionie, qui aurait produit Homère. Un tel ciel a certes beaucoup contribué à la grâce de la poésie homérique, mais la côte de l'Asie Mineure a toujours été la même, elle l'est encore, et pourtant du peuple ionien n'a surgi qu'un seul Homère. Le peuple ne chante pas, c'est un individu qui compose une poésie, et même s'ils furent plusieurs à créer les chants homériques, ils furent toutefois des individus. Malgré la douceur du ciel, d'autres Homères ne sont pas apparus, surtout sous la domination turque. Le climat se manifeste dans de petites particularités dont nous ne devons pas nous occuper, étant donné qu'elles n'ont pas d'influence.

Il est vrai que le climat a de l'influence en ce sens que ni la *zone chaude* ni la *zone froide* ne sont favorables à la liberté de l'homme et à l'apparition de peuples historiques. A son premier éveil, l'homme se présente en face de la nature comme une conscience immédiatement naturelle. L'homme est nécessairement en rapport avec la nature : toute évolution implique que l'esprit se dresse contre la nature et se réfléchisse en lui-même ; elle signifie une séparation (*Besonderung*) de l'être spirituel qui se rassemble en soi en se dressant contre sa propre immédiateté, qui est justement la nature. Or le moment de la naturalité

* Nation vient de *nasci*, naître.

tombe dans cette séparation précisément parce que la naturalité est l'état de séparation ; ainsi naît l'antithèse du spirituel avec l'extérieur. La naturalité est ainsi la première position à partir de laquelle l'homme peut acquérir une liberté en soi. L'homme étant en premier lieu un être sensible, il est nécessaire que dans son lien sensible avec sa nature il puisse conquérir la liberté par le moyen de la réflexion en soi. Or dans les endroits où la nature est trop puissante, il lui est plus difficile de se libérer. Dans son être sensible aussi bien que dans son repliement sur soi, l'homme opère selon sa manière naturelle d'être et se place sous la détermination de la quantité. C'est pourquoi le lien avec la nature ne doit pas être trop puissant.

Au regard de l'esprit, la nature est en effet quelque chose de quantitatif et sa force ne doit pas être assez grande pour lui conférer la toute-puissance. Les extrêmes ne sont pas favorables au développement spirituel. Aristote dit déjà : c'est seulement quand l'exigence du besoin est satisfaite que l'homme se tourne vers l'universel et le supérieur. Or ni la zone chaude ni la zone froide ne permettent à l'homme de s'élever au degré de liberté de mouvement et de richesse des moyens qui lui permettraient de se livrer à une activité dirigée vers des intérêts supérieurs, spirituels. L'homme est maintenu dans une trop grande stupidité, la nature l'abaisse et il ne peut se séparer d'elle, c'est-à-dire qu'il ne peut accomplir ce qui est la première condition d'une culture spirituelle supérieure. La violence des éléments est trop grande pour que l'homme, en lutte contre eux, puisse en venir à bout et fasse valoir sa liberté spirituelle contre la force de la nature. Le gel qui rassemble les Lapons ou la chaleur torride de l'Afrique sont des forces trop puissantes par rapport à l'homme pour que l'esprit puisse se mouvoir librement parmi elles et parvienne à la richesse qui est nécessaire à la réalisation d'une forme développée de vie. Le besoin, dans ces zones, ne cesse vraiment jamais, jamais on ne peut l'écarter.

L'homme est perpétuellement obligé de tourner son attention vers la nature. L'homme utilise la nature pour ses fins, mais là où elle est trop puissante, elle ne se laisse pas réduire à l'état de moyen. La zone chaude et la zone froide ne sont donc pas le théâtre de l'histoire universelle. Sur ce plan, l'esprit libre a rejeté ces extrêmes.

En somme, c'est la *zone tempérée* qui a servi de théâtre pour le spectacle de l'histoire universelle. Parmi les zones tempérées, c'est à son tour la zone nordique qui est seule apte à remplir ce rôle. Ici le continent se présente comme cette « vaste poitrine » dont parlent les Grecs, et c'est ici que se réunissent les diverses parties de la terre. Entre cette disposition de la terre et la diversité de la pensée il existe une certaine concordance qu'on ne doit pas méconnaître. En effet, la terre s'étend en largeur vers le nord, tandis que vers le sud elle se découpe et se divise en pointes très variées. Il en est ainsi en Amérique, en Asie, en Afrique. Le même élément se manifeste dans les produits naturels. La terre du nord, compacte, possède quantité de produits communs, alors que la particularisation s'accentue dans les pointes qui s'en détachent. Ainsi, du point de vue botanique et zoologique, la zone du Nord est la plus importante, et on y trouve le plus grand nombre d'espèces animales et végétales. Vers le sud, où la terre se divise en pointes, les formes naturelles s'individualisent elles aussi et se différencient l'une de l'autre.

Si maintenant nous considérons les différences déterminées de la nature et leur rapport avec la diversité qui existe entre les esprits des peuples, il faut observer que nous devons nous en tenir aux différences essentielles, générales, qui s'imposent nécessairement à la pensée et se manifestent empiriquement. La détermination l'emporte, en vérité, sur la multiplicité qui est souvent accidentelle. Le but de la considération philosophique est de mettre en relief ces différences déterminantes, et on doit se garder de se perdre dans la multiplicité amorphe. C'est cette dernière qui est visée par le mot vague de « climat ». Nous avons déjà traité de cette question. Nous devons maintenant entrer dans le détail de la considération des différences naturelles générales.

La forme la plus générale de détermination naturelle historiquement importante est celle qui est constituée par le *rapport entre la mer et la terre*. La terre présente trois différences fondamentales. On trouve, en premier lieu, de hauts pays sans eau, en second lieu, des vallées parcourues par des cours d'eau, et en troisième lieu, des pays côtiers. Ces trois moments sont les plus essentiels parmi ceux qui s'offrent à la distinction conceptuelle, et on peut ramener à eux toutes les déterminations ultérieures.

Le haut pays

Le premier moment est compact, métallique, et reste indifférent, fermé, informe : c'est le *haut pays*, avec ses grandes steppes et ses plaines. Les seuls mouvements qui peuvent provenir d'ici sont des mouvements de nature impulsive, mécanique et sauvage. Ces plaines privées d'eau sont surtout la résidence des *nomades*, dans l'ancien monde des peuples mongols et arabes. Les nomades ont en eux-mêmes un caractère doux, mais le principe qu'ils constituent est fluctuant, vacillant. Ils ne sont pas liés au sol et ne savent rien des droits que la vie en commun, en même temps que l'agriculture, rend obligatoires. Ce principe remuant a une constitution patriarcale, mais se livre à des guerres et des rapines intérieures, et aussi à des agressions contre d'autres peuples que les vainqueurs soumettent d'abord et avec lesquels ils s'amalgament ensuite. L'errance des nomades est seulement formelle, car elle est limitée à des espaces uniformes. Cette limitation est d'ailleurs un simple donné de fait, et il est possible de s'en dégager. La terre n'est pas cultivée et on peut la retrouver partout ; pour cette raison une impulsion venant de l'intérieur ou de l'extérieur, peut faire reprendre aux peuples leur route. Cet esprit d'inquiétude n'est pourtant pas proprement inné en eux. Dans les parties basses des hauts pays, qui jouxtent des pays tranquilles, ces peuples sont poussés au brigandage. Les hauts pays plus élevés sont en revanche fermés par de hautes montagnes au milieu desquelles habite une population forte. Mais des habitants hostiles se heurtent aux tribus des parties basses et entrent en conflit avec elles, si bien que la note caractéristique de ces nomades devient un état de guerre dirigée vers l'extérieur, ce qui les isole. Tout cela fait naître la personnalité et cette autonomie indomptable et intrépide, mais aussi l'isolement abstrait. La montagne est la patrie de la vie pastorale, mais le sol, avec ses variétés, permet l'agriculture. Le climat extrêmement changeant — hivers rudes, étés chauds — et les périls multiples excitent le courage. Mais c'est une vie qui reste fermée sur elle-même à cause de sa situation. Quand le territoire devient trop exigu pour un peuple de ce genre, il a besoin d'un chef de bande et il se précipite dans les plaines fertiles des vallées. Mais ce n'est pas une marche en avant perpétuelle ; ce mouvement est au contraire provoqué par un but précis. Les conflits élémentaires des peuples asiatiques restent encore plongés dans de telles oppositions.

Il s'agit donc, ici, d'un ensemble de terres élevées, entourées par une ceinture de montagnes. La seconde caractéristique, maintenant, c'est que cette masse de montagnes est coupée par des cours d'eau qui, prenant leur source dans le haut pays, descendent en se creusant un passage à travers la chaîne montagneuse. Un haut pays est, en effet, généralement, entouré de montagnes, les cours d'eau les traversent et peuvent former plus loin des vallées aux déclivités moins accentuées, quand la distance jusqu'à la mer est suffisamment grande. Ils traversent ensuite une superficie plus ou moins vaste avant de se jeter dans la mer. Ce qui importe, ici, c'est que la descente de ces cours d'eau des hauts pays ait lieu ou non à proximité de la mer, c'est-à-dire qu'ils aient devant eux seulement une mince bande de territoire ou bien au contraire une vaste étendue qui les oblige à former un cours de bonne longueur, qu'ils soient accueillis par des collines basses ou bien par de grandes vallées en pente douce. En Afrique la ceinture montagneuse est aussi coupée par des cours d'eau, mais ils se jettent très tôt dans la mer, et la zone côtière est en général très étroite. La même chose se produit, dans une certaine mesure, en Amérique du Sud, au Chili et au Pérou, et aussi à Ceylan. Le Chili et le Pérou sont d'étroites bandes côtières, ils n'ont pas de civilisation. Le cas du Brésil est différent. Du reste, il peut arriver aussi que la situation soit différente, c'est-à-dire que le territoire élevé soit formé entièrement de chaînes de montagnes, comportant des étendues plates, mais en petit nombre.

Un haut pays de ce genre est l'Asie centrale habitée par les Mongols (ce mot étant pris dans son acception générale) ; ses steppes s'étendent vers le Nord, de la mer Caspienne à la mer Noire. Du même genre sont les déserts de l'Arabie, les déserts de la Barbarie en Afrique, en Amérique du Sud, ceux qui se trouvent autour de l'Orénoque et ceux du Paraguay. Ce qui caractérise les habitants d'un tel haut pays, qui n'est souvent arrosé que par la pluie ou le débordement d'un fleuve (comme les plaines de l'Orénoque), c'est la vie patriarcale, la dispersion en familles isolées. Le sol où ils se trouvent est improductif, ou fécond seulement par moments ; la fortune des habitants ne consiste pas en champs, dont ils ne retirent qu'un faible profit, mais en animaux qui se déplacent avec eux. Ceux-ci trouvent quelque temps à paître dans les plaines et quand celles-ci sont épuisées, on va dans d'autres contrées. On n'a pas de soucis et l'on n'amasse pas pour l'hiver, aussi la moitié du troupeau est-elle souvent perdue. Entre ces montagnards, il n'y a pas de rapports juridiques et chez eux se manifestent les extrêmes de l'hospitalité et du brigandage.

Ce dernier prévaut quand ils sont entourés de pays civilisés, comme les Arabes soutenus en cette occurrence par leurs chevaux et leurs chameaux. Les Mongols se nourrissent de lait de jument et ainsi le cheval leur fournit à la fois nourriture et arme. Mais si telle est la forme de leur vie patriarcale, il leur arrive souvent cependant de se réunir en grandes masses et, poussés par quelque impulsion, de se mettre en mouvement vers les régions de l'extérieur. L'humeur pacifique d'antan disparaît et ils se précipitent comme un torrent dévastateur sur les pays civilisés ; le bouleversement qui a lieu n'a d'autres résultats que la destruction et la désolation. C'est un mouvement de ce genre qui saisit les peuples sous Genghis-Khan et Tamerlan ; ils piétinèrent tout, puis disparurent de nouveau, comme s'écoule le torrent ravageur qui se perd parce qu'il ne possède pas en propre un principe de vitalité. Des hauts pays on descend dans les vallées étroites. Là habitent des peuples montagnards, des bergers, qui, accessoirement, font aussi de l'agriculture, comme les Suisses. L'Asie en possède aussi ; mais dans l'ensemble, ils ont moins d'importance.

Les plaines fluviales

Le second moment est le pays de la transition, la *plaine fluviale*. Ce sont les vallées formées par de grands cours d'eau, les bassins fluviaux au sol durci. Le terrain est devenu fertile grâce aux sédiments de boue, et le pays doit toute sa fécondité aux cours d'eau qui l'ont formé. C'est là qu'apparaissent les centres de la civilisation. L'autonomie de cette civilisation n'est pas l'autonomie mobile du premier élément [des nomades] mais repose sur une différenciation qui, d'ailleurs, ne conduit pas plus loin, mais s'organise en culture dans sa propre sphère. C'est le pays le plus fertile, l'agriculture s'y établit, et avec elle les droits de la vie sociale. Le terrain fertile apporte spontanément avec lui le passage à l'*agri-*

culture, mais dans ce passage apparaissent aussi l'intelligence et la prévoyance. L'agriculture doit se régler suivant les saisons. Elle n'est pas satisfaction individuelle et immédiate du besoin, parce que la satisfaction se fait ici d'une manière universelle. Le souci de l'homme ne porte plus sur une seule journée, mais sur une longue période. Il faut inventer des instruments, et ainsi se développe l'esprit d'invention, ainsi que l'art. La possession constante, la propriété, le droit apparaissent, et, par là-même, la division en classes. Le besoin d'instruments, la nécessité de conserver obligent à rester sédentaire, à se limiter à un territoire donné. Les aspects de la propriété et du droit se déterminent avec l'organisation de ce territoire. La tendance naturelle à vivre dans l'isolement est détruite par cette autonomie limitée de façon réciproque, exclusive, mais générale, et un état d'universalité s'y substitue, qui exclut ce qui est purement singulier. L'avènement d'un maître unique et, surtout, la domination des lois, sont ainsi rendus possibles. De grands empires s'élèvent dans ces pays, et la fondation d'États puissants commence. Cette action dans la finitude n'est pas, ainsi, une impulsion vers l'indéterminé, mais une façon de s'en tenir fermement à l'universel. Dans l'histoire orientale nous trouverons des États dont l'avènement correspond précisément à une telle situation : ce sont les royaumes situés sur les rives des fleuves de la Chine, sur les rives du Gange, de l'Indus, et du Nil.

A une époque récente, lorsqu'on a voulu soutenir que les États doivent être nécessairement séparés par des éléments naturels, on s'est habitué à considérer l'eau comme l'élément séparateur. Il est au contraire d'une importance essentielle de dire, contre cette opinion, que rien ne réunit autant que l'eau, et que les pays de culture ne sont rien d'autre que des bassins fluviaux. L'eau, en effet, est ce qui unit. Ce sont les montagnes qui séparent. Quand les pays sont séparés par des montagnes, ils le sont bien plus que lorsqu'ils le sont par un fleuve ou même par la mer. Ainsi les

Pyrénées séparent la France de l'Espagne, et Cadix était plus étroitement liée à l'Amérique qu'elle ne l'était avec Madrid. Les montagnes séparent peuples, coutumes et caractères. Un pays au contraire est constitué par le fleuve qui le parcourt : les deux rives d'un fleuve appartiennent typiquement au même pays. La Silésie est le bassin de l'Oder, la Bohême et la Saxe sont la vallée de l'Elbe, l'Égypte celle du Nil. C'est un faux principe qu'ont soutenu les Français pendant les guerres de la Révolution, lorsqu'ils prétendaient que les fleuves seraient les frontières naturelles des pays. Il en est de même dans le cas de la mer. Entre Amérique et Europe le contact est plus facile qu'il ne l'est à l'intérieur de l'Asie ou de l'Amérique. Les Européens ont été en communication ininterrompue avec l'Amérique et avec les Indes orientales depuis le moment de leur découverte, mais ils ont à peine pénétré à l'intérieur de l'Asie et de l'Afrique, parce que les communications par terre sont beaucoup plus difficiles que les communications par eau. Dans l'histoire, nous voyons ainsi réunies pendant des siècles, sous la domination anglaise, la Bretagne et la Grande-Bretagne, et de nombreuses guerres furent nécessaires pour les séparer. La Suède a possédé la Finlande, et aussi la Courlande, la Livonie, l'Esthonie, alors que la Norvège n'a pas appartenu à la Suède, et au contraire a été liée par des rapports beaucoup plus cordiaux avec le Danemark.

De façon analogue, nous voyons ensuite les pays du troisième élément se distinguer de ceux du second de façon aussi nette que ces derniers se distinguent du premier. Ce troisième élément est la *zone côtière*, la terre au contact de la mer. Il est constitué par les territoires en communication avec la mer, et dans lesquels cette communication est expressément organisée. Aujourd'hui encore on remarque en Europe les signes d'une telle distinction. La Hollande, pays où le Rhin se jette dans la mer, développe pour son compte ses relations avec cette dernière, alors que l'Allemagne ne s'est pas étendue du côté de son fleuve principal. La Prusse constitue la zône côtière qui domine, en face de la Pologne, l'estuaire de la Vistule, alors que l'intérieur de la Pologne est de toute autre espèce avec une culture et des besoins autres que ceux de la côte, qui a développé ses relations avec la mer. C'est au Portugal que les fleuves espagnols se jettent dans la mer. On devrait croire que l'Espagne, ayant des fleuves, devrait nécessairement être aussi en rapport avec la mer. Au contraire, c'est le Portugal qui a spécialement développé ces rapports.

La mer

La *mer*, donne d'une façon générale naissance à un type de vie spécial. L'élément indéterminé nous donne l'idée de l'illimité et de l'infini, et l'homme, en se sentant au milieu de cet infini, en tire courage pour dépasser le limité. La mer elle-même est ce qui n'a pas de bornes et elle ne tolère pas, comme la terre ferme, les pacifiques délimitations en cités. La terre, la plaine fluviale, fixe l'homme au sol. Sa liberté est ainsi restreinte par un immense ensemble de liens. Mais la mer le conduit au delà de cette limitation. La mer éveille le courage, elle invite l'homme à la conquète, au brigandage, mais aussi au gain et à l'acquisition. Le travail consacré à l'acquisition se rapporte à cette espèee particulière de fins qu'on appelle le besoin. Or le travail accompli pour la satisfaction du besoin a comme conséquence que les individus se plongent, s'enfoncent dans cette sphère de l'acquisition. Mais si la volonté d'acquisition les conduit sur la mer, la situation change. Ceux qui naviguent sur la mer veulent aussi gagner, acquérir ; mais le moyen dont ils disposent se retourne et leur fait courir le danger de perdre leur bien et leur vie même. Le moyen s'oppose donc à la fin. C'est ce qui élève gain et industrie au-dessus d'eux mêmes et en fait une chose courageuse et noble. La mer éveille le courage. Ceux qui la sillonnent pour acquérir vie et richesse doivent chercher leur gain à travers le danger, ils doivent être courageux, risquer et mépriser vie et richesse. Le penchant vers la richesse est donc élevé, comme on l'a dit, grâce à la mer, à quelque chose de courageux et de noble. La mer suscite ensuite la ruse, car l'homme y doit combattre un élément qui semble se soumettre tranquillement à tout, qui s'adapte à toutes les formes, et qui pourtant est terrible. Le courage y est essentiellement lié à l'intelligence, qui est la ruse suprême. C'est précisément la faiblesse de l'élément, cette façon qu'il a de céder, cette mollesse, qui cachent le plus grand danger. Le courage en face de la mer doit aussi être ruse, car il a à faire à l'élément le plus rusé, le moins sûr et le plus menteur. Cette immense étendue est parfaitement molle, car elle ne résiste à aucune pression, même pas au souffle ; elle paraît infiniment innocente, soumise, aimable et câline, et c'est justement cette facilité qui transforme la mer en l'élément le plus dangereux et le plus puissant. A une telle fourberie et à une telle violence, l'homme, *aes triplex circa pectus*, oppose uniquement un simple morceau de bois, ne se fie qu'à son courage et à son ingéniosité et passe ainsi de ce qui est ferme à ce qui est sans appui, apportant avec lui le sol qu'il s'est fait lui-même. Le bateau, ce cygne de l'eau, qui trace sur la plaine liquide des lignes souples et des cercles, est un instrument qui fait le plus grand honneur à la hardiesse de l'homme comme à son intelligence. Cet appel de la mer hors de la limitation du continent a manqué à l'Asie, et cela malgré le fait que ces magnifiques États touchent eux-mêmes à la mer, comme par exemple la Chine. Pour elle, la mer est simplement l'endroit où la terre cesse ; elle n'a pas avec elle de rapport positif. L'activité à laquelle la mer invite est toute particulière et c'est un caractère tout à fait particulier qu'elle réclame.

La manière dont la vie des peuples est essentiellement conditionnée par la nature se montre dans ces trois configurations naturelles. Le principe de la vie continentale et celui de la vie côtière sont le plus fortement caractérisés l'un par rapport à l'autre. L'État supérieurement évolué unifie en lui-même les différences de tous les deux : aussi bien la solidité du continent que l'errance livrée au hasard de la vie côtière.

2. LE NOUVEAU MONDE

Caractère général

On divise le monde en Ancien et Nouveau Monde et ce nom de Nouveau est dû au fait que l'Amérique et l'Australie ne nous ont été connues que tardivement. Mais cette division n'est pas une distinction purement extérieure ; elle est essentielle. Le Nouveau Monde est nouveau non seulement relativement, mais à tous les points de vue : par toute sa constitution spécifique, aussi bien physique que politique. Son antiquité géologique ne nous regarde pas. Je ne veux pas lui contester l'honneur de s'être, lui aussi, élevé hors de l'eau dès la création du monde. Toutefois l'archipel entre l'Amérique du Sud et l'Asie manifeste une certaine immaturité physique dans sa genèse aussi : la plus grande partie des îles reposent sur des récifs de corail et, comme ces îles ne forment en quelque sorte qu'un revêtement de terre pour des rochers surgis de l'abîme sans fond, elles présentent le caractère d'une formation tardive. La *Nouvelle Hollande* montre une immaturité géographique non moindre : si l'on s'écarte des possessions anglaises et l'on avance profondément vers l'intérieur, on découvre d'immenses fleuves qui n'en sont pas encore arrivés à se creuser un lit, mais qui s'achèvent en plaines de roseaux. L'Amérique est, comme on sait, divisée en deux parties, unies il est vrai par un isthme, qui ne permet pas toutefois les relations commerciales. Les deux parties sont bien plutôt séparées de la façon la plus décisive. L'Amérique du Nord nous montre d'abord, le long de son rivage est, une large bordure de côtes, derrière laquelle s'étend une chaîne montagneuse — les montagnes bleues ou Apalaches, plus au nord les Alleghanys. Des fleuves qui en sortent, arrosent les pays de la côte ; ces pays sont très avantageusement constitués et les libres États de l'Amérique du Nord ont connu ici leur première formation. Derrière cette chaîne coule, du sud au nord, le fleuve Saint-Laurent qui se relie à d'immenses lacs ; sur ses rives se trouvent les colonies septentrionales du Canada. Plus à l'Ouest nous rencontrons le bassin de l'immense Mississipi, qui reçoit les eaux du Missouri et de l'Ohio avant de se jeter dans le golfe du Mexique. Sur le côté de cette région se trouve encore une longue chaîne de montagnes qui traverse le Mexique et l'isthme de Panama et sépare, sous le nom d'Andes ou Cordillère, tout le côté ouest de l'Amérique du Sud. La côte ainsi formée est plus étroite que celle de l'Amérique du Nord et offre moins d'avantages. Là se trouvent le Pérou et le Chili. Sur le versant est coulent les fleuves immenses de l'Orénoque et de l'Amazone ; ils forment de grandes vallées qui ne sont pas propres à la culture, n'étant que des steppes étendues. Vers le sud coule le Rio de la Plata dont les affluents ont leur origine en partie dans la Cordillère, en partie dans la chaîne septentrionale qui sépare le bassin du Rio de la Plata de celui de l'Amazone. — Le Brésil et les républiques espagnoles font partie de la région du Rio de la Plata. La Colombie occupe la rive septentrionale de l'Amérique du Sud ; à l'ouest, le Magdalena longe les Andes et se jette dans la mer des Caraïbes.

Le Nouveau Monde a bien pu avoir été jadis uni à l'Europe et à l'Afrique. Quoi qu'il en soit, ce qui est arrivé, à l'époque moderne, c'est que, pour autant que le pays atlantique ait eu une civilisation propre quand il fut découvert par les Européens, cette civilisation fut anéantie à leur contact : la soumission du pays signa sa perte. Nous avons assurément des renseignements sur la civilisation américaine telle qu'elle s'était développée, en particulier, au Mexique et au

Pérou, mais nous savons seulement qu'il s'agissait d'une civilisation entièrement naturelle et qui devait, par conséquent, s'effondrer au premier contact avec l'Esprit. l'Amérique s'est toujours montrée, et se montre encore impuissante aussi bien du point de vue physique que du point de vue moral. Depuis que les Européens ont abordé en Amérique, les indigènes ont disparu peu à peu, au souffle de l'activité européenne. Même chez les animaux, on rencontre la même infériorité qui se remarque chez les hommes. La faune américaine possède des lions, des tigres, des crocodiles qui ont une ressemblance avec les espèces correspondantes de l'Ancien Monde, mais qui sont, à tous égards, plus petits, plus faibles, moins puissants. A ce qu'on assure, les animaux eux-mêmes sont moins nourissants que les vivres importés de l'Ancien Monde. Il y a, là-bas, une quantité immense de bovins, mais la viande de bœuf qui vient d'Europe apparaît comme une friandise.

Les autochtones

En ce qui concerne la race humaine, il ne reste désormais que peu de descendants des premiers Américains, sept millions d'hommes environ ayant été exterminés. Les habitants des îles des Indes occidentales se sont éteints, et en général le monde américain tout entier a péri sous la pression envahissante des Européens. Les peuplades de l'Amérique du Nord en partie ont disparu, en partie se sont retirées, au contact des Européens. Elles sont en décadence, ce qui montre qu'elles n'ont pas la force de s'unir aux Américains du Nord, dans les États libres. Ces peuples de constitution faible tendent à disparaître au contact de peuples plus civilisés, de plus haute culture. C'est ainsi que dans les États libres d'Amérique du Nord tous les citoyens sont d'origine européenne, et que les anciens habitants n'ont pu se mêler à eux.

Certes. les indigènes ont appris des Européens certains arts, entre autre celui de boire de l'eau-de-vie, qui eut sur eux un effort désastreux. En Amérique du Nord et au Mexique les habitants qui éprouvent le besoin de l'indépendance, les *Créoles*, sont nés de croisements avec les Espagnols et les Portugais. Eux seuls sont arrivés à une conscience supérieure de soi, au désir de l'autonomie et de l'indépendance. Dans ces pays ce sont eux qui donnent le ton. Il n'y a semble-t-il, que peu de tribus indigènes pour partager de tels sentiments. On entend bien parler de populations de l'intérieur qui auraient adhéré aux récents efforts pour la constitution d'États autonomes, mais il est probable que parmi elles les purs indigènes sont en minorité. C'est pourquoi les Anglais adoptent en Inde, aussi, la politique qui consiste à empêcher la formation de créoles, c'est-à-dire d'un peuple de sang mêlé, indigène et européen, acclimaté au pays.

En Amérique du Sud, au reste, une couche plus importante de population indigène s'est conservée. Aussi les indigènes y furent-ils traités de façon beaucoup plus violente et employés à des travaux pénibles auxquels leurs forces pouvaient à peine suffire. On leur fait subir toutes sortes de mauvais traitements. Il faut lire dans les récits de voyage, de quelle douceur, de quelle obséquiosité rampante ils font preuve envers un Créole et, plus encore, envers un Européen. Il se passera encore beaucoup de temps avant que les Européens réussissent à leur inculquer un peu d'amour-propre. On en a vu en Europe : ils étaient privés d'intelligence et montraient peu de dispositions à recevoir une éducation. L'infériorité de ces individus à tous égards, même pour la taille, se montre en tout : seules les tribus tout à fait méridionales en Patagonie sont des natures plus fortes, mais encore tout à fait dans l'état naturel d'inculture et de barbarie. Les organisations ecclésiastiques les ont traités en conséquence, s'imposant à eux avec l'autorité spirituelle et leur confiant des travaux destinés à éveiller et à satisfaire leurs besoins. Quand les jésuites et le clergé catholique voulurent habituer les Indiens à leur civilisation et aux mœurs de l'Europe (comme on sait, ils ont eu un État au Paraguay, des couvents au Mexique et en Californie), ils se rendirent au milieu d'eux, leur prescrivant, comme à des mineurs, les travaux de chaque jour : leur paresse était telle que leur travail même devait, lui aussi, découler de l'autorité des Pères. Ils construisirent donc à leur usage des greniers et leur apprirent à s'en servir et à être prévoyants. Ils choisirent la meilleure méthode pour élever leur condition et assumèrent, par rapport à eux, la position de parents en face de leurs enfants. Je me souviens d'avoir lu qu'un ecclésiastique faisait sonner à minuit une cloche pour les rappeler à l'accomplissement de leurs devoirs conjugaux, car, livrés à leur propre initiative, même cela ne leur serait pas venu à l'esprit. Ces prescriptions ont justement eu pour effet immédiat de réveiller des besoins qui sont en général les stimulants de l'activité humaine.

Ainsi les Américains sont comme des enfants inconscients qui vivent au jour le jour, privés de toute réflexion et de toute intention supérieure. La faiblesse du tempérament américain fut une des principales raisons de l'importation des Nègres en Amériques : on les y amena en effet pour exploiter, dans les travaux, leurs forces, étant donné leur meilleure aptitude à s'assimiler la civilisation européenne, si on les compare aux Américains. Les Portugais étaient plus humains que les Hollandais, que les Espagnols et que les Anglais. Sur la côte brésilienne il était par conséquent plus facile de devenir libre, et il y eut, en cet endroit, des nègres plus libres en grand nombre. On compte parmi eux, par exemple, le Docteur Kingera, un médecin nègre à l'activité duquel les Européens doivent d'avoir appris l'usage de la quinine. Un Anglais raconte avoir rencontré, dans la vaste sphère de ses expériences, de nombreux exemples de nègres devenus d'habiles ouvriers et artisans, et même des prêtres, des médecins, etc. Mais, parmi les indigènes, qui tous étaient libres, cet Anglais ne put en citer qu'un seul qui fût parvenu à faire des études et à devenir prêtre, il mourut d'ailleurs bientôt par excès de boisson. A la faiblesse de l'organisme humain s'ajoute encore le manque des instruments absolument nécessaires pour la fondation d'une puissance stable, à savoir l'absence du *cheval* et du *fer*, instruments qui assurèrent principalement la victoire aux ennemis des indigènes. Quand on parle à présent des citoyens libres de l'Amérique du Sud, on fait allusion à des peuples qui sont de sang européen, asiatique et américain tout ensemble. Les Américains proprement dits commencent seulement maintenant à se pénétrer de culture européenne ; et lorsqu'ils cherchent à se rendre indépendants, c'est à des moyens venus de l'étranger qu'ils doivent d'avoir acquis cette aptitude. Ainsi la cavalerie de Ljanos, qui se distingua dans cette lutte, se sert du cheval européen. Quoi qu'il en soit, tous ces États indigènes sont toujours en état de développement, et on ne peut pas encore les mettre sur le même plan que les États européens. Dans l'Amérique portugaise et espagnole les indigènes doivent se libérer de l'esclavage ; en Amérique du Nord, ce qui leur manque c'est un centre de la vie en commun sans lequel il n'y a pas d'État.

L'Amérique latine

Comme la nation autochtone a disparu ou presque, la population active vient surtout d'Europe et ce qui se passe en Amérique a son origine en Europe. L'Europe rejeta son trop plein en Amérique. Le processus est comparable à ce que nous avons connu dans les villes d'Empire en Allemagne. Dans ces villes, de nombreuses charges pesaient sur le commerce ; les étrangers les fuirent et allèrent s'installer dans le voisinage, où ils pouvaient jouir librement de leurs droits. Ainsi se créèrent à côté de Hambourg, Altona, de Francfort, Offenbach, près de Nuremberg, Fürth, à côté de Genève, Carouze. De même les citoyens des vieilles villes qui avaient fait banqueroute et qui ne parvenaient plus à exercer honorablement leur métier et à porter la tête haute dans leurs corporations s'établissaient dans les États limitrophes. Ils y trouvaient tous les avantages qu'offre une ville de ce genre, la libération des charges auxquelles ils étaient soumis dans les villes anciennes, et, surtout, la libération des contraintes corporatives. Ainsi, à côté des villes fermées, avons-nous vu surgir des cités dans lesquelles les mêmes métiers étaient exercés, mais sans contraintes. Entre l'Amérique et l'Europe le rapport est le même. Beaucoup d'Anglais s'y sont établis parce que les impôts et les charges qui pèsent en Europe sur le commerce et l'industrie n'existent pas en Amérique. Ils y apportent tous les avantages de la civilisation et voient la possibilité d'exercer leurs capacités sans entraves. L'introduction des moyens européens et des capacités européennes, leur a permis de tirer quelque chose de ce vaste sol encore en friche. Mais cet espace est devenu aussi un lieu de refuge pour tous ceux que rejetait l'Europe. En fait, cette émigration a été bienfaitrice car les émigrants ont supprimé tout ce qui les gênait dans leur patrie et apportèrent avec eux le trésor de l'individualisme européen et de la culture européenne, mais sans leurs défauts. A tous ceux qui veulent travailler intensément et n'en trouvent guère l'occasion en Europe, un vaste champ d'action est assurément ouvert en Amérique.

Le Brésil mis à part, des républiques se sont constituées dans l'Amérique du Sud comme dans l'Amérique du Nord. Si nous comparons l'Amérique du Sud où nous comprenons aussi le Mexique, avec l'Amérique du Nord, nous constaterons un surprenant contraste.

L'Amérique du Nord et son destin

Nous voyons l'Amérique du Nord prospérer grâce au développement de l'industrie et de la population, grâce à l'ordre civique et à une solide liberté ; toute la fédération ne constitue qu'un seul État et possède ses centres politiques. En revanche, dans l'Amérique du

Sud, les républiques ne reposent que sur la puissance militaire ; toute leur histoire n'est qu'une révolution continue : des États fédérés se séparent, d'autres s'unissent à nouveau et tous ces changements résultent des révolutions militaires. Plus précisément, les différences des deux parties de l'Amérique nous font voir deux directions opposées à la fois d'ordre politique et d'ordre religieux. L'Amérique du Sud où s'établirent les Espagnols et où ils conservèrent la suprématie est catholique ; l'Amérique du Nord, quoique en général pays de sectes, est fondamentalement protestante. Une autre différence c'est que l'Amérique du Sud a été conquise tandis que l'Amérique du Nord est colonisée. Les Espagnols s'emparèrent de l'Amérique du Sud pour régner et s'enrichir par l'exercice des fonctions politiques ainsi que par des exactions. Comme ils dépendaient d'une métropole fort éloignée, leur bon plaisir trouva un vaste champ d'action et grâce à leur puissance, à leur habileté et à leur confiance en eux-mêmes, ils acquirent une grande supériorité sur les Indiens. Ce qu'il y a de noble et de magnifique dans le caractère espagnol ne s'est pas transporté en Amérique. Les Créoles, les descendants des immigrants espagnols, ont continué à vivre en conservant leur attitude initiale et ont exercé leur orgueil contre les indigènes. Ils subissaient en outre l'influence des Espagnols d'Europe et étaient poussés par leur misérable ambition à rechercher titres et honneurs. Le peuple était soumis aux ordres d'une hiérarchie sévère et à l'exploitation sans frein du clergé régulier et séculier. Ces peuples doivent encore se débarrasser de l'esprit de vain intérêt pour pouvoir se tourner vers celui de rationalité et de liberté.

En revanche, les États libres de l'Amérique du Nord ont été entièrement peuplés d'Européens. Du fait qu'en Angleterre, puritains, anglicans et catholiques se trouvaient constamment en lutte et que tantôt les uns tantôt les autres avaient le dessus, beaucoup émigrèrent pour chercher à l'étranger la liberté de conscience. C'étaient des Européens industrieux qui s'appliquérent à l'agriculture, à la culture du tabac, du coton, etc. Bientôt l'ensemble s'est orienté vers le travail ; sa substance furent les besoins, la tranquillité, la justice civile, la sûreté, la liberté et une communauté individualiste où l'État est quelque chose d'extérieur, chargé uniquement de la protection de la propriété. Du fait de la religion protestante naquit la confiance réciproque des individus, la foi en leur caractère, car dans l'Église protestante les œuvres religieuses sont toute la vie, toute l'activité de cette vie. Chez les catholiques, au contraire, le fondement d'une telle confiance ne saurait exister, car dans les affaires du monde, il ne règne que la force et la soumission volontaire ; les formes qu'on appelle constitutions ne sont que moyens de fortune et ne mettent pas à l'abri de la méfiance. Les éléments qui se sont établis en Amérique du Nord sont par conséquent d'une tout autre espèce que ceux de l'Amérique du Sud. Dans le Nord il n'y avait aucune unité ecclésiastique qui pût tenir liés ensemble les États par un lien solide. De l'Angleterre vint le principe de l'industrie qui contient en elle-même le principe de l'individualité : ce qui se développe et prédomine dans l'industrie, c'est l'intelligence individuelle. Ainsi, là aussi, les différents États furent-ils conformes aux différentes religions.

Si nous comparons en outre l'Amérique du Nord avec l'Europe, nous y trouvons l'exemple durable d'une constitution républicaine. L'unité subjective existe, car il y a un président à la tête de l'État, élu seulement pour quatre ans, ce qui est une garantie le cas échéant contre l'ambition monarchique. La protection générale de la propriété et une absence d'impôts presque totale, sont des choses constamment vantées. Par là est indiqué aussi le caractère fondamental de cette société centrée sur l'homme privé et sa propension à acquérir et à gagner et où domine l'intérêt particulier qui ne s'occupe de l'universel qu'en vue de sa propre jouissance. Assurément il y a un droit, une loi juridique formelle, mais c'est un droit sans honnêteté, et les marchands américains ont cette mauvaise réputation de tromper, sous la protection de la loi. Si d'une part, l'Église protestante éveille au fond la confiance, d'autre part, pour cela même, elle garde un aspect sentimental qui peut susciter les caprices les plus divers. On dit à ce point de vue que chacun peut avoir sa conception philosophique particulière, et donc aussi sa religion particulière. D'où la division en tant de sectes qui en arrivent à l'extrême de la folie et dont beaucoup ont un culte qui se manifeste par des extases et parfois par les débordements les plus sensuels. Cette disposition arbitraire va si loin que les diverses communautés acceptent et renvoient leurs prêtres comme il leur plaît ; car l'Église n'est pas une chose existant en soi, possédant une spiritualité substantielle et une organisation extérieure : la religion est accomodée suivant la fantaisie de chacun. Dans l'Amérique du Nord règne le plus extrême déchaînement en toutes sortes de fabulations et il manque cette unité religieuse qui s'est maintenue dans les États d'Europe où les divergences se limitent à quelques confessions.

En ce qui concerne la politique en Amérique, la fin générale n'est pas encore solidement assise et le besoin d'une ferme concentration ne se fait pas encore sentir ; car un véritable État et un véritable gouvernement ne se produisent que quand il y a une différence de classe, quand la richesse et la pauvreté deviennent très grandes et qu'il apparaît une situation telle qu'un grand nombre de personnes ne peut plus satisfaire ses besoins comme il en avait coutume. Mais cette tension ne menace pas encore l'Amérique, car l'issue permanente de la colonisation lui demeure largement ouverte et une foule de gens s'écoule constamment dans les plaines du Mississipi. Grâce à ce moyen a disparu la source principale du mécontentement et la continuation de l'état politique actuel est assurée.

Contre le principe selon lequel à notre époque aucun grand État ne peut être un État libre, on cite volontiers l'exemple des États-Unis d'Amérique, exemple qui est censé prouver que des États républicains de grande taille peuvent continuer à exister. Mais cela n'est pas exact. L'Amérique du Nord ne doit pas être considérée comme un État déjà formé et mûr, mais comme un État encore en devenir et qui n'est pas encore assez avancé pour avoir besoin de la monarchie. C'est un État fédéral, mais ces États, en ce qui concerne leurs rapports avec l'extérieur, sont les pires. Seule sa position particulière a empêché que cette circonstance ne causât sa perte totale. Cela s'est vu pendant la dernière guerre avec l'Angleterre : les Américains du Nord ne purent conquérir le Canada, et les Anglais purent bombarder Washington, parce que la tension entre les provinces empêcha toute action vigoureuse. En outre, les États libres d'Amérique du Nord n'ont aucun État voisin vis-à-vis duquel ils soient dans la situation où se trouvent les États européens les uns vis-à-vis des autres, c'est-à-dire un État qu'ils doivent considérer avec méfiance et contre qui ils doivent entretenir une armée permanente. Le Canada et le Mexique ne leur inspirent pas de crainte, et l'Angleterre a depuis cinquante ans fait l'expérience que l'Amérique lui est plus utile libre que sujette. Les milices de l'État libre de l'Amérique du Nord se sont du reste montrées dans la guerre d'indépendance aussi courageuses que les Hollandais sous Philippe II. Mais partout où la liberté à conquérir n'est pas en jeu, il se manifeste moins d'énergie ; ainsi en 1814 les milices se comportèrent-elles médiocrement en face des Anglais. L'Amérique est, en outre, un pays maritime. Le principe fondamental, dans ces États, est le *commerce*, surtout commerce de commission, — principe très unilatéral et qui n'a pas encore la solidité du commerce anglais. Il n'a pas encore le crédit, il n'a pas encore la sûreté des capitaux, il n'est pas encore ferme sur ses bases. De plus, il continue à avoir pour objet seulement les produits du sol et pas encore les produits manufacturés ou industriels. L'intérieur de l'Amérique du Nord, qui s'est consacré à l'agriculture, fait de grands progrès en matière de civilisation, mais il n'est pas encore assez développé. On y acquiert des terres facilement et à bon marché, on n'y paie pas d'impôts directs, mais de grandes difficultés contrebalancent ces avantages. La classe des agriculteurs n'est pas encore repliée sur elle-même, elle ne sent pas être l'objet d'une pression, et quand ce sentiment naît en elle, elle s'en libère en mettant de nouvelles terres en culture. De ce côté des monts Alleghanys se succèdent chaque année de nouvelles vagues d'agriculteurs qui occupent de nouveaux territoires. Pour qu'un État puisse exister en tant que tel, il est nécessaire qu'il ne soit pas soumis à une continuelle émigration, que la classe des agriculteurs ne soit plus poussée vers l'extérieur et qu'elle se ramasse plutôt sur elle-même, se concentre dans les cités et les métiers urbains. C'est seulement ainsi que peut s'édifier un système civil, ce qui est la condition nécessaire pour l'existence d'un État organisé.

L'Amérique du Nord en est encore au stade du défrichement. Quand, comme en Europe, le simple accroissement des agriculteurs aura été arrêté, quand les habitants, au lieu de se presser en dehors vers les champs, se replieront en masse sur eux-mêmes vers les industries et le commerce urbains, et constitueront un système compact de société civile, — c'est alors seulement qu'ils ressentiront le besoin d'un État organique. Une comparaison des États libres de l'Amérique du Nord avec les pays européens est par conséquent impossible car en Europe un pareil écoulement naturel de la population n'existe pas, malgré toutes les émigrations : si les forêts de la Germanie avaient encore existé la Révolution française ne se serait pas produite. L'Amérique ne saurait être comparée avec l'Europe que si l'espace immense que présente cet État était rempli et la société civile refoulée sur elle-même.

L'Amérique n'est pas achevée au point de vue de sa réalité élémentaire, encore moins de sa constitution politique. Elle est certes un État indépendant et puissant, mais le processus de formation de ses moments élémentaires est encore en cours. Ce n'est que lorsque le sol sera tout entier occupé que s'établira un solide ordre des choses. Les premières manifestations d'un tel ordre qui y sont apparues sont de nature européenne. Pour le moment la population surabondante des États européens peut toujours s'y transporter ; mais quand cela prendra fin le monde américain se repliera sur lui-même et s'établira chez lui. On ne peut donc tirer de l'Amérique aucune conclusion au sujet du régime républicain. Il s'ensuit que cet État ne nous intéresse pas, pas plus que ne nous concernent les autres États américains qui sont encore en lutte pour leur indépendance. Seul est à prendre en considération son rapport extérieur avec l'Europe, en ce sens que l'Amérique est une annexe qui a accueilli l'excédent de l'Europe. Cette partie du monde appartenait déjà en partie au passé quand elle entra en rapport avec nous, et en partie elle n'est pas encore prête à assumer son rôle dans l'histoire.

L'Amérique est donc le pays de l'avenir où dans les temps futurs se manifestera, dans l'antagonisme, peut-être, de l'Amérique du Nord avec l'Amérique du Sud, la gravité de l'histoire universelle. C'est un pays de rêve pour tous ceux que lasse le bric-à-brac historique de la vieille Europe. Napoléon aurait dit : « Cette vieille Europe m'ennuie ». L'Amérique doit se séparer du sol sur lequel s'est passée jusqu'ici l'histoire universelle. Ce qui y est arrivé jusqu'ici n'est que l'écho du vieux monde et l'expression d'une vie étrangère. Or, comme pays de l'avenir, elle ne nous intéresse pas ici. La philosophie ne s'occupe pas de prophéties. Sous le rapport de l'histoire nous avons affaire à ce qui a été et à ce qui est, mais en philosophie, il ne s'agit pas seulement de ce qui a été ou de ce qui devra être, mais de ce qui *est* et qui est éternellement : il s'agit de la Raison, et avec elle nous avons assez de travail.

3. LE VIEUX MONDE

Caractère général

Après en avoir fini avec le Nouveau Monde et les rêves qui peuvent s'y rattacher, passons à l'Ancien

Monde. C'est lui qui est le théâtre de l'objet de nos considérations, c'est-à-dire de l'histoire universelle. Ici, aussi, nous devons d'abord appeler l'attention sur les éléments et les déterminations naturelles. L'Amérique est divisée en deux parties ; l'isthme qui les réunit ne constitue qu'un lien extérieur. L'Ancien Monde est divisé en trois parties, ce qui a déjà été saisi par les Anciens. Cette division n'est pas accidentelle ; il y a en elle, bien au contraire, une nécessité supérieure qui correspond au concept. Le caractère entier de ces pays est triplement distinct, et c'est la différence spirituelle — détermination naturelle et non pas arbitraire — qui constitue le fondement d'une telle distinction. Les trois parties du monde ont ainsi un rapport réciproque essentiel et forment une totalité. Ce qui est très avantageux pour elles, c'est qu'elles sont situées autour d'une mer qui constitue pour elles un centre et un moyen de communication. Pour ces trois parties du monde la Méditerranée représente un élément de liaison, et elle est le point central de l'histoire du monde. Avec ses nombreuses baies, elle n'est pas un océan qui conduit vers l'incertain, envers quoi l'homme n'a qu'un rapport négatif ; au contraire, elle invite l'homme à entrer en relation avec elle. Tous les grands États de l'histoire antique se trouvent autour de cet ombilic de la terre. Là se trouve la Grèce, le point lumineux de l'histoire. Puis, en Syrie, Jérusalem est le centre du Judaïsme et du Christianisme ; au Sud est la Mecque et Médine, le siège primitif de la foi musulmane ; à l'Ouest, Delphes, Athènes ; encore plus à l'Ouest, Rome et Carthage. Sur les rives de la Méditerranée se trouve encore Alexandrie qui occupe une position encore plus centrale que Constantinople. Ainsi la Méditerranée est le cœur du vieux monde, elle le conditionne et l'anime. Sans elle on ne saurait se représenter l'histoire universelle, qui serait comme l'ancienne Rome ou Athènes, sans le Forum ou la rue où tout se réunissait. L'immense Asie orientale est loin de l'évolution de l'histoire universelle et n'y prit aucune part ; de même l'Europe du Nord qui entra plus tard dans l'histoire et ne participa pas à l'histoire antique, car cette histoire se limitait absolument aux régions situées autour de la Méditerranée. Le passage des Alpes par Jules César, la conquête de la Gaule et le contact qui en résulta entre les Germains et l'Empire romain, fait donc époque dans l'histoire du monde, car celle-ci passe désormais les Alpes. L'Asie orientale et la région au-dessus des Alpes sont donc les deux limites extrêmes. L'Orient reste enfoncé dans son unité compacte et n'entre pas dans le mouvement de l'histoire. C'est à l'autre extrême, en Occident, que l'histoire a lieu. Ce qui est au-delà de la Syrie constitue le point de départ de l'histoire du monde, point en lui-même immobile et extérieur au cours de l'histoire. Du côté de l'Occident se situe le point de son déclin, cependant que son centre mouvementé se trouve autour de la Méditerranée. Cette mer est une grande puissance naturelle dont l'influence est décisive : nous ne pourrions nous imaginer le cours de l'histoire si nous ne tenions en elle un élément central de conjonction.

Nous avons déjà signalé les différents aspects géographiques qui doivent être distingués dans l'ensemble constitué par un continent : le haut pays, la plaine fluviale, la région côtière. Ces aspects se retrouvent dans chacune des trois parties de l'ancien monde, mais de telle façon que c'est en fonction d'eux qu'elles se distinguent entre elles. L'Afrique est en général le pays dans lequel prédomine le principe du haut pays, l'indocilité. L'Asie est à coup sûr la partie du monde où se rencontrent les plus grandes oppositions. Ce qui la distingue pourtant est le second principe, celui de la plaine fluviale, avec une culture refermée sur elle-même et qui est restée telle. La totalité consiste dans la réunion des trois principes : c'est ce qui arrive en Europe, le continent de l'Esprit unifié en soi, le continent qui s'est ouvert à l'histoire infinie de la culture, tout en restant compact dans sa substance. Pour l'Amérique il ne resterait plus, comme pur principe, que son inachèvement. Le caractère spirituel de chacune des trois parties du monde est constitué en fonction de ces différences. Dans l'Afrique proprement dite, l'homme reste arrêté au stade de la conscience sensible d'où son incapacité absolue d'évoluer. Il manifeste physiquement une grande force musculaire qui le rend apte au travail, et témoigne d'un esprit débonnaire, mais, en même temps, d'une féroce insensibilité. L'Asie est le pays du contraste, de la scission, de l'extension, comme l'Afrique est le pays de la concentration. Dans une telle antithèse un des deux moment est la moralité, l'essence rationnelle universelle qui reste cependant compacte et substantielle ; l'autre est l'opposition spirituelle elle-même, l'égoïsme, l'absence de limitation des désirs et l'extension démesurée de la liberté. L'Europe est le pays de l'unité spirituelle, du passage de cette liberté sans mesure à la réalisation particulière, à la maîtrise acquise sur la démesure, à l'élévation du particulier à l'universel, et la rentrée de l'esprit en soi. C'est à Ritter (1)que revient le mérite d'avoir décrit les aspects divers de ces trois continents et de les avoir rendus clairement sensibles. A ses considérations géographiques se trouvent jointes aussi de pénétrantes remarques sur le développement historique postérieur.

a) L'Afrique

L'Afrique est d'une façon générale le pays replié sur lui-même et qui persiste dans ce caractère principal de concentration sur soi. Elle se compose de trois parties que nous devons rigoureusement distinguer. La diversité de sa constitution géographique est si remarquable que son caractère spirituel lui-même, dans sa diversité, reste lié aux déterminations physiques. L'Afrique est, pour ainsi dire, composée de trois continents qui sont totalement séparés l'un de l'autre et n'ont aucune communication réciproque. L'un se trouve au sud du désert du Sahara : c'est l'Afrique proprement dite, le haut pays qui nous est totalement inconnu, avec d'étroites bandes côtières au bord de la mer. L'autre, situé au nord du désert, est l'Afrique, pour ainsi dire, européenne, un pays de côtes. Le troisième est le bassin du Nil, la seule vallée d'Afrique, qui se rattache à l'Asie.

L'*Afrique septentrionale* donne sur la Méditerranée et s'étend, vers l'ouest, jusqu'à l'Atlantique. Elle est séparée de l'Afrique méridionale par le grand désert, qui est une mer asséchée, et par le Niger. Le désert sépare davantage que la mer, et la nature des peuples que l'on rencontre sur le Niger manifeste cette séparation de façon particulièrement nette. C'est un territoire qui s'étend jusqu'à l'Égypte ; sa partie septentrionale est barrée par des régions désertiques et des montagnes. Entre les montagnes il y a de larges vallées fertiles qui en font une des plus belles et des plus riches contrées du monde. Là se trouvent le Maroc, Fas (et non pas Fez), Alger, Tunis, Tripoli. On peut dire que toute cette zone n'appartient pas à l'Afrique, mais à l'Espagne avec laquelle elle forme un bassin. Le polygraphe écrivain politique français de Pradt (2) dit, pour cette raison, qu'en Espagne on est déjà en Afrique. Cette partie de l'Afrique est sa partie non autonome, celle qui a toujours été en relation avec l'extérieur. Elle n'a pas été elle-même le théâtre d'événements historiques, mais elle a été toujours dépendante des grands bouleversements extérieurs. Ce fut d'abord une colonie des Phéniciens qui parvinrent à établir à Carthage une puissance indépendante. Elle fut ensuite une colonie des Romains, de l'empire byzantin, des Arabes, des Turcs sous la domination desquels elle se désagrégea en petits États de pirates berbères. C'est un pays qui ne fait que suivre le destin de tout ce qui arrive de grand ailleurs, sans avoir une figure déterminée qui lui soit propre. Tournée, comme l'Asie Mineure, vers l'Europe, cette partie de l'Afrique pourrait et devrait être rattachée à l'Europe, comme du reste ont tout récemment tenté de le faire, avec succès, les Français.

L'*Égypte*, c'est-à-dire le bassin du Nil, qui tire son existence et sa vie de ce fleuve, appartient en revanche à ces territoires dont nous avons dit qu'ils formaient un centre, qu'ils étaient destinés à devenir les centres de civilisations grandes et autonomes. Sa participation au trafic de la Méditerranée, au début interrompue, fut ensuite développée de façon intense.

L'*Afrique proprement dite* est la partie de ce continent qui en fournit la caractéristique particulière. Ce continent n'est pas intéressant du point de vue de sa propre histoire, mais par le fait que nous voyons l'homme dans un état de barbarie et de sauvagerie qui l'empêche encore de faire partie intégrante de la civilisation. L'Afrique, aussi loin que remonte l'histoire, est restée fermée, sans lien avec le reste du monde ; c'est le pays de l'or, replié sur lui-même, le pays de l'enfance qui, au-delà du jour de l'histoire consciente, est enveloppé dans la couleur noire de la nuit. S'il en est ainsi fermé, cela tient non seulement à sa nature tropicale, mais essentiellement à sa constitution géographique. Encore aujourd'hui elle demeure inconnue et sans aucun rapport avec l'Europe. L'occupation des côtes n'a pas incité les Européens à avancer vers l'intérieur. Le pays forme un triangle : à l'ouest, c'est la côte atlantique où le golfe de Guinée forme un profond angle rentrant ; à l'est, du Cap de la Bonne Espérance jusqu'au Cap Gardafui, c'est la côte du Grand Océan ; au nord, c'est le désert et le Niger. La partie la plus septentrionale a un autre caractère à cause de sa relation avec les Européens. Le pays dans son ensemble semble être un haut plateau qui ne présente qu'une bande côtière très étroite, habitée seulement en un petit nombre d'endroits. Dès qu'on avance vers l'intérieur, on trouve, presque partout, une ceinture marécageuse. Elle forme le pied d'une ceinture de hautes montagnes, traversée par quelques rares fleuves qui eux-mêmes ne permettent aucune relation avec l'intérieur, car leur percée n'a lieu que peu au-dessous du niveau des montagnes et seulement en des lieux étroits où se forment fréquemment des chutes d'eau non navigables, et des courants qui se croisent avec violence.

La partie septentrionale de l'Afrique proprement dite semble elle aussi fermée par une semblable barrière montagneuse, les Monts de la Lune, au sud du Niger. La zone côtière de l'Afrique a été, depuis des siècles, occupée par les Européens, mais ces derniers n'ont pénétré à l'intérieur que depuis une quinzaine d'années. Dans les contreforts du Cap de Bonne-Espérance, les missionnaires ont récemment franchi les montagnes. A Mozambique, sur la côte orientale, à l'ouest sur le Congo et sur le Loango, et aussi sur le Sénégal qui coule à travers des déserts de sables et des montagnes, et en Gambie, les Européens se sont fixés sur la bande côtière. Mais s'il y a désormais trois siècles ou trois siècles et demi qu'ils la connaissent et qu'ils y ont affermi leur domination sur quelques endroits, pendant toute cette période, ils ne se sont aventurés que rarement, en quelques points et pour peu de temps sur ces montagnes, et ils ne s'y sont pas établis. La zone côtière est en partie sablonneuse et peu habitable ; mais plus loin, vers l'intérieur, elle est fertile. Si l'on avance encore vers l'intérieur, on rencontre une bande marécageuse à la végétation luxuriante, qui abrite toute sorte d'animaux féroces et qui dégage une atmosphère pestilentielle, presque empoisonnée. C'est ce qui, comme à Ceylan, a rendu presque impossible toute pénétration. Les Anglais et les Portugais ont souvent envoyé à cet effet des troupes en nombre suffisant, mais dans cette région la plupart des hommes mouraient et les autres étaient toujours mis en déroute. Puisque tant de fleuves coupent les chaînes montagneuses, on pourrait croire que l'accès à ces régions serait possible par la voie fluviale. Mais on a vu pour le Congo, qui est considéré comme une dérivation du Niger, et pour l'Orange, qu'ils ne sont navigables que sur une courte portion et qu'ils sont ensuite barrés par des chutes fréquentes et infranchissables. Étant donné cette configuration naturelle, les Européens n'ont pu acquérir que peu de connaissances sur l'intérieur de l'Afrique. En revanche, des peuples en sont parfois sortis, qui se sont montrés si barbares et sauvages que toute possibilité de nouer des relations avec eux était exclue. Ces incursions ont lieu de temps en temps, elles constituent les traditions les plus anciennes de cette partie du monde. On rapporte qu'aux XV-XVI siècles, d'horribles hordes, venant de l'intérieur, se sont abattues, en plusieurs endroits très éloignés les uns des autres, sur les habitants plus paisibles des pentes et des régions côtières. Plusieurs nations qu'on rencontre sur la côte ouest semblent être des vestiges de ces invasions. Des hordes de nègres ont pénétré aussi en Abyssinie. Quand leur rage prit fin, elles se sont installées dans la région côtière où elles se sont apaisées ; aujourd'hui elles se montrent douces et industrieuses et rien, à première vue, ne semble indiquer une quelconque barbarie. Cette tempête a-t-elle été provoquée par un mouvement intérieur et lequel ? On ne sait. Ce que l'on a su toutefois de ces hordes c'est le contraste de leur attitude, qui manifestait, dans ces guerres et ces expéditions l'inhumanité la plus irréfléchie et la brutalité la plus répugnante ; mais, leur rage ayant pris fin, elles se montraient, dans le temps calme de paix, douces et bonnes pour les Européens avec lesquels elles avaient fait connaissance. Il en est ainsi des Fullahs, des Mandingues, qui habitent les terrasses montagneuses du Sénégal et de la Gambie.

Dans cette partie principale de l'Afrique, il ne peut y avoir d'histoire proprement dite. Ce qui se produit, c'est une suite d'accidents, de faits surprenants. Il n'existe pas ici un but, un État qui pourrait constituer un objectif. Il n'y a pas une subjectivité, mais seulement une masse de sujets qui se détruisent. Jusqu'ici on n'a guère prêté attention au caractère particulier de ce mode de conscience de soi dans lequel se manifeste l'Esprit. De nombreuses relations sont parvenues des régions les plus diverses, qui semblent pourtant incroyables à la plupart. Elles s'attardent en effet à rapporter des détails épouvantables plutôt qu'à tracer un tableau précis ou à dégager des principes, ce que précisément nous voulons essayer de faire ici. La littérature qui concerne ce sujet relève d'un genre assez mal défini, et celui qui veut s'occuper des détails doit recourir à ce qui se trouve dans des ouvrages bien connus. La meilleure description d'ensemble de l'Afrique se trouve dans la « *Géographie* » de Ritter.

Nous allons essayer maintenant de mettre en évidence l'esprit universel, la forme générale du caractère africain, à partir de ce qui en est manifesté dans ses aspects particuliers. Ce caractère est difficile à comprendre, car il diffère complètement de notre monde culturel ; il a en soi quelque chose d'entièrement étranger à notre conscience. Il nous faut oublier toutes les catégories qui sont à la base de notre vie spirituelle, et cesser de subsumer les choses sous ces formes. La difficulté consiste dans le fait que nos représentations sont toujours sournoisement présentées.

D'une façon générale, nous devons dire que, dans l'Afrique intérieure, la conscience n'est pas encore arrivée à l'intuition de quelque chose de solidement objectif, d'une objectivité. Par objectivité solide il faut entendre Dieu, l'éternel, le juste, la nature, les choses naturelles. Dans la mesure où il est en rapport avec une semblable entité bien consistante, l'esprit sait qu'il dépend d'elle, mais, en même temps, dans la mesure où il s'élève vers elle, il sait aussi qu'elle est une valeur. Les Africains, en revanche, ne sont pas encore parvenus à cette reconnaissance de l'universel. Leur nature est le repliement en soi. Ce que nous appelons religion, État, réalité existant en soi et pour soi, valable absolument, tout cela n'existe pas encore pour eux. Les abondantes relations des missionnaires mettent ce fait hors de doute. L'unique voie qui rapproche dans une certaine mesure le nègre de la culture semble être l'Islam ; les Mahométans d'ailleurs connaissent, mieux que les Européens, le moyen de pénétrer dans l'intérieur du pays.

Ce qui caractérise en effet les nègres, c'est précisément que leur conscience n'est pas parvenue à la contemplation d'une quelconque objectivité solide, comme par exemple Dieu, la loi, à laquelle puisse adhérer la volonté de l'homme, et par laquelle il puisse parvenir à l'intuition de sa propre essence. Dans son unité indifférenciée et concentrée, l'Africain n'en est pas encore arrivé à la distinction entre lui, individu singulier, et son universalité essentielle ; d'où il suit que la connaissance d'un être absolu, qui serait autre que le moi et supérieur à lui, manque absolument. L'homme, en Afrique, c'est l'homme dans son immédiateté. L'homme en tant qu'homme s'oppose à la nature et c'est ainsi qu'il devient homme. Mais, en tant qu'il se distingue seulement de la nature, il n'en est qu'au premier stade, et est dominé par les passions. C'est un homme à l'état brut. Pour tout le temps pendant lequel il nous est donné d'observer l'homme africain, nous le voyons dans l'état de sauvagerie et de barbarie, et aujourd'hui encore il est resté tel. Le nègre représente l'homme naturel dans toute sa barbarie et son absence de discipline. Pour le comprendre, nous devons abandonner toutes nos façons de voir européennes. Nous ne devons penser ni à un Dieu spirituel ni à une loi morale ; nous devons faire abstraction de tout esprit de respect et de moralité, de tout ce qui s'appelle sentiment, si nous voulons saisir sa nature. Tout cela, en effet, manque à l'homme qui en est au stade de l'immédiateté : on ne peut rien trouver dans son caractère qui s'accorde à l'humain. C'est précisément pour cette raison que nous ne pouvons vraiment nous identifier, par le sentiment, à sa nature, de la même façon que nous ne pouvons nous identifier à celle d'un chien, ou à celle d'un Grec qui s'agenouillait devant l'image de Zeus. Ce n'est que par la pensée que nous pouvons parvenir à cette compréhension de sa nature ; nous ne pouvons en effet sentir que ce qui est semblable à nos sentiments.

Dans l'ensemble, nous trouvons ainsi, en Afrique, ce qu'on a appelé l'*état d'innocence*, l'unité de l'homme avec Dieu et avec la nature. C'est en effet l'état d'inconscience de soi. Mais l'esprit ne doit pas s'arrêter à ce point, à ce premier état. Ce premier état naturel est un état animal. Le « paradeisos » est un parc habité par des animaux, dans lequel l'homme vivait lui aussi dans l'état animal et était innocent, ce que précisément l'homme ne doit pas être. L'homme n'est vraiment homme que lorsqu'il connaît le bien et, par suite, son opposé, que lorsqu'il s'est divisé à l'intérieur de lui-même. Il ne peut en effet connaître le bien que lorsqu'il connaît aussi le mal. C'est pourquoi l'état paradisiaque n'est pas un état parfait. Cet état premier de perfection dont parlent les mythes de tous les peuples signifie que son fondement n'était que la détermination abstraite de l'homme. Quant à savoir si elle existait dans la réalité effective, c'est une autre question. On a confondu ici le fondement avec l'existence réelle. Le fondement est en effet le concept de l'esprit, et il a été présupposé comme déjà doué d'existence. Pour nous aussi, il est fondement, mais c'est en même temps le but de l'esprit que de produire un tel fondement. Sur le plan de l'existence réelle, il est le dernier degré, mais en tant que fondement, il est le premier. On parle beaucoup de l'intelligence supérieure de l'homme à l'état primitif, qui serait attestée de façon fragmentaire, comme le soutient Schlegel, par la sagesse des anciens Hindous en matière d'astronomie, et ainsi de suite. Mais, en ce qui concerne cette sagesse des Hindous, nous avons déjà remarqué que leurs traditions se sont révélées parfaitement misérables, et que leurs mathématiques ne sont que des fabulations vides.

Nous allons parcourir les moments principaux de l'esprit africain, et nous devrons en éclairer certains aspects particuliers qui jettent de la lumière sur son essence. Mais ce qui nous occupera en propre sera seulement la représentation générale du sujet. Tournous-nous donc, avant toute chose, vers la *religion* de l'Africain. Selon nos idées, le fait proprement religieux c'est que l'homme reconnaisse un être suprême, qui est en soi et pour soi, totalement objectif, absolue essence déterminante, pouvoir supérieur par rapport auquel l'homme est quelque chose de plus faible et de plus bas. Cet être peut être représenté comme esprit, ou comme force naturelle qui gouverne la nature, bien que ce ne soit pas sa forme véritable. Il peut aussi avoir dominé la vision imaginative, si bien que les hommes ont adoré la lune, le soleil, les fleuves. Avec leur imagination ils ont donné une âme à ces formes, mais elles ont été pour eux, quoi qu'il en soit, des réalités douées d'une potentialité tout à fait autonome. La religion commence avec la conscience de l'existence de quelque chose qui soit supérieur à l'homme. Cette forme d'expérience n'existe pas chez les nègres. Le caractère de l'Africain manifeste seulement l'antithèse initiale entre l'homme et la nature. Voici comment il se représente la situation : il y a lui et la nature, et ils sont opposés l'un à l'autre, mais c'est lui qui domine l'élément naturel. Voilà la situation fondamentale, dont nous trouvons chez Hérodote déjà le plus ancien témoignage. Nous pouvons en effet résumer le principe religieux de ces hommes par les mots d'Hérodote : « En Afrique, tous les hommes sont des magiciens » (3). Cela veut dire que l'Africain, comme être spirituel, s'arroge un pouvoir sur la nature, et c'est ce que signifie un tel pouvoir magique. Les relations des missionnaires s'accordent aussi sur ce point. Or, dans la magie, il n'y a pas l'intuition d'un dieu, d'une croyance morale, mais bien au contraire l'homme y est représenté comme la puissance suprême, comme celui qui, avec les forces de la nature, n'a d'autre rapport que celui du commandement. On ne parle donc pas d'une adoration spirituelle de Dieu, ni d'une souveraineté du droit. Dieu tonne et n'est pas reconnu. Pour l'esprit de l'homme, Dieu doit être davantage qu'une chose tonnante, mais chez les nègres il n'en est pas ainsi. Les Africains ne voient que la nature opposée à eux : ils en dépendent, et les forces naturelles sont terribles pour eux. Le fleuve peut les engloutir, le tremblement de terre peut détruire leurs demeures. L'abondance des moissons et des fruits dépend du temps. Ils ont tantôt trop de pluie, tantôt pas assez, ils ont besoin de la tempête, de la saison des pluies, de sa cessation. La pluie aussi bien que la sécheresse ne doivent pas durer trop longtemps. Mais ces forces naturelles, et aussi le soleil, la lune, les arbres, les animaux, sont bien pour eux des forces, mais des forces qui n'ont pas derrière elles une loi éternelle, une providence, et par conséquent ne constituent pas une force naturelle solide et universelle. L'Africain se rend compte qu'elles le dominent, mais pour lui ce sont des forces dont l'homme peut, d'une manière ou d'une autre, se rendre maître. Il domine ces puissances naturelles. Il ne faut pas penser ici à une adoration de Dieu ni à la reconnaissance d'un esprit universel opposé à celui de l'individu. L'homme ne connaît que lui-même, et lui-même comme opposé à la nature : c'est à cela que se réduit la rationalité chez ces peuples. Ils reconnaissent la force de la nature et cherchent à la dominer. C'est ainsi qu'ils croient que l'homme ne meurt jamais naturellement, mais que c'est la volonté d'un ennemi qui le tue par un pouvoir magique ; pour empêcher cela, comme contre toute force naturelle, ils se servent à leur tour de la magie.

Tout individu n'a pas ce pouvoir magique qui, au contraire, est concentré dans des personnes singulières. Ce sont elles qui commandent aux éléments, et cela précisément a le nom de magie. Beaucoup d'hommes se consacrent exclusivement à ordonner, à prédire et à effectuer ce qui est utile aux individus ou aux peuples. Les rois ont des ministres et des prêtres, parfois organisés en une hiérarchie complète, qui ont officiellement pour fonction de faire des sortilèges, de commander aux forces naturelles et de faire la pluie et le beau temps. Lorsque leurs commandements ont manqué trop longtemps d'efficacité, ces faiseurs de sortilèges sont bâtonnés. Chaque pays possède, de cette façon, ses propres sorciers qui se livrent à des cérémonies spéciales accompagnées de toutes sortes de mouvements de danses, de bruits, de cris, et qui édictent leurs ordonnances au milieu de tout ce vacarme. Si l'armée est en guerre et que surviennent les ouragans, qui sont si épouvantables, les sorciers doivent s'acquitter de leur tâche, menacer les nuages, leur adresser des ordres, afin de les apaiser. De la même façon, en période de sécheresse, ils doivent faire pleuvoir. Pour ce faire ils n'invoquent pas Dieu. Le pouvoir vers lequel se tournent ces hommes n'est pas un pouvoir supérieur, puisqu'ils croient produire eux-mêmes ces effets. Pour se préparer, ils se mettent dans un état d'enthousiasme extraordinaire. Avec des chants et des danses furieuses, en mangeant des racines et en buvant des liquides enivrants, ils se mettent dans un état de transe extrême et profèrent alors leurs commandements. Quand ces ordres restent longtemps infructueux, ils désignent parmi les assistants, qui peuvent être leurs parents les plus chers, ceux qui doivent être massacrés, et les autres les dévorent. En bref, l'homme se considère comme l'entité suprême qui a le pouvoir de commander. Souvent le prêtre passe plusieurs jours en proie à un état dans lequel il est livré à la folie, tue des hommes, boit leur sang et le fait boire aux assistants. Ainsi quelques hommes seulement ont, en fait, le pouvoir sur la nature, et eux-mêmes ne l'ont que lorsqu'ils s'élèvent au-dessus d'eux-mêmes en un état d'horrible exaltation. Tout cela se rencontre chez les peuples africains sans distinction, chaque peuple ayant en sus, sur cette base commune, ses institutions particulières. Le missionnaire Cavazzi (4) par exemple, rapporte différentes histoires du même genre à propos des nègres. Chez les Draks ou Dschaks, il y avait des prêtres, appelés Khitomes, qui avaient la réputation de protéger, au moyen d'amulettes, les hommes contre les animaux et contre l'eau.

Le second moment de leur religion consiste dans le fait qu'ils font de leur pouvoir un objet de représentation extérieur à leur conscience et lui donnent une figure. Ils élèvent à la dignité de génie toute chose qu'ils imaginent avoir de la puissance sur eux, animaux, arbres, pierres, figurines de bois. Les individus se procurent de semblables objets en se les faisant donner par les prêtres. C'est en cela que consiste le *fétiche*, mot employé par les Portugais et qui dérive de « feitizo », magie. Dans le fétiche il semble que se manifeste une autonomie objective en face du libre vouloir de l'individu. Mais, attendu que cette objectivité n'est rien d'autre que le même arbitraire individuel parvenant à la contemplation de lui-même, ce libre vouloir reste maître de son image. Ce qu'ils se représentent comme leur pouvoir n'est pas, ainsi, quelque chose d'objectif, de solide en soi-même, de différent d'eux. Le fétiche reste en leur pouvoir, et ils le répudient s'il n'agit pas selon leur volonté. Ils élèvent alors un autre fétiche au rang de puissance supérieure et ils s'imaginent qu'il s'agit d'une force qui dépasse la leur, mais ils la maintiennent d'autre part en leur pouvoir pour la même raison. S'il arrive, en effet, quelque chose de désagréable que le fétiche n'a pas su empêcher, si les réponses se révèlent fausses et tombent dans le discrédit, si la pluie vient à manquer et si la récolte est mauvaise, ils l'attachent et le bâtonnent, ou même ils le détruisent et l'éliminent, et en même temps en créent un autre. Cela veut dire que leur dieu reste en leur pouvoir. Ils le créent et le déposent à plaisir, ils ne s'élèvent pas, par conséquent, au delà du libre vouloir. Un tel fétiche n'a ni l'autonomie religieuse ni, encore moins, l'autonomie artistique. Il reste une pure créature qui exprime l'arbitraire du créateur et qui demeure toujours entre ses mains. En un mot il n'y a aucun rapport de dépendance dans cette religion. La même chose arrive à propos des esprits des morts auxquels ils attribuent, comme aux sorciers, un pouvoir de médiation. Dans ce cas aussi, il s'agit d'hommes, mais le moment supérieur est constitué par le fait qu'ils sont des hommes qui ont été dépouillés de leur immédiateté. De là dérive le *culte des morts*, dans lequel les ancêtres défunts sont considérés comme une force dirigée contre les vivants. Les individus se tournent vers eux comme vers des fétiches, leur font des sacrifices, les évoquent par des incantations ; mais quand cela n'a pas réussi, ils punissent le défunt lui-même, en jettent les ossements et le déshonorent. D'autre part, ils ont l'idée que les morts se vengent quand leurs besoins ne sont pas satisfaits, et ils leur attribuent tout spécialement les malheurs qui les touchent. Nous avons déjà rappelé l'opinion du nègre selon laquelle ce n'est pas la nature ou un processus naturel qui rend malade ou fait mourir l'homme. Selon sa croyance, tout cela dérive du pouvoir exercé par un sorcier ou un ennemi, ou de la vengeance voulue par un mort. C'est la croyance aveugle dans la sorcellerie, qui a été terriblement dominante aussi en Europe. Or cette magie est combattue par des magiciens plus puissants. Il arrive que le préposé au fétiche ne soit pas disposé à le faire agir, alors on le bâtonne et on l'oblige à se livrer à ses incantations. Une des principales incantations des Khitomes consiste à apaiser les morts, ou à les contraindre, au moyen des plus horribles atrocités. Par ordre des morts, qui s'incarnent dans les prêtres, des sacrifices humains ont lieu. L'élément objectif reste, ainsi, toujours soumis à l'arbitraire. Le pouvoir des morts sur les vivants est reconnu, mais non respecté, puisque les nègres donnent des ordres à leurs morts et les ensorcellent. De cette façon l'élément substantiel reste toujours au pouvoir du sujet. Voilà la religion des Africains, elle ne va pas plus loin.

Il y a en elle, certes, la domination de l'homme sur la nature, mais sous le mode de l'arbitraire. C'est la volonté contingente de l'homme qui s'élève au-dessus du moment naturel qu'elle considère comme un moyen, auquel elle ne fait pas l'honneur de le traiter de façon appropriée à son essence, mais au contraire donne des ordres. Tout cela contient toutefois un principe plus juste que celui qui est impliqué dans le culte de la nature, que l'on considère souvent comme une forme de la piété, dans la mesure où on dit que les phénomènes naturels sont l'œuvre de Dieu, en laissant entendre que l'œuvre humaine, l'œuvre de la Raison, n'est pas divine elle aussi. Le degré de conscience de la nature auquel les nègres sont parvenus, n'est pas, en effet, la conscience de son objectivité, et encore moins la conscience de Dieu comme Esprit, c'est-à-dire comme quelque chose qui est en soi et pour soi supérieur à la nature. D'autre part, il ne s'agit pas non plus de l'intelligence qui réduit la nature à l'état de moyen, qui, par exemple, navigue sur la mer, et en un mot se rend maîtresse de la nature. Le pouvoir du nègre sur la nature est seulement une force de l'imagination, une domination imaginaire.

En ce qui concerne les rapports humains, il résulte comme second moment, du fait que l'homme est considéré comme réalité suprême, qu'il n'a aucun respect, ni pour lui-même, ni pour les autres. Cela impliquerait en effet une valeur supérieure, absolue, que l'homme recélerait en lui-même. L'homme n'atteint une position qui lui assure le véritable respect qu'avec la conscience d'un être supérieur. Si, en effet, le libre vouloir est l'absolu, s'il est l'unique objectivité solide qui se présente à l'intuition, l'Esprit, quand il en reste à ce degré, ne peut avoir aucune idée d'universalité. Pour cette raison, il n'existe pas, chez les Africains, ce qu'on appelle l'immortalité de l'âme. Ils connaissent, eux aussi, ceux que nous appelons chez nous des spectres mais il ne s'agit pas vraiment de l'immortalité qui implique que l'homme soit en soi et pour soi une réalité spirituelle, immuable, éternelle. Les nègres ont, à cause de cela, un *mépris* total pour l'homme, et c'est ce mépris, qui, du point de vue juridique et éthique, constitue leur principale caractéristique. La dévalorisation de l'homme est poussée jusqu'à un point incroyable. L'ordre existant peut être jugé comme une tyrannie, mais cette tyrannie n'est ni considérée ni ressentie comme une injustice. A cela est lié le fait que l'usage de manger de la chair humaine est admis comme un usage licite et partout répandu. Il en est ainsi chez les Ashanti, plus bas sur le cours du Congo, et dans la partie orientale du pays. Cet usage se présente immédiatement comme quelque chose de sauvage et d'abominable qui doit répugner à l'instinct. Mais chez l'homme on ne peut parler d'instinct : celui-ci est toujours en corrélation avec le caractère de l'esprit. Il suffit que l'homme ait un peu progressé dans sa conscience pour qu'il ait du respect pour l'homme en tant que tel. Abstraitement, on peut dire : la viande, c'est de la viande, tout est une question de goût. Mais on pense que cette viande est de la chair humaine, la même que celle du corps qui a une telle pensée. Le corps humain est un corps animal, mais il est essentiellement corps d'un être pensant ; il est lié à la vie de l'âme. Chez les nègres rien de tel ne se produit. Le fait de dévorer des hommes correspond au principe africain. Pour la matérialité [*Sinnlichkeit*] du nègre, la chair humaine est seulement quelque chose de sensible, de la viande et rien d'autre. Cette chair, du reste, n'est pas exclusivement employée comme nourriture. A l'occasion de fêtes, en effet, des centaines de prisonniers sont torturés et décapités, et leurs corps sont rendus à ceux qui les avaient faits prisonniers et qui en font ensuite la distribution. Dans certains endroits, on a vu de la chair humaine exposée sur des marchés. A la mort d'un individu riche, des centaines d'hommes sont tout bonnement massacrés et dévorés. Les prisonniers sont assassinés et taillés en pièces, et la règle veut que le vainqueur mange le cœur de son ennemi tué. Dans les incantations, il arrive souvent que le sorcier tue le premier venu et le donne en pâture à la foule.

Une telle dévalorisation de l'homme explique que l'*esclavage* soit, en Afrique, le rapport de base du droit. L'unique rapport essentiel que les nègres ont eu, et ont encore, avec les Européens, est celui de l'esclavage. Les nègres n'y voient rien de blâmable, et ils traitent en ennemis les Anglais qui ont pourtant fait plus que tous les autres peuples en faveur de l'abolition du commerce des esclaves et de l'esclavage. Pour les rois, en effet, il est d'importance primordiale de vendre leurs ennemis prisonniers ou même leurs propres sujets, et en ce sens l'esclavage a contribué à éveiller un plus grand sens de l'humanité chez les nègres. Ils sont réduits en esclavage par les Européens et vendus en Amérique, et pourtant leur sort dans leur propre pays est presque pire, dans la mesure où ils y sont soumis à un esclavage aussi absolu. L'esclavage suppose en effet, de façon générale, que l'homme n'a pas encore la conscience de sa liberté, et qu'il tombe ainsi au niveau d'une chose, d'un objet sans valeur. Dans tous les royaumes africains connus des Européens, l'esclavage est une institution indigène et domine naturellement. Mais la distinction entre maîtres et esclaves est fondée seulement sur l'arbitraire. La leçon que nous pouvons tirer de l'état d'esclavage qui existe chez les nègres, leçon qui constitue le seul aspect intéressant de la question est celle que nous connaissons déjà pour l'avoir déduite de l'idée, à savoir que l'état de nature est, par lui-même, l'état de l'injustice absolue et complète. De la même façon, tous les degrés intermédiaires entre cet état et la réalité de l'Etat rationnel comportent encore des éléments d'injustice. C'est pourquoi nous trouvons encore l'esclavage dans l'État grec et dans l'État romain, et que le servage s'est perpétré jusqu'à l'époque plus récente. Mais dans la mesure où il prend place à l'intérieur de l'Etat, l'esclavage est en lui-même un moment du progrès par rapport à la pure existence isolée et sensible, un moment de l'éducation, une sorte de participation à une vie éthique et culturelle supérieure. L'esclavage est une injustice en soi et pour soi, parce que l'essence de l'homme est la liberté. Mais pour arriver à la liberté, l'homme doit acquérir d'abord la maturité nécessaire. L'élimination graduelle de l'esclavage est, pour cette raison, plus opportune et plus juste que son abolition brutale.

L'esclavage ne doit pas exister, car il est en soi et pour soi injuste selon le concept de la chose. Mais le « doit » exprime quelque chose de subjectif, il est, comme tel, non historique. Ce qui manque encore au « doit », c'est la substantiabilité éthique d'un État. L'esclavage n'existe pas dans les États rationnels, mais, avant l'apparition de tels États, l'idée vraie ne peut exister sous certains aspects, que comme un pur devoir être ; dans ce cas, l'esclavage est encore nécessaire. C'est un moment de passage à un degré supérieur. On ne peut prétendre de façon absolue que l'homme, par le seul fait qu'il est un homme, soit considéré comme essentiellement libre. Il n'en était rien chez les Grecs et les Romains eux-mêmes. L'Athénien n'était libre qu'en tant que citoyen d'Athènes et ainsi de suite. Notre idée générale, c'est que l'homme est libre en tant qu'homme ; mais autrement il n'a de valeur que sous quelque aspect particulier : époux, parents, voisins, concitoyens, n'ont de valeur que l'un pour l'autre. Chez les nègres, cela ne se produit qu'à un faible degré. Les sentiments éthiques, entre eux, sont d'une extrême faiblesse, ou, pour mieux dire, n'existent pas du tout. Le premier rapport éthique, celui de la famille, est absolument indifférent aux nègres. Les hommes vendent leurs femmes, les parents vendent leurs enfants, et inversement, selon le rapport réciproque de puissance qui existe dans chaque cas. La violence de l'esclavage fait disparaître tous les liens de respect moral que nous avons réciproquement, et il ne vient pas à l'esprit des nègres d'exiger les uns des autres ce que nous pouvons exiger chez nous. Ils ne se préoccupent pas de leurs parents malades, si l'on excepte le fait que parfois ils vont prendre conseil des sorciers. Les sentiments humains, comme ceux de l'amour et d'autres sentiments semblables, impliquent une conscience de soi qui n'est plus seulement conscience de la personne singulière. Ainsi, dans la mesure où j'aime quelqu'un, je suis conscient de moi dans l'autre ; comme dit Gœthe, j'ai un cœur vaste (4). C'est un élargissement de moi-même. La polygamie des noirs a souvent pour fin la génération d'un grand nombre d'enfants qui pourront tous être vendus comme esclaves. Ils ne ressentent absolument pas l'injustice du procédé. Cette triste situation prend chez eux des proportions énormes Le roi du Dahomey a 3333 femmes ; tout homme riche en a plusieurs avec de nombreux enfants qui lui rapportent de l'argent. Des missionnaires (5) racontent qu'un nègre se rendit à l'église des Franciscains et se mit à se lamenter affreusement en disant qu'il était désormais dans la misère, car il avait déjà vendu tous ses parents, même son père et sa mère.

Dans le mépris des nègres pour l'homme, ce qui est caractéristique, ce n'est pas tant le mépris pour la mort que le manque de respect pour la vie. La vie a aussi peu de valeur que n'en a l'homme. Elle n'a, en effet, de valeur que dans la mesure où il y a dans l'homme, quelque chose d'une valeur supérieure. Le mépris du nègre pour la vie n'est pas un dégoût de vivre, il n'est pas le résultat d'une satiété accidentelle, c'est la vie en général qui n'a pas de valeur pour lui. Le nègre se suicide souvent, quand il est blessé dans son honneur ou quand le roi l'a puni. S'il ne se tuait pas, on le tiendrait pour vil. Il ne pense pas à la conservation de la vie, et même pas à la mort. Il faut pourtant attribuer à ce mépris pour la vie le grand courage, soutenu par une énorme force physique, des nègres, qui se font tuer par milliers quand ils guerroient contre les Européens. Dans la guerre des Ashanti contre les Anglais, les nègres se précipitèrent sur les bouches des canons et ne reculèrent pas, bien qu'il en tombât cinquante à la fois. Car la vie n'a de valeur que là où les fins qu'elle vise ont de la dignité.

Si nous nous mettons maintenant à examiner les traits principaux de la *constitution*, il résulte en propre de la nature des choses qu'il ne peut y avoir vraiment de constitution en Afrique. La forme de gouvernement doit être essentiellement la forme patriarcale. Ce stade de l'évolution a pour caractéristique l'arbitraire déterminé par les sens, l'énergie de la volonté sensible. Et, lorsque l'arbitraire prédomine, les rapports éthiques en sont encore à un stade tout à fait rudimentaire, car ils ont un contenu essentiellement universel et ils ne considèrent pas la conscience comme existante et valable pour soi dans sa singularité, mais au contraire ils ne reconnaissent sa valeur que dans son universalité intérieure, et cela sous des formes diverses, juridique, religieuse ou morale. Là où cet universel est faible ou lointain, la structure politique peut néanmoins être caractérisée de façon que des lois libres et rationnelles gouvernent l'Etat. Ainsi, comme nous l'avons vu, l'éthique familiale est peu vigoureuse. Quant au mariage et à l'organisation domestique, c'est la polygamie qui prédomine, ce qui détermine l'indifférence réciproque entre parents, entre parents et enfants, et entre enfants mêmes. Ce qui manque ainsi, c'est, d'une manière générale, un lien qui limiterait l'arbitraire. Dans de telles conditions, cette plus vaste association d'individus que nous appelons État ne peut se former, car elle est fondée sur l'universalité rationnelle qui est une loi de la liberté. Une force extérieure est nécessaire pour maintenir ensemble les volontés arbitraires. Par lui-même, en effet, l'arbitraire n'a rien qui pousse les hommes à s'accorder, car il consiste avant tout, pour l'homme, à faire prévaloir sa volonté particulière. C'est alors que se produit le régime du *despotisme*, dans lequel la force extérieure elle-même est arbitraire, parce qu'il n'existe pas d'esprit rationnel commun dont le gouvernement pourrait être le représentant et le réalisateur. Un maître commande, car la grossièreté sensible ne peut être domptée que par une force despotique. Le despotisme s'impose parce qu'il dompte le libre vouloir qui peut avoir en soi de l'orgueil, mais non de la valeur. Pour cette raison, le libre vouloir du despote est respectable du point de vue formel, car il rend possible la vie en commun, de façon générale, et représente par là un principe supérieur à celui du libre vouloir particulier. Le libre vouloir doit en effet avoir un motif de cohésion, et, que la volonté soit sensible ou réfléchie, cet élément de cohésion ne peut être que la force extérieure. Quand le libre vouloir trouve devant lui quelque chose de supérieur et se sent impuissant, il s'agenouille ; mais s'il acquiert le pouvoir, il devient orgueilleux à l'égard de ce qu'il adorait un instant auparavant. Il existe nécessairement, en conséquence, de nombreuses variantes dans les manières dont se manifeste l'arbitraire. Là où précisément nous voyons dominer le plus sauvagement le despotisme, nous voyons aussi qu'il exclut le libre vouloir en retournant contre lui sa propre force. A côté du roi, dans les États nègres, on trouve toujours le bourreau, dont la fonction est extrêmement importante, car il sert au roi pour se débarrasser des suspects, et aux notables pour tuer le roi quand ils en ont envie. Les sujets, en effet, qui sont des hommes également violents, limitent, à leur tour, l'autorité du maître. Des compromis sont passés, et, dans l'ensemble, les despotes doivent faire des concessions au libre vouloir des puissants. Le despotisme prend alors la forme dans laquelle il y a au sommet de la hiérarchie un chef, que nous pouvons appeler roi, mais qui a au-dessous de lui des grands, des chefs, des généraux, qu'il doit consulter en toute occasion et sans l'assentiment desquels il ne peut, en particulier, entreprendre des guerres, conclure des traités de paix, imposer des tributs. Il en est ainsi chez les Ashanti, où le roi a comme vassaux de nombreux princes qui paient tribut. Les Anglais eux-mêmes lui paient un tribut qu'il partage avec ses chefs.

Le despote africain peut, dans cette sphère, exercer une autorité plus ou moins grande, et à l'occasion se débarrasser de tel ou tel chef, par la ruse ou par la violence. Les rois possèdent en outre certains privilèges. Chez les Ashanti le roi hérite de tous les biens laissés par ses sujets. Ailleurs, toutes les jeunes filles appartiennent au roi, et celui qui veut avoir une femme doit lui en acheter une. Mais si les nègres sont mécontents de leur roi, ils le déposent et le tuent. Un royaume encore peu connu, près du Dahomey, et qui a quelque chose comme une histoire propre, est celui du roi de Eyio. Il est situé tout à fait à l'intérieur, là où il n'y a pas seulement de grands déserts arides. Et même, partout où on a pu pénétrer à l'intérieur, on a découvert de grands royaumes. Or, en des temps plus reculés, racontent les Portugais, deux cent mille hommes environ prirent part à une guerre. Le roi de Eyio lui-même possède deux cent mille cavaliers. Comme chez les Ashanti, il est entouré de grands qui ne sont pas inconditionnellement soumis à son libre vouloir. Quand il ne gouverne pas bien, ils lui envoient une ambassade qui lui remet trois œufs de perroquet. Les envoyés lui tiennent ensuite un discours : ils le remercient de la peine qu'il prend pour les gouverner justement et ajoutent que, pourtant, ses efforts doivent l'avoir trop fatigué et qu'il doit avoir certainement besoin de sommeil pour se reposer. Le roi les remercie pour leurs bons conseils, reconnaît leur bienveillance, et se retire dans la pièce contiguë. Là, pourtant, il ne se met pas à dormir, mais il se fait étrangler par ses femmes. De façon analogue, il y a vingt ans, a été déposé un roi des Ashanti que les cajoleries de sa femme avaient poussé à rester dans le royaume de son beau-père. Les grands l'invitèrent à revenir pour la fête annuelle, mais, comme il n'était pas revenu, ils nommèrent roi son frère.

Ainsi ce despotisme lui-même, n'est pas complètement aveugle. Les peuples ne sont pas seulement esclaves, ils font aussi valoir leur volonté. En Afrique orientale, Bruce (6) a traversé un État dans lequel le premier ministre est le bourreau, et qui ne peut, cependant, couper la tête à d'autres qu'au roi. Jour et nuit l'épée est ainsi suspendue sur la tête du despote. D'autre part le despote a un pouvoir absolu sur la vie de ses sujets. Là où la vie n'a pas de valeur, elle est gaspillée sans égards. Les peuples se combattent dans des batailles sanglantes qui durent souvent jusqu'à huit jours sans interruption et dans lesquelles périssent des centaines de milliers d'individus. Le résultat décisif est déterminé, d'habitude, par un événement accidentel. Alors, les vainqueurs massacrent tous ceux qu'ils peuvent rattraper. De nombreux princes, du reste, ont pour bourreau leur premier ministre. Dans tous les États nègres, dont beaucoup sont voisins entre eux, la même chose arrive à peu près. La dignité de chef est la plupart du temps héréditaire, mais elle s'acquiert rarement de façon pacifique. Le prince est très honoré, mais il doit partager son pouvoir avec ses guerriers. Chez les nègres, aussi, il y a des jugements et des procès. Dans le nord, où les Maures ont propagé l'islamisme, les coutumes sont plus douces. Les nègres avec lesquels les Anglais entrèrent en contact étaient eux aussi mahométans.

Cette mentalité des Africains implique qu'ils sont au plus haut degré exposés à subir l'influence du fanatisme. Le pouvoir de l'esprit est si faible chez eux, et si intense pourtant l'esprit en lui-même, qu'une seule idée qui s'impose à eux est suffisante pour les pousser à ne rien respecter et à tout détruire. On les voit vivre longtemps de la façon la plus tranquille et la plus débonnaire, mais cette douceur est capable de se transformer, à l'improviste, en fureur. Si peu de choses méritent en elles mêmes du respect à leurs yeux, que l'idée qui s'empare d'eux devient leur seul mobile et les pousse à tout détruire. Toute idée jetée parmi des nègres est saisie et réalisée avec toute l'énergie de la volonté. Mais, dans le même temps, au cours de cette réalisation, tout est détruit. Ces peuples sont longtemps tranquilles, mais d'un moment à l'autre ils entrent en fermentation et sortent alors complètement d'eux-mêmes. La destruction, qui est la conséquence de ce mouvement violent, a sa raison d'être en ce que ce n'est pas un contenu idéal, une pensée, qui provoque ces impulsions, mais un fanatisme plus physique que spirituel. Nous voyons ainsi, souvent, des populations se précipiter avec une fureur singulière sur la côte et tout massacrer, sans autre raison que la fureur et la folie, avec un courage qui est le propre des seuls fanatiques. Dans ces États, toute résolution a un caractère fanatique, d'un fanatisme supérieur à tout ce qu'on peut imaginer. Un voyageur anglais (7) raconte que, lorsque chez les Ashanti une guerre est décidée, elle est précédée par des cérémonies solennelles : entre autres, les ossements de la mère du roi doivent être lavés avec du sang humain. Comme prélude à la guerre, le roi ordonne un assaut contre sa propre capitale, comme pour exciter sa propre fureur. Un peuple qui avait refusé de payer le tribut devant être puni par une guerre, le roi envoya ce message au résident anglais Hutchinson (8) : « Chrétien, sois sur tes gardes, et veille sur ta famille. Le messager de la mort a mis l'épée au clair et il frappera les têtes de nombreux Ashanti. Quand le tambour battra, ce sera le signal de la mort pour beaucoup. Viens auprès du roi, si tu peux, et ne crains rien pour toi. » Le tambour battit ; les guerriers du roi, armés de courtes épées, sortirent pour se livrer au massacre et un carnage terrible commença. Tous ceux que les nègres furieux rencontraient sur leur chemin étaient percés de coups. Cette fois, cependant, il n'y eut pas beaucoup de victimes, car le peuple avait eu vent de la chose et pris ses précautions. En de telles occasions, le roi fait tuer tous ceux qui lui sont suspects, et cette action assume alors le caractère d'une fonction sacrée. La même chose se produit dans les funérailles : tout a le caractère de la sortie hors de soi-même, de l'être hors de soi-même. Les esclaves du défunt sont abattus, la tête, dit-on, appartient au fétiche, le corps aux parents qui le dévorent ensuite. Au Dahomey, quand le roi meurt, une émeute éclate dans tout son palais, qui est immense. Tout le mobilier est détruit, et un massacre général se produit. Les épouses du souverain (qui sont, comme on l'a dit, 3333), se préparent à la mort. Elles en admettent la nécessité, se parent pour l'occasion et se font tuer par leurs esclaves. Tout lien social, dans la cité et dans le royaume, est rompu. Partout se produisent des meurtres et des vols, et les vengeances privées se donnent libre cours. Dans une occasion semblable, cinq cents femmes furent tuées au palais en six minutes. Les hauts fonctionnaires se hâtent de proclamer le nouveau souverain le plus vite possible, pour mettre fin aux débordements et aux carnages.

Le cas le plus épouvantable (9) est celui d'une femme qui, dans l'intérieur du Congo, règne sur les Dschaks. Convertie au Christianisme, elle retomba dans l'idôlatrie, puis se convertit de nouveau. Elle vivait de façon très dissolue, en lutte contre sa mère qu'elle chassa du trône, et elle fonda un État féminin qui se fit connaître par ses conquêtes. Elle répudia publiquement tout amour pour sa mère et pour son fils. Elle broya ce dernier, qui était un petit enfant, dans un mortier, devant l'assemblée, se barbouilla de son sang, et ordonna que fût toujours prête une provision de sang d'enfants broyés. Ses lois étaient terribles. Elle fit chasser ou assassiner les hommes, et toutes les femmes devaient tuer leurs enfants mâles. Les femmes enceintes devaient quitter le campement et accoucher en secret. A la tête de ces femmes, elle exécuta les plus épouvantables dévastations. Comme des furies, elles détruisaient tout dans le voisinage, se nourrissaient de chair humaine, et, ne cultivant pas la terre, elles n'avaient que le pillage comme moyen de subsistance. Plus tard, il fut permis aux femmes de prendre pour époux les prisonniers de guerre qu'elles faisaient esclaves, et même de leur donner la liberté. Il en fut ainsi de nombreuses années. Il est du reste caractéristique du type de vie africain que les femmes participent à la guerre. Dans l'Ashanti et au Dahomey, il existe un corps de femmes avec lequel le roi accomplit des expéditions militaires. Au Dahomey — celui qui le voudrait pourrait y voir une réalisation partielle de la république platonicienne — les enfants n'appartiennent pas à leur famille, mais reçoivent une éducation publique, et peu après leur naissance ils sont répartis dans les différents villages. Une grande multitude entoure le roi : celui qui veut se marier doit déposer devant le palais quelques thalers et obtient ainsi une femme. Chacun doit prendre celle qui lui est assignée, qu'elle soit jeune ou vieille. Les épouses des rois guident les candidats à l'état conjugal, elles leur donnent d'abord une mère, qu'ils doivent accepter, puis ils doivent revenir une autre fois pour avoir une femme.

Il résulte de tous ces différents traits que ce qui détermine le caractère des nègres est l'absence de frein. Leur condition n'est suceptible d'aucun développement, d'aucune éducation. Tels nous les voyons aujourd'hui, tels ils ont toujours été. Dans l'immense énergie de l'arbitraire naturel qui les domine, le moment moral n'a aucun pouvoir précis. Celui qui veut connaître les manifestations épouvantables de la nature humaine peut les trouver en Afrique. Les plus anciens renseignements que nous ayons sur cette partie du monde disent la même chose. Elle n'a donc pas, à proprement parler, une histoire. Là-dessus, nous laissons l'Afrique pour n'en plus faire mention par la suite. Car elle ne fait pas partie du monde historique, elle ne montre ni mouvement, ni développement et ce qui s'y est passé, c'est-à-dire au Nord, relève du monde asiatique et européen. Carthage fut là un élément important et passager. Mais elle appartient à l'Asie en tant que colonie phénicienne. L'Égypte sera examinée au passage de l'esprit humain de l'Est à l'Ouest, mais elle ne relève pas de l'esprit africain ; ce que nous comprenons en somme sous le nom d'Afrique, c'est un monde anhistorique non-développé, entièrement prisonnier de l'esprit naturel et dont la place se trouve encore au seuil de l'histoire universelle.

b) L'Asie

Maintenant, après avoir écarté l'Afrique, nous commençons à nous trouver dans le vrai théâtre de l'histoire. Chez le nègre, la volonté naturelle singulière n'est pas encore niée, et pourtant c'est seulement de cette négation que dérive la conscience de l'être en soi et pour soi. Cette conscience s'entr'ouvre dans le monde oriental. Il y a là une force qui existe en soi et pour soi, et l'homme lui-même n'est encore et pour soi que dans la mesure où il est en rapport avec cette réalité substantielle universelle. Ce rapport avec un pouvoir substantiel détermine entre les individus une liaison réciproque. C'est ainsi qu'est apparu en Asie le moment éthique de la conscience de l'État. L'Asie est, par excellence, le continent du commencement. Il est vrai que chaque pays, en fait, est en même temps un Orient et un Occident, et l'Asie est ainsi Occident pour l'Amérique. Mais, de même que l'Europe est le centre et la limite de l'Ancien Monde et l'Occident absolu, de même l'Asie est de façon absolue l'Orient. C'est là qu'est apparue la lumière de l'esprit, la conscience d'un élément universel, et, par là même, l'histoire du monde.

Nous devons avant tout mettre l'accent sur la nature géographique de l'Asie et sur sa formation. En Afrique, les conditions naturelles, par rapport à l'histoire du monde, étaient plutôt négatives. En Asie, elles sont positives. De là vient la grande intuition de la nature qui est propre aux Asiatiques. La nature étant le présupposé de l'histoire, elle doit l'être aussi pour notre considération historique. Le naturel et le spirituel forment une figure vivante, qui est l'*histoire*. La structure physique de cette partie du monde présente des éléments en contraste absolu et, en même temps, leur relation essentielle. Les différents principes géographiques sont des formations développées et parfaites en elles-mêmes. Les deux formes typiques de paysage auxquelles nous avons eu affaire, le haut pays et la plaine fluviale, sont les lieux d'activités humaines absolument opposées entre elles, mais elles sont liées par un rapport essentiel d'influence mutuelle et ne sont pas isolées, comme il arrive en Égypte, par exemple. Le fait que ces oppositions absolues soient liées par un rapport réciproque est tout à fait caractéristique de l'Asie.

Tout d'abord, nous devons exclure la pente septentrionale, la Sibérie. Pour nous, elle est en dehors du champ d'observation. La structure du pays est telle qu'il ne peut être le théâtre d'une civilisation historique, ni, par conséquent, s'avancer avec une physionomie propre dans l'histoire du monde. Les avantages qui s'y rencontrent, c'est-à-dire le fait que de grands fleuves descendent des monts Altaï et se jettent dans l'océan Arctique, sont neutralisés par le climat. Le reste de l'Asie présente essentiellement, comme l'Afrique, un haut pays compact, avec une ceinture montagneuse qui comprend les plus hautes cimes du monde. Cette ceinture de montagnes se présente comme une chaîne qui s'abaisse fortement vers l'extérieur. Vers le sud et le sud-est, ce haut pays est limité par le Moustagh ou Imaus, parallèlement auquel s'étend, plus au sud, l'Himalaya. Vers l'est une chaîne de montagnes qui va du sud au nord — sépare le bassin de l'Amour. Cette région est, dans sa plus grande partie, occupée par les Mandchous, qui dominent la Chine et qui, là où ils ont conservé leur condition originaire, sont des nomades, suivant le type de vie que, du reste, l'empereur de la Chine lui-même adopte pendant l'été. Au nord, se trouvent les monts de l'Altaï et de la Dzoungarie, et, reliés à ces derniers, au nord-ouest, le Moussart et à l'ouest, le Belourtagh qui à son tour est relié au Moustagh par l'Hindou-Kousch.

Cette haute ceinture montagneuse est coupée par des fleuves puissants qui forment de grandes plaines immensément fertiles et luxuriantes, qui sont les centres d'une civilisation particulière. Ce sont des plaines alluviales que l'on ne peut appeler proprement vallées. Leur structure est en effet différente de celle des bassins fluviaux européens, qui sont constitués par des systèmes toujours plus ramifiés de vallées proprement dites. Il faut ranger parmi ces plaines la plaine chinoise, formée par le Hoang-ho et le Yang-tse Kiang, le Fleuve Jaune et le Fleuve Bleu, qui coulent vers l'est ; la plaine de l'Inde, formée par le Gange (de moindre importance est l'Indus, qui détermine au nord l'existence d'un autre pays, le Pendjab, et qui coule vers le sud à travers des plaines de sable) ; et en outre les régions du Tigre et de l'Euphrate, qui viennent d'Arménie et coulent à l'ouest des montagnes de Perse. La Mer Caspienne est entourée à l'est et à l'ouest de plaines fluviales du même genre, à l'est celles qui sont formées par l'Oxus et l'Iaxarte (le Gihon et le Sihon) qui se jettent dans la Mer d'Aral ; le Gihon se jetait auparavant dans la Mer Caspienne, mais ensuite il dévia son cours. La grande région entre le Belourtagh et la Mer Caspienne est une vaste plaine parsemée de collines, qui présente une importance singulière pour l'histoire du monde. Vers l'ouest, le Cyros et l'Araxès (Kour et Aras) forment une plaine moins vaste, mais tout aussi fertile. La zone montagneuse de l'Asie centrale, dans laquelle on peut comprendre aussi l'Arabie en tant que haut pays, a en même temps le caractère de la plaine et celui du haut pays ; le contraste parvient, là, à sa plus grande liberté, la lumière et l'ombre, la magnificence et l'abstraction de la pure intuition — ce qu'on appelle orientalisme — y sont chez eux. La Perse rentre en tout premier lieu dans cette sphère.

La plaine et le haut pays sont caractérisés de la façon la plus nette par leur antithèse même. Le troisième moment, lui, est constitué par le mélange de ces deux principes qui a lieu dans l'Asie antérieure. A cette sphère appartient l'Arabie, le pays du désert, le haut pays, le royaume de la liberté sans frein, d'où est sorti le fanatisme le plus démesuré. Y appartiennent aussi la Syrie et l'Asie Mineure, qui sont en communication avec la mer et constituent le point de liaison avec l'Europe. Leur culture est passée en Europe, et ils se trouvent en contact constant avec elle.

Après avoir rappelé la situation géographique, il nous faudra dire quelques mots sur le caractère que les peuples et l'histoire ont emprunté à cette situation. Le point le plus important est constitué par le rapport du haut pays avec les plaines fluviales. Ou, plutôt, ce n'est pas le haut pays lui-même que les défilés par où on débouche des montagnes sur la plaine, qui ont une importance extrême pour l'histoire du monde. Ce qu'on doit surtout mettre en évidence dans l'histoire de l'Asie, c'est le lien qui existe entre les peuples qui y résident et le caractère de la civilisation propre aux plaines fluviales. Le principe et le point de départ, chez les peuples établis sur les montagnes, est la vie pastorale. Le principe de la plaine fluviale, en revanche, est l'agriculture et le développement progressif de l'industrie. Le troisième principe qui concerne l'Asie antérieure, est le commerce avec l'étranger et la navigation. Ces principes sont présentés ici abstraitement mais ils entrent dans un rapport réciproque essentiel. Ils apparaissent alors avec des déterminations différentes et constituent les principes communs de la façon de vivre et du caractère historique des peuples.

C'est ainsi que la vie pastorale conduit, parmi les peuples montagnards, à trois situations différentes. D'un côté, nous voyons la tranquille vie nomade qui s'écoule, avec des besoins limités, selon un cycle uniforme. D'un autre côté, l'instabilité se manifeste dans l'institution du pillage telle qu'elle se constitue chez ces nomades. En troisième lieu intervient le fait qu'ils deviennent des conquérants. Sans évoluer eux-mêmes jusqu'au stade de l'histoire, ces peuples ont pourtant en eux une puissante impulsion à changer de forme, et même s'ils n'ont pas un contenu historique propre, c'est chez eux qu'il faut faire commencer l'histoire. A côté de leur activité immédiate d'éleveurs de chevaux, de chameaux, de moutons, et, en moindre quantité, de bêtes à cornes, ce qui leur est particulier, c'est la vie errante, inconstante, qui, lorsqu'elle ne coule pas tranquillement, peut devenir brigandage, avec, parfois, la concentration de grandes masses qui se précipitent sur les plaines. Ces masses ne parviennent pas à une évolution et à une éducation intrinsèques, elles n'acquièrent la civilisation qu'après leur installation dans les plaines qu'elles ont conquises et où elles perdent leur caractère. Mais la conquête a entraîné d'immenses mouvements et fait naître dévastations et bouleversements dans la forme extérieure du monde.

Le second principe est celui qui nous intéresse le plus, le principe de la plaine fluviale, avec l'élément de l'agriculture. La fin de l'instabilité est déjà implicite dans l'agriculture. Celle-ci recèle en elle-même le thème de la constance, car elle exige prévoyance et préoccupation du futur. Ainsi s'éveille la réflexion, qui est dirigée vers quelque chose d'universel. On veille à la famille universellement, ce qui implique déjà le principe de la propriété et des métiers individuels. C'est de cette manière que la Chine, l'Inde, la Babylonie sont devenues de grands pays civilisés. Mais ils se sont tenus repliés sur eux-mêmes et ne sont pas entrés en rapport avec le principe de la mer, ou du moins ils n'y sont pas entrés après que leur principe particulier fut parvenu à son plein développement. Et, même s'ils l'ont fait, cela n'a pas constitué un moment de leur culture et de leur civilisation. Une connexion entre ces pays et le déroulement ultérieur de l'histoire ne pouvait se produire, par conséquent, que dans la mesure où on se serait intéressé à eux et où on les aurait explorés. Ce principe moyen est caractéristique de l'Asie. Le contraste entre jour et nuit, ou, pour parler géographiquement, entre plaine fluviale et ceinture montagneuse, donne le ton déterminant à l'histoire asiatique. La bande de montagnes du haut pays, le haut pays lui-même et les plaines fluviales sont ce qui caractérise physiquement et spirituellement l'Asie, mais en eux-mêmes, ils ne sont pas des éléments historiques concrets, mais seulement les moments d'une relation d'antithèse absolue. Le but vers lequel tendent continuellement l'instabilité, l'agitation, l'errance des habitants des montagnes et des hauts pays, c'est l'enracinement des hommes dans la fertilité de la plaine. Ce qui est séparé du point de vue naturel, entre dans un rapport essentiellement historique.

L'Asie antérieure réunit deux moments en un seul : elle est le pays des configurations multiformes. Ce qui lui est surtout particulier est son rapport avec l'Europe. Tout ce qui s'y est produit, ce pays ne l'a pas gardé pour lui, mais l'a transmis en Europe. Des principes y virent le jour, dont le processus de formation et de perfectionnement n'eut pas lieu sur place, mais seulement en Europe. Ce pays nous présente la genèse de tous les principes religieux et politiques, mais ce n'est qu'en Europe qu'ils se développèrent. Il est en contact avec la Méditerranée. L'Arabie, la Syrie, et surtout ses côtes, avec la Judée, Tyr et Sidon, mettent en valeur le principe du commerce depuis ses débuts les plus lointains, et cela en direction de l'Europe. En Asie Mineure, la Troade et l'Ionie, et, en outre, la Colchide sur la Mer Noire avec, derrière elle, l'Arménie, étaient les principaux points de relation entre Asie et Europe. La vaste plaine de la Volga est digne de mention, à cause du passage des immenses hordes asiatiques qui, à travers elle, se répandirent sur l'Europe.

c) *L'Europe*

En Europe, les différences physiques ne se manifestent pas de façon aussi impérieuse qu'elles le font, nous l'avons vu, en Afrique et, plus encore, en Asie. On n'y trouve pas un aussi solide noyau de haut pays. Le haut pays, en Europe, est subordonné. Le principe de la plaine diminue aussi d'influence. Le Sud et l'Ouest en particulier, présentent plutôt une succession multiforme de vallées fermées par des montagnes et des collines. Le caractère de l'Europe, c'est donc que les différentes configurations géographiques ne s'opposent pas en antithèses aussi nettes qu'en Asie, mais qu'elles y sont plus mélangées, si bien que leurs contrastes sont éliminés, ou du moins atténués, et que leur nature est celle d'une forme de transition. Cela dit, on peut distinguer dans la configuration de l'Europe trois parties. Mais, dans la mesure où ne règne pas chez elle l'antithèse entre hauts pays et plaines fluviales, le principe et le critère de la subdivision est différent.

La première partie est le *Sud de l'Europe* : le pays au sud des Pyrénées, la France méridionale et l'Italie, séparées par les Alpes du reste de la France, de la Suisse et de l'Allemagne, et la chaîne orientale des pays du côté de l'Aimos au sud du bassin du

Danube, avec la Grèce. Cette partie, qui fut longtemps le théâtre de l'histoire du monde, ne possède pas un point central de caractère bien tranché, mais elle est surtout tournée vers l'extérieur, vers la Méditerranée. Quand le centre et le nord de l'Europe étaient encore sauvages, l'Esprit du monde y trouva son siège. La région au nord des Alpes peut se diviser à son tour en deux parties : la partie occidentale, Allemagne. France, Danemark, Scandinavie, est *le cœur de l'Europe*, le monde entr'ouvert par Jules César. Cette action historique de César, l'ouverture de relations avec ces contrées, est l'action virile qui correspond à l'action juvénile accomplie par Alexandre le Grand qui rendit occidentale l'Asie Mineure. Alexandre, pourtant, n'eut pas, dans sa tentative d'élever l'Orient au niveau de la vie grecque, le même succès que César dans son entreprise. Toutefois, bien qu'éphémère, l'œuvre d'Alexandre fut telle que de l'union créée par lui entre Occident et Orient purent naître les grands germes historiques de l'évolution ultérieure de l'Occident. Ainsi, quant à son contenu, son œuvre fut la plus grande et la plus belle que l'on puisse imaginer, mais, quant à ses conséquences, elle tomba bien vite dans le néant, comme un pur idéal. La troisième partie est formée par l'*Europe du Nord-Est*. Elle contient les plaines du nord, de nature spéciale, qui ont appartenu aux peuples slaves et qui constituent une zone de relation avec l'Asie, c'est-à-dire principalement la Russie et la Pologne, qui ne deviennent que tardivement des États historiques et maintiennent constamment le contact avec l'Asie.

Puisque dans la nature européenne ne se manifeste pas un type singulier et isolé, comme cela se produit dans les autres parties du monde, on y trouve aussi un type d'homme plus universel. En Europe, où les caractéristiques géographiques s'opposent entre elles sans violence, les formes de vie qui apparaissent liées aux qualités physiques distinctes ne se manifestent pas dans cet isolement autonome qui les rend déterminantes pour l'histoire, comme cela arrive principalement en Asie. La vie naturelle est en même temps la sphère de l'accidentalité. Le sol n'est un principe déterminant, correspondant au principe de l'esprit, que dans les lignes générales. Le caractère de l'esprit grec, par exemple, résulte de la configuration du sol, en tant qu'il s'agit d'une bande côtière qui provoque la singularisation individuelle. L'empire romain, ainsi, n'aurait pas été possible à l'intérieur d'un continent. L'homme peut vivre sous tous les climats, mais les climats sont limités, et c'est une force qui apparaît comme un élément externe par rapport à ce qui est dans l'homme. L'humanité européenne apparaît donc, même selon la nature, comme plus libre, parce qu'aucun principe naturel de ce genre ne s'y manifeste de façon prédominante. Les différents types de vie qui, en Asie, se présentent plutôt l'un contre l'autre en des conflits externes, tendent au contraire, en Europe, à apparaître comme des classes sociales qui s'opposent au sein d'un État unique. La différence principale, du point de vue géographique, c'est celle qui existe entre la zone intérieure et la zone côtière. En Asie, la mer n'a pas d'importance. Bien mieux, les peuples ont fermé les portes sur la mer. En Europe, en revanche, ce qui compte c'est le rapport avec la mer. C'est là une différence constante. Un État européen ne peut être vraiment un État européen que quand il donne sur la mer. La mer apporte avec elle cette tendance très particulière vers l'extérieur qui manque à la vie asiatique, cette marche de la vie vers plus loin qu'elle-même. C'est ainsi que la vie des États européens a acquis le principe de la liberté de la personne singulière.

NOTES

1. Karl Ritter (1779-1859) : fondateur de la géographie scientifique.
2. Dominique Dufour de Pradt (1759-1837), archevêque de

Malines, a publié en 1816 des *Mémoires historiques sur la révolution d'Espagne.*

3. Hérodote II, 33.

4. *ein weites Herz* (un cœur vaste) ; il est permis de supposer que Hegel avait plutôt dit : *ein zweites Herz* (un deuxième cœur).

5. Hegel se réfère à l'ouvrage de Giovanni Antonio Cavazzi : *Istorica desErizione dei tre regni Congo, Matamba, Angola* (Bologna 1687, Milan 1690).

6. James Bruce : *Travels to discover the sources of the Nile*, 1768-1773.

7. T. E. Bowdisch : *Mission from Cape Coast Castle to Ashantee*, Londres 1819, 2 vol.

8. Hutchinson était Résident à Koumassi en 1817.

9. Cavazzi : *op. cit.* p. 149 sqq.

V.

LA PARTITION DE L'HISTOIRE UNIVERSELLE

La partition de l'histoire universelle offre un tableau d'ensemble qui se propose en même temps de montrer sa structure telle qu'elle est comprise à la lumière de l'Idée, selon sa nécessité interne.

Dans l'aperçu géographique a été déjà indiqué d'une façon générale le chemin que suit l'histoire universelle. Le soleil se lève à l'Orient. Le soleil est la lumière et le rapport simple et universel à soi-même, donc l'Universel en soi. Cette lumière en soi universelle en tant qu'individu, en tant que sujet, est le soleil. On a souvent décrit l'état d'esprit de l'homme qui à l'aube voit venir la lumière et le soleil se lever dans sa majesté. Une telle image provoque le saisissement, l'admiration, l'oubli infini de soi-même dans la clarté naissante. Toutefois à mesure que le soleil s'élève, cette admiration s'atténue ; le regard se dirige de plus en plus vers la nature et vers soi-même. C'est sa propre clarté que l'Esprit veut regarder ; ainsi passera-t-il à la conscience de soi ; à sa première admiration inactive se substituera l'action, la création d'une œuvre tirée de ses propres ressources. Et, au soir, il aura bâti un édifice achevé, il aura un soleil intérieur, le soleil de sa propre conscience, un soleil créé par son propre travail, qu'il estimera plus haut que le soleil extérieur. Et dans son édifice il se trouvera face à l'Esprit dans le même rapport dans lequel il s'est trouvé au début face au soleil extérieur, mais ce rapport sera libre car ce deuxième objet est son propre Esprit. Cette image contient le cours entier de l'histoire, la grande journée de l'Esprit, le travail qu'il accomplit dans l'histoire du monde.

L'histoire universelle va de l'Est à l'Ouest, car l'Europe est véritablement le terme et l'Asie, le commencement de cette histoire. Pour l'histoire universelle il existe un Est par excellence, Κατ' ἐξοχήν, bien que l'Est soit pour soi quelque chose de tout relatif : en effet, quoique la terre forme une sphère, l'histoire cependant ne décrit pas un cercle autour d'elle ; elle a bien plutôt un Est déterminé qui est l'Asie. Ici se lève le soleil extérieur, physique, et à l'Ouest il se couche, mais à l'Ouest se lève le soleil intérieur de la conscience de soi qui répand un éclat supérieur. L'histoire est l'éducation par laquelle on passe du déchaînement de la volonté naturelle à l'Universel et à la liberté subjective.

Ce qui dans le monde des phénomènes se donne comme notre objet, est l'*État*. L'État est l'Idée universelle, la vie spirituelle universelle. Du fait qu'ils y sont nés, les individus se trouvent envers lui dans un rapport de confiance et d'accoutumance ; c'est en lui qu'ils ont leur être et leur réalité, leur savoir et leur vouloir, et c'est par lui qu'ils acquièrent une valeur et se maintiennent à l'existence. Deux déterminations fondamentales s'en dégagent : tout d'abord, la substance universelle de l'État, l'Esprit unitaire, compact en soi, la puissance absolue, l'Esprit indépendant du peuple ; en second lieu, l'individualité en tant que telle, la liberté subjective. [Pour comprendre] la différence [entre les États, il importe de savoir] si la vie réelle des individus est une accoutumance inconsciente et une pratique coutumière (*Sitte*) de cette unité ou bien si les sujets sont des sujets réfléchissants, personnels, existant pour soi. C'est à ce point de vue qu'il faut distinguer la liberté *substantielle* de la liberté *subjective*. La liberté substantielle, c'est la Raison existant en soi du vouloir qui se déploiera ensuite dans l'État. Mais cette détermination de la Raison ne comporte pas encore l'élément de l'intelligence et de la volonté personnelles, c'est-à-dire la liberté subjective qui se concrétise dans l'individu et l'amène à se réfléchir dans sa conscience (*Gewissen*). Dans la liberté purement substantielle, les commandements et les lois sont quelque chose d'en soi et pour soi inébranlable et l'attitude des sujets à leur égard est celle d'une parfaite subordination. Ces lois n'ont pas à s'accorder à la volonté individuelle et les sujets sont ainsi semblables aux enfants qui, dépourvus de volonté et de jugement propres, obéissent à leurs parents. Mais lorsque se produit la liberté subjective et que l'homme descend de la réalité extérieure dans son propre esprit, l'antithèse de la réflexion apparait et elle implique la négation de la réalité. En effet, la sortie hors de la réalité présente constitue déjà en elle-même une antithèse où Dieu ou le divin et le sujet en tant que sujet particulier se présentent comme des termes opposés. Dans l'histoire universelle, il ne s'agit de rien d'autre que de créer une situation dans laquelle ces deux termes se trouvent absolument unis et vraiment conciliés : une conciliation dans laquelle, d'une part, le sujet libre ne disparaît pas dans l'objectivité de l'Esprit mais conquiert un droit indépendant, tandis que, d'autre part, l'Esprit absolu, l'unité objective et compacte, maintient son droit absolu. Dans la conscience immédiate de l'Orient, ces deux moments ne sont pas séparés. Assurément, ce qui est substantiel y est distingué de l'élément singulier, mais l'opposition n'est pas encore fondée en l'Esprit.

L'empire oriental

La première figure de l'Esprit est donc l'*Orient*. Ce monde a pour fondement la conscience immédiate, la spiritualité substantielle : ce qui se sait ici n'est plus l'arbitraire particulier, mais le lever du soleil, le savoir d'une volonté essentielle qui est indépendante et autonome pour soi et envers laquelle la volonté subjective se trouve dans une relation de foi, de confiance et d'obéissance. Plus concrètement saisie, cette situation se définit comme régime *patriarcal*. Dans la famille [patriarcale], chaque individu forme un tout mais il est en même temps un moment de l'ensemble, y vit en accomplissant un but commun, et ce but commun s'incarne en une existence particulière et est l'objet de la conscience des individus. Cette conscience est la personne du chef de la famille qui incarne la volonté et l'activité pour le but commun, prend soin des individus, dirige leur volonté vers ce but, les éduque et les oblige à s'y conformer. Ni la connaissance ni la volonté des individus ne va au delà de ce but et de son incarnation dans la personne du chef et sa volonté. C'est là la première forme d'existence d'un peuple.

Ce qui apparaît ici, c'est tout d'abord un État où le sujet n'a pas encore acquis son droit et c'est plutôt un ordre éthique immédiat et dépourvu de lois qui règne. C'est l'âge infantile de l'histoire. Cette figure se divise en deux côtés. Le premier c'est un État fondé sur le rapport familial, un État de prévoyance paternelle qui maintient l'unité de l'ensemble en distribuant admonestations et punitions — un règne prosaïque où l'antithèse, l'idéalité, ne sont pas encore apparues. En même temps c'est le règne de la durée ; il ne peut pas changer par lui-même. C'est le monde de l'*Asie orientale*, essentiellement le monde chinois. — De l'autre côté, la forme du temps s'oppose à cette durée spatiale. Sans se modifier en eux-mêmes ou dans leur principe, les États sont sujets à un changement perpétuel dans leurs rapports réciproques, c'est-à-dire se trouvent dans des conflits incessants qui leur préparent un déclin rapide. Dans la mesure où l'État est ainsi tourné vers l'extérieur, apparaît le pressentiment du principe individuel : en effet, la lutte et le conflit vont de pair avec une concentration et un saisissement en soi. Mais ce pressentiment est encore impuissant, inconscient, naturel : c'est une lumière, mais qui n'est pas encore celle de la personnalité consciente de soi. Cette histoire est encore essentiellement sans histoire, car elle n'est que la répétition de la même ruine majestueuse. L'élément nouveau que le courage, la force et la magnanimité ont substitué à l'ancienne splendeur, suit le même chemin de la décadence et de la ruine. Celle-ci n'est pas une vraie ruine, car tous ces changements incessants ne produisent aucun progrès. L'élément nouveau qui s'est substitué à ce qui a péri, dépérit lui aussi ; aucun progrès n'a lieu et toute cette inquiétude n'est qu'une histoire anhistorique. L'histoire se déplace alors, d'une façon tout extérieure, c'est-à-dire sans aucun lien avec l'histoire précédante, vers l'*Asie centrale*. Si nous voulons poursuivre la comparaison avec les âges de l'homme, cela correspondrait à l'âge de l'enfance qui n'a plus la tranquillité et la confiance du petit enfant, mais qui aime la violence et le combat.

Plus précisément, c'est l'*intuition* qui caractérise l'esprit oriental : il se trouve dans un rapport immédiat avec son objet et celui-ci est tel que le sujet est englouti dans la substantialité ; il ne parvient pas à se dégager de l'unité compacte et à s'affirmer dans sa liberté subjective. Le sujet n'a pas encore produit de lui-même l'objet universel et l'objet n'a pas encore eu sa seconde naissance dans le sujet. Son mode d'être spirituel n'est pas encore objet de représentation, mais se caractérise par l'immédiateté et se déploie sous le rapport de l'immédiateté. C'est pourquoi l'objet est un sujet déterminé d'une manière immédiate, à l'instar du soleil naturel : comme le soleil, il est une image de la fantaisie sensible, non spirituelle, et apparaît par conséquent comme un individu naturel. L'Esprit du peuple, la substance, existe donc objectivement face aux individus sous les traits d'un homme. En effet, l'humanité est toujours la forme la plus haute et la plus digne de la symbolisation. Le sujet que le peuple reconnaît comme l'unité spirituelle, comme la forme de la subjectivité dans laquelle le tout trouve son unité, est donc, éminemment, un homme. Le principe du monde oriental consiste en ceci que les individus n'ont pas encore conquis leur liberté subjective, mais existent comme les accidents d'une substance qui n'est pas abstraite comme la substance spinoziste, mais existe concrètement pour la conscience naturelle sous les traits d'un chef suprême qui est le maître unique du tout.

La puissance substantielle contient deux éléments : l'Esprit qui domine et la nature qui lui est opposée. Ces deux moments sont réunis dans la puissance substantielle. Il existe un Maître qui fait valoir le substantiel et se dresse contre le particulier en tant que législateur. La souveraineté ne se limite pas seulement au gouvernement séculier : le gouvernement spirituel ne s'en est pas encore distingué. La domination telle qu'elle est dans le monde oriental peut être appelée une théocratie. Dieu est le maître temporel et le maître temporel est Dieu ; les deux côtés sont réunis en la personne du souverain : son pouvoir est celui d'un Dieu-homme. Nous pouvons distinguer trois formes de ce principe.

L'Empire *chinois* et *mongol* est l'empire du *despotisme théocratique*. L'état patriarcal en constitue le fondement : à la tête est placé un père qui règne aussi sur ce que nous considérons comme le domaine de la conscience morale personnelle (*Gewissen*). En Chine, ce principe patriarcal s'est développé en un État organisé ; chez les Mongols il n'est pas aussi systématiquement développé. En Chine règne un despote qui dirige à travers une multitude d'échelons hiérarchiques un gouvernement systématiquement organisé. Même les affaires religieuses et familiales sont déterminées par des lois d'État : l'individu est moralement dépourvu de personnalité propre.

L'élément stable dans le monde *hindou* est constitué par la différenciation qui résulte nécessairement de l'évolution de la vie populaire. Ce sont les castes qui indiquent à chaque individu ses droits et ses devoirs. Ce régime peut être appelé une *aristocratie théocratique*. Au-dessus de cette différenciation inébranlable s'élève l'idéalité de la fantaisie, mais une idéalité qui ne s'est pas encore dégagée de l'élément sensible. L'Esprit s'élève certes jusqu'à l'unité divine, mais il ne peut pas se maintenir sur cette hauteur. L'élévation au-dessus de la particularité est une errance sauvage autour d'elle et une rechute perpétuelle en elle.

En *Perse* l'unité substantielle est purifiée. Sa manifestation dans la nature est la lumière. L'élément spirituel est le Bien. Cette forme peut être appelée une *monarchie théocratique*. Ce que le monarque doit affirmer activement est le Bien. Les Perses ont soumis plusieurs peuples, mais ils ont respecté leurs particularités ; leur règne peut donc être assimilé à un empire. La Chine et l'Inde ont fermement perpétué leurs principes ; ce sont les Perses qui constituent la transition de l'Orient à l'Occident. La transition interne vers la liberté de la vie grecque est constituée par l'*Egypte* de même que la Perse figure la transition externe. En Égypte apparaît la contradiction des principes dont la solution sera la tâche de l'Occident.

Devant nous se déploie la magnificence de l'intuition orientale, l'intuition de l'Être unique, de la Substance à laquelle tout revient et dont rien ne s'est encore séparé. L'idée fondamentale est celle de la Puissance solidement établie à laquelle est attribuée toute la richesse de la fantaisie et de la nature, La liberté subjective n'est pas encore parvenue à son droit propre, n'a pas son honneur en elle-même, mais seulement dans cet objet absolu. Les édifices magnifiques des États orientaux constituent des formations substantielles ; toutes les déterminations de la rationalité y sont présentes, mais de manière telle que les sujets restent toujours quelque chose d'accidentel. Les individus tournent autour d'un point central, autour du souverain qui les dirige non pas comme un despote de la Rome impériale, mais comme un patriarche. Sa tâche est en effet d'imposer l'ordre éthique et substantiel, de maintenir en vigueur les commandements essentiels déjà existants. Ce qui chez nous appartient à la seule liberté subjective, émane ici de l'universalité de l'ensemble. Mais précisément parce que cette substantialité ne peut pas assumer et dépasser l'opposition, elle se scinde en deux moments. N'étant pas développée au dedans, l'opposition éclate au dehors. Ainsi d'un côté nous voyons la durée, la stabilité, et de l'autre, l'arbitraire se détruisant lui-même. Ce qui est contenu dans l'Idée, est essentiellement réel et présent, mais ce qui compte c'est la manière dont il existe : il s'agit de savoir si les moments de l'Idée sont réels dans leur vrai rapport. Or étant donné que le moment de la subjectivité est un moment essentiel de l'Esprit, il faut qu'il soit également présent. Mais il n'est pas encore concilié, uni, et il existe sous une forme inapaisée. Un arbitraire déchaîné est attaché au splendide édifice de cette puissance unique à laquelle rien ne peut échapper et en face de laquelle rien ne peut se donner une existence indépendante. Terrifiant, jamais apaisé, l'arbitraire est d'une part inhérent à l'édifice lui-même et réside dans le caractère temporel (*Weltlichkeit*) de la puissance de la substantialité elle-même ; d'autre part, sa vaine agitation se manifeste à l'extérieur. Conformément à l'Idée, l'arbitraire n'est pas dans le splendide édifice mais il doit exister chaotiquement en dehors de cette unité substantielle. Ainsi, à côté des édifices de la substantialité orientale, nous trouvons des hordes sauvages qui se précipitent du haut pays sur l'habitat de la paix, le détruisent, le dévastent et en font table rase : elles s'y installent, se mélangent et perdent leur sauvagerie, mais elles se réduisent en poussière sans autre résultat parce qu'elles sont en elles-mêmes incapables de se civiliser.

Dans le monde oriental nous trouvons des États conformes à nos critères, mais à l'intérieur de ces États mêmes il n'existe pas une fin que nous pourrions appeler fin d'État. Dans la vie étatique nous trouvons la liberté substantielle, c'est-à-dire la liberté rationnelle, réalisée, qui se développe sans pour autant progresser jusqu'à la liberté subjective. L'État est ce qui est pensé substantiellement pour soi sous la forme d'une fin substantielle, universelle, valable pour tous. Mais l'État est là une abstraction ; il n'est rien d'universel pour soi : ce n'est pas la fin, c'est le souverain qui est l'État. Nous pouvons, nous l'avons dit, comparer cette forme à l'enfance.

Le monde grec

La deuxième forme peut être comparée à l'adolescence. Elle comprend le *monde grec*. Ce qui le caractérise, c'est l'existence d'une foule d'États. C'est le règne de la belle liberté. Ici l'individualité se développe dans l'éthique immédiate. Ici, se lève le principe de l'individualité, la liberté subjective, mais installée dans l'unité substantielle. Comme en Asie, le principe du monde grec est l'ordre éthique, mais il s'agit d'une éthique qui imprègne l'individu et implique par conséquent le libre vouloir des individus. Les deux extrêmes du monde oriental, la liberté subjective et la substantialité, sont ici unis. C'est le règne de la liberté : non de la liberté déchaînée, naturelle, mais de la liberté éthique qui a un but universel, qui présuppose, veut et connaît non l'arbitraire et le particulier, mais la fin universelle du peuple lui-même. Il s'agit seulement de la belle liberté qui se trouve dans un rapport naturel, spontané avec la fin substantielle. L'union de l'ordre éthique et de la volonté subjective est ainsi faite que l'Idée s'unit à une figure plastique : elle ne se tient pas encore abstraitement à part pour elle-même, mais elle est immédiatement reliée au réel, de même que dans une belle œuvre d'art, le sensible porte l'empreinte et exprime le spirituel. C'est l'éthique spontanée qui n'est pas encore moralité ; mais la volonté individuelle du sujet demeure dans la pratique coutumière (*Sitte*) habituelle, immédiate, du droit et des lois. L'individu se trouve par conséquent dans une unité spontanée avec la fin universelle. Ce règne est donc l'harmonie véritable, le monde de la floraison la plus gracieuse, cependant fugitive et tôt disparue : c'est la figure à la fois la plus sereine et la plus inquiète parce que son être compact doit être renversé par sa réflexion. Du fait que ces deux principes sont unis d'une manière seulement immédiate, ce règne est celui de la plus haute contradiction avec soi-même. Les deux principes du monde oriental, la substantialité et la liberté subjective, sont ici unis, mais ils ne constituent qu'une unité immédiate et signifient la contradiction suprême. En Orient, la contradiction produit des extrêmes qui entrent en conflit. En Grèce, ces extrêmes sont unis, mais leur union, telle qu'elle se manifeste en Grèce, n'est pas durable. En effet, le bel ordre éthique n'est pas le vrai ordre éthique. Il n'est pas issu de la lutte de la liberté subjective régénérée. Il est celui de la première liberté subjective et conserve donc encore un caractère naturel : il n'est pas encore régénéré sous la forme supérieure et plus pure d'une éthique universelle. Cet ordre éthique sera donc l'inquiétude qui se détruit elle-même ; et la réflexion en soi de ces extrêmes produira la ruine de ce règne. Il s'ensuivra la naissance d'une forme supérieure et plus vaste qui constituera le troisième monde historique. Dans le monde grec, l'intériorité naissante, la réflexion en général existent comme un moment ; à l'époque suivante, cette réflexion intérieure, la pensée, l'activité de la pensée montent à la lumière et produisent le règne d'une finalité universelle.

Le monde romain et le christianisme

Le principe de cette troisième figure est l'universalité, une fin réellement existant en tant que telle, mais [qui n'est saisie que] dans son universalité abstraite : c'est la figure de l'*empire romain*. Un État en tant que tel est une fin qui a la préséance sur les individus et inspire tous leurs actes. Cela peut être considéré comme l'âge viril de l'histoire. A cet âge, la vie de l'homme n'est ni la soumission à la volonté arbitraire d'un Maître ni la beauté de l'arbitraire individuel : c'est l'âge de l'âpre labeur car l'homme vit dans le service et non dans l'allègre liberté de son but. Le but lui apparaît comme quelque chose d'universel mais en même temps comme quelque chose de rigide auquel il doit se consacrer. L'État, les lois, les Constitutions sont les buts et l'individu doit se mettre à leur service : celui-ci s'efface en eux et n'atteint sa propre fin que dans la fin universelle. (Un tel empire semble être fait pour l'éternité surtout lorsqu'il porte de surcroît en soi et également dans sa religion le principe de la satisfaction subjective, c'est-à-dire depuis qu'il est devenu Saint Empire Romain. Mais ce dernier a disparu depuis deux décennies.)

L'État commence à se dégager sous sa forme abstraite et à constituer une fin à laquelle les individus aussi participent, mais d'une manière incomplète, non-concrète. En effet les individus libres sont sacrifiés à la rigueur de cette fin, car ils doivent renoncer à eux-mêmes pour se mettre au service de cette universalité abstraite. L'État romain n'est plus celui des individus, comme c'était le cas de la cité d'Athènes. Il n'y a plus ici de joie, ni d'allégresse, mais un labeur rude et âpre. L'intérêt se détache des individus, mais ceux-ci acquièrent en eux-mêmes l'universalité abstraite et formelle. L'Universel impose aux individus son joug ; sous lui ils doivent renoncer à eux-mêmes, mais ils acquièrent en échange leur propre universalité, c'est-à-dire la personnalité : en tant que personnes privées ils deviennent des personnes juridiques. De même que les individus sont incorporés dans le concept abstrait de la personne, de même les peuples individuels doivent connaître le même destin : sous l'empire de cette universalité, leurs figures concrètes sont nivelées et ils doivent s'y incorporer en tant que masses. Rome devient ainsi un Panthéon de tous les dieux et de toutes les réalités spirituelles sans que cependant ces dieux et cet esprit conservent la vitalité qui leur est particulière.

La transition au principe suivant doit être considérée comme une lutte entre cette universalité abstraite et l'individualité. Étant abstraite, cette légalité doit disparaître au sein de la subjectivité parfaite. Le sujet, le principe de la Forme infinie, ne s'est pas substantialisé et doit par conséquent apparaître comme une domination arbitraire : c'est ainsi que sera posée la conciliation temporelle de l'opposition. Mais la conciliation spirituelle consiste en ceci que la personnalité individuelle soit purifiée dans l'universalité existant en soi et pour soi et se transforme en une subjectivité personnelle existant en soi et pour soi. Cela est la Personnalité divine : elle doit apparaître dans le monde, mais comme l'Universel existant en soi et pour soi.

Si l'on considère de plus près les deux aspects de cette évolution, on constate que, du fait qu'il est fondé sur la réflexion et l'universalité abstraite, cet empire est marqué par une opposition évidente, explicite : il est essentiellement une lutte à l'intérieur de lui-même, qui aboutira nécessairement à l'élévation de l'individualité arbitraire, de la force parfaitement contingente et absolument profane d'un Maître au-dessus de l'universalité abstraite. L'opposition originaire est celle qui existe entre la fin de l'État en tant qu'universalité abstraite et la personne abstraite. Le principe de l'universalité abstraite est explicite et atteint sa réalité lorsque l'individu en est imprégné : c'est alors que le sujet devient personnalité. Il en résulte une individualisation-et-un-isolement (*Vereinzelung*) des sujets. L'universalité et plus précisément l'universalité abstraite qui leur est conférée, les transforme en personnes juridiques, c'est-à-dire les rend autonomes et essentiels dans leur particularité. D'autre part, ce qui naît ainsi est le monde du Droit formel, abstrait, le droit de la propriété. Mais dans la mesure où cette désagrégation de l'ensemble dans la multitude des personnes a lieu à l'intérieur de l'État, ce dernier n'apparaît plus face aux individus comme un élément abstrait, mais comme la violence que le souverain exerce sur l'individualité. Dans cette abstraction où la suprême valeur n'est plus la fin universelle mais le droit personnel, dans cette désagrégation, le pouvoir qui maintient l'unité ne peut être qu'une violence arbitraire, et non la puissance rationnelle de l'État. Dans la mesure donc où le cours de l'histoire a donné la primauté à la personnalité, dans la mesure où le tout désagrégé en ses atomes ne peut être maintenu que d'une manière extérieure, la puissance subjective de la souveraineté devient la seule force capable de remplir cette tâche. La légalité abstraite se caractérise par le fait qu'elle n'est ni concrète ni organisée en elle-même ; lorsqu'elle devient prédominante, elle ne peut être mise en marche et exercer son pouvoir que par une force arbitraire apparaissant sous la figure d'une subjectivité contingente ; l'individu isolé cherche alors dans le développement du droit privé la consolation pour la liberté perdue. Ainsi naît un pouvoir arbitraire ; grâce à lui l'opposition est aplanie ; l'ordre et le calme règnent. Mais ce calme est en même temps le déchirement intérieur absolu : c'est une conciliation extérieure, purement séculière de l'opposition, et pour cette même raison, elle est en même temps la révolte de l'intériorité qui connaît désormais la souffrance du despotisme. L'aplanissement de l'opposition requiert donc, en un second temps, une conciliation supérieure et véritable, c'est-à-dire une conciliation spirituelle : il s'ensuivra nécessairement que la personnalité individuelle sera en elle-même purifiée et transfigurée dans l'universalité et deviendra en tant que telle l'objet de l'intuition, de la connaissance et de la volonté. Refoulé jusqu'en ses profondeurs les plus intimes, l'Esprit fuit ce monde privé des dieux, cherche en lui-même la conciliation et commence alors à vivre sa propre intériorité qui est une intériorité pleine, concrète et possède une substantialité qui n'a pas uniquement ses racines dans l'existence extérieure. Au règne purement séculier s'oppose ainsi le règne de la subjectivité qui se connaît elle-même et connaît sa véritable essence, le règne de l'Esprit réel. Ainsi apparaît le principe de l'Esprit selon lequel la subjectivité est l'universalité.

Le monde germanique

Le règne de la subjectivité se sachant elle-même est l'aurore de l'Esprit réel et avec lui apparaît le quatrième monde historique — un monde, qui, au point de vue naturel, correspondrait à la vieillesse de l'Esprit. La vieillesse naturelle est faiblesse, mais la vieillesse de l'Esprit, c'est sa maturité parfaite, l'âge où il revient à l'unité, mais comme Esprit. En tant que force infinie, l'Esprit contient en lui-même les moments de son évolution antérieure et parvient par là-même à sa propre totalité.

C'est donc la spiritualité, la conciliation spirituelle qui commence ; et cette conciliation spirituelle est le principe de la quatrième figure de l'Esprit. Celui-ci prend conscience du fait que l'Esprit est le Vrai. Ici l'Esprit est la pensée. Cette quatrième figure se dédouble nécessairement en elle-même. D'une part, l'Esprit — l'Esprit en tant que conscience du monde intérieur, l'Esprit connu comme l'essence et comme la conscience pensante de la valeur suprême, la volonté de l'Esprit — est en lui-même abstrait et demeure dans l'abstraction de la spiritualité. Or, aussi longtemps que la conscience demeure dans cet état, le monde séculier reste abandonné à son inculture et à sa barbarie et rend possible une parfaite indifférence à l'égard du monde séculier en tant que tel, indifférence qui s'explique d'ailleurs par le fait que le monde séculier demeure étranger à l'Esprit et ne parvient pas à la conscience d'une organisation rationnelle. A cette situation correspond le *monde musulman*, la transfiguration suprême du principe oriental, la plus haute intuition de l'Un. Ce monde, certes, est né plus tard que le christianisme, mais il a fallu le long travail de plusieurs siècles pour que celui-ci devienne une figure de portée mondiale, et ce travail n'a été accompli qu'à partir de Charlemagne. En revanche, l'Islam est devenu rapidement un empire universel à cause de l'abstraction de son principe ; en tant qu'ordre universel, il est donc antérieur au christianisme.

La deuxième figure de cet univers spirituel consiste en ceci que le principe de l'Esprit s'est concrètement développé en un monde. Tout d'abord, la conscience, le vouloir de la Subjectivité en tant que personnalité divine, apparaît dans le monde comme un sujet individuel. Mais cette conscience se développera par la suite jusqu'à constituer un règne de l'Esprit réel. Cette figure peut être désignée comme le *monde germanique* et on peut appeler germaniques les nations auxquelles l'Esprit du Monde a confié son véritable principe. Ce monde de l'Esprit réel a comme principe la conciliation absolue de la subjectivité existant pour elle-même avec la Divinité qui est en soi et pour soi, avec ce qui est vrai et substantiel : ici le sujet est libre pour soi et n'est libre que dans la mesure où il devient adéquat à l'Universel et demeure dans l'Essence. C'est le règne de la liberté concrète.

A partir de ce moment, le monde séculier et le monde spirituel s'affrontent mutuellement. Le principe de l'Esprit, tel qu'il est pour lui-même, est proprement la liberté et se présente donc d'un côté comme subjectivité. [D'autre part] la nature propre de l'âme la pousse vers ce qu'elle doit vénérer, mais cela ne peut être le fait du hasard et doit correspondre à son essence, à sa vérité spirituelle. C'est ce que le Christ révèle dans sa religion : la vérité de l'âme doit se relier à la Divinité. Ici, la conciliation s'accomplit en soi et pour soi, mais du fait qu'elle s'accomplit d'abord en soi, ce degré de l'évolution doit, à cause de son caractère immédiat, commencer par une opposition.

Il est vrai que ce degré commence historiquement par la conciliation accomplie dans le Christianisme ; mais celle-ci n'est encore qu'à ses débuts et, pour la conscience, elle est accomplie seulement en soi : c'est pourquoi il se produit tout d'abord une immense opposition qui apparaîtra par la suite comme un Mal qui doit être supprimé. C'est l'opposition entre le principe spirituel, religieux, et le monde séculier qui se présente en face de lui. Ce monde séculier n'est plus le monde du despotisme : c'est un monde chrétien et il doit en tant que tel devenir adéquat à la vérité. De même, le monde spirituel doit progresser jusqu'à reconnaître que l'Esprit doit se réaliser dans le monde. Dans la mesure où tous les deux sont immédiats, dans la mesure où le monde séculier ne s'est pas encore dépouillé de l'arbitraire subjectif et l'Esprit n'a pas reconnu le monde, ils se trouvent tous les deux en conflit. Le progrès n'est donc pas une évolution tranquille et sans heurts ; l'Esprit n'accomplit pas tranquillement sa réalisation. L'histoire consiste en ceci que les deux côtés se dépouillent de leur unilatéralité, suppriment cette forme de la non-vérité. D'un côté, se trouve la réalité vide qui doit se conformer à l'Esprit mais qui ne lui est pas encore conforme : c'est pourquoi elle doit succomber. De l'autre côté, le monde spirituel se présente d'abord comme un monde ecclésiastique et s'engloutit dans la réalité extérieure ; de même que le pouvoir séculier est dompté d'une manière extérieure, de même le pouvoir ecclésiastique se laisse corrompre. C'est l'ère de la barbarie.

Comme nous l'avons dit, la conciliation s'accomplit tout d'abord en soi et c'est pourquoi elle doit aussi s'accomplir pour soi. Aussi bien le principe doit commencer par la plus extrême opposition : à la conciliation absolue correspond l'opposition la plus abstraite. Les termes opposés, nous l'avons vu, sont d'une part le principe spirituel qui apparaît de prime abord comme principe ecclésiastique, et de l'autre, la barbarie et l'inculture du monde séculier. Leur hostilité emplit la première phase de l'histoire, mais, en même temps, ils sont inextricablement liés : ainsi le monde séculier (*Weltlichkeit*) reconnaît le principe spirituel, mais n'est pas encore adéquat à lui, tout en sachant qu'il doit le devenir. Délaissé en un premier temps par l'esprit, le monde séculier est opprimé par le pouvoir ecclésiastique. Or la première forme de la souveraineté du pouvoir spirituel est telle qu'il tombe lui-même dans le monde séculier, ce qui lui fait perdre à la fois sa vocation spirituelle et sa force. De la ruine des deux termes de l'opposition naît l'anéantissement de la barbarie et l'Esprit trouve la forme supérieure qui est universellement digne de lui : la forme de pensée rationnelle, de la pensée libre. L'Esprit refoulé en lui-même saisit son principe et le produit en soi sous sa forme libre, la forme de la pensée, la forme pensante, et devient ainsi capable de s'accorder avec la réalité extérieure, de s'y insérer et de réaliser le principe de la rationalité en partant du monde séculier.

C'est seulement après avoir acquis sa forme objective, qui est celle de la pensée, que le principe spirituel peut réellement avoir prise sur la réalité extérieure ; c'est ainsi seulement que le but spirituel peut se réaliser dans le monde séculier. La conciliation radicale est donc l'œuvre de la forme de la pensée : la puissance conciliatrice est la profondeur de la pensée. Par la suite, cette profondeur de la pensée viendra à la lumière et se manifestera dans le monde séculier car celui-ci est constitué par la subjectivité individuelle de l'apparence phénoménale (*die einzelne Subjektivität der Erscheinung*). Or c'est dans cette subjectivité que naît le savoir et que l'apparence se ramène à l'existence. Ainsi apparaît le principe de la conciliation de l'Église et de l'État par laquelle la spiritualité ecclésiastique (*Geistlichkeit*) acquiert et trouve son concept et sa rationalité dans le monde séculier. Ainsi disparaît l'opposition entre l'Église et ce qu'on appelle l'État ; ce dernier n'est plus inférieur à l'Église et ne lui est plus subordonné ; celle-là ne conserve aucun privilège : l'Esprit n'est plus étranger à l'État. La liberté a trouvé le moyen propre de réaliser son concept ainsi que sa vérité. Il arrive ainsi que grâce à l'action de la pensée — grâce aux déterminations universelles de la pensée dont la substance est constituée par ce principe concret qui est la nature de l'Esprit — le monde de la réalité — cette pensée concrète — a été transformé et rendu adéquat à la vérité substantielle. La liberté trouve son concept dans la réalité et elle a transformé le monde séculier en un système objectif d'une existence (*Dieses*) *hic et nunc* organique. Le sens de l'histoire se trouve dans le cours de ce dépassement et c'est le savoir qui constitue le moment où cette conciliation devient pour soi : ici la réalité est transformée et reconstruite. Le but de l'histoire universelle est précisément que l'Esprit se développe jusqu'à constituer une (nouvelle) nature, un monde qui lui soit adéquat, en sorte que le sujet trouve son concept de l'Esprit dans cette *seconde nature*, dans cette réalité créée par le concept de l'Esprit, et possède dans cette objectivité la conscience de sa liberté et de sa rationalité subjectives. C'est en cela que consiste le progrès de l'Idée en général et cette situation représente pour nous le dernier mot de l'histoire. Ce qui s'ensuit, à savoir sa réalisation effective, est l'histoire même : le fait qu'il y a encore du travail à faire, est une question empirique. Dans la considération de l'histoire universelle nous devons parcourir la longue route qui vient d'être indiquée sommairement et par laquelle elle accomplit ses fins. Mais la longueur du temps est une chose toute relative et l'Esprit appartient à l'éternité. Pour lui, la longueur proprement dite n'existe pas. Son travail ultérieur consiste à ce que ce principe se développe et se perfectionne, que l'Esprit arrive à la réalité, à la conscience de soi dans la réalité.

ANNEXE*

L'Histoire universelle

§ 341

L'*élément* d'existence de l'*Esprit universel*, qui, dans l'art, est intuition et image, dans la religion, sentiment et représentation, dans la philosophie, pensée pure et libre, est dans l'*histoire universelle* la réalité spirituelle dans toute son ampleur d'intériorité et d'extériorité. Elle est un tribunal parce que, dans son *universalité* en soi et pour soi, l'élément, les pénates, la société civile et les esprits des peuples dans leur réalité bariolée, n'existent que d'une manière *idéelle* : le mouvement de l'Esprit dans cet élément consiste à mettre cela en évidence.

§ 342

L'histoire universelle n'est pas le tribunal où est jugée sa *force*, c'est-à-dire la nécessité abstraite et

* Hegel : *Philosophie du droit* paragrapnes 341-360.

irrationnelle d'un destin aveugle. Au contraire, ce destin est en soi et pour soi *Raison* et l'être-pour-soi de l'histoire est savoir spirituel. L'histoire est donc, d'après le seul *concept* de sa liberté, le développement nécessaire des *moments* de la Raison de sa conscience de soi et de sa liberté : elle est explicitation et la *réalisation de l'Esprit universel.*

§ 343

L'histoire de l'Esprit est son acte, car il est seulement ce qu'il fait ; son acte est devenir lui même, tel qu'il est en tant qu'Esprit, objet de sa conscience, — de se connaître en s'explicitant pour lui-même. Cette connaissance est son être et son principe ; et son *accomplissement* est en même temps son aliénation et sa transition. L'Esprit qui, en termes formels, connait à *nouveau* cette connaissance ou, ce qui est la même chose, revient à lui-même de l'aliénation, est l'esprit du degré supérieur par rapport à ce qu'il était dans son savoir antérieure.

Le problème de la *perfectibilité* et de *l'éducation* de *l'espèce humaine* se pose ici. Ceux qui ont affirmé cette perfectibilité ont pressenti quelque chose de la nature de l'Esprit, de sa nature qui a comme loi de son être le Γνῶθι σεαυτὸν * ; ils ont compris que, lorsqu'il se conçoit comme *il est*, il se donne par là même une forme supérieure à celle qui constituait son être. Mais, pour ceux qui ont rejeté cette idée, l'Esprit est resté un mot vide, et l'histoire, un jeu superficiel d'aspirations et de passions *accidentelles*, — soi-disant *seulement humaines*. Si, néanmoins, par les termes de *Providence* et de *Plan* Providentiel, ils expriment la croyance à un gouvernement supérieur, cela reste une représentation incomplète, car ils donnent expressément le Plan de la Providence comme inconnaissable et inconcevable.

* Connais-toi toi-même.

§ 344

Dans cet ouvrage de l'Esprit du Monde, les États, peuples et individus, affirment leur *principe particulier déterminé* qui s'actualise et s'exprime dans leur *Constitution* et dans toute l'*extension* de leur *réalité*. Ils en sont conscients.

§ 345

La justice et la vertu, l'injustice, la violence et le vice, les hommes de talent et leurs actions, les petites et les grandes passions, la culpabilité et l'innocence, la magnificence de la vie des individus et des peuples, l'indépendance, le bonheur et le malheur des États et des individus, possèdent, dans la sphère de l'actualité consciente, leur sens et leur valeur déterminés ; ils y sont jugés et soumis à une justice d'ailleurs imparfaite. L'histoire universelle est en dehors de ces points de vue ; en elle, le moment nécessaire de l'Idée de l'Esprit du Monde, qui représente chaque fois *son* stade actuel, obtient son *droit absolu* ; le peuple correspondant et les actions de ce peuple obtiennent leur accomplissement et leur gloire.

§ 346

Comme l'histoire est l'acte par lequel l'Esprit se façonne dans la forme de l'événement, de la réalité naturelle immédiate, les degrés de l'évolution sont donnés comme des *principes naturels immédiats* et ces principes, précisément parce qu'ils sont naturels, existent comme une multitude (d'être naturels) extérieurs les uns aux autres (*aussereinander*), de manière que chaque principe est attribué à *un peuple*. C'est la réalité *géographique* et *anthropologique* de l'Esprit.

§ 347

Le peuple, qui reçoit un tel élément comme principe *naturel*, a pour mission de l'accomplir dans le processus évolutif de la conscience de soi de l'Esprit du Monde. Ce peuple est dominant dans l'histoire du monde pour telle époque donnée — et *il ne peut faire époque qu'une seule fois*. Vis-à-vis de son droit absolu, qui vient de ce qu'il est le représentant du degré donné de l'Esprit du Monde, les Esprit des autres peuples sont sans droits, et comme ceux dont l'époque est déjà passée ils ne comptent plus dans l'histoire.

L'histoire particulière d'un peuple historique comprend, d'une part, le développement de son principe depuis son état d'enfance jusqu'à son épanouissement, où il parvient à sa libre conscience morale, et pénètre dans l'histoire universelle, — et, d'autre part, la période du déclin et de la décomposition ; car c'est ainsi que se marque en lui la naissance d'un principe supérieur en tant que négation de son propre principe. Par là est signifié le passage de l'Esprit à un nouveau principe ; l'histoire est assignée à un autre peuple. Pendant cette nouvelle période, le premier peuple perd l'intérêt absolu ; bien qu'il s'assimile positivement le principe supérieur et s'y conforme, il se comporte passivement, sans vitalité et fraîcheur immanentes. Tantôt il perd son indépendance ; tantôt, en tant qu'État particulier ou groupe d'États, il peut continuer et se traîner et se débattre au hasard de multiples tentatives intérieures et luttes extérieures.

§ 348

A la pointe de toutes les actions, donc aussi des actions historiques, se trouvent des *individus*, en tant que subjectivités qui réalisent le substantiel. En tant que formes vivantes de l'action substantielle de l'Esprit du monde, et par là immédiatement identiques avec cette action, ces individus ne connaissent pas cette action ; elle n'est pas leur objet et leur but. Aussi elles ne reçoivent d'honneur et de reconnaissance pour cette action ni de leurs contemporains, ni de l'opinion publique de la postérité. Mais en tant que subjectivités formelles, elles reçoivent leur part de *gloire immortelle*.

§ 349

Un peuple n'est pas d'abord un État. Le passage d'une famille, horde, tribu, foule, etc., à la condition étatique constitue la réalisation formelle de l'Idée. Sans cette forme, le peuple en tant que substance éthique — et tel il est *en* soi — est privé d'existence objective et pour cela n'est pas reconnu. Son indépendance n'est pas souveraineté.

Dans la conception courante, on ne nomme pas le régime patriarcal une Constitution, ni un peuple sous ce régime, un État, ni son indépendance, une souveraineté. Avant le commencement de l'histoire réelle, il existe, d'une part, le morne état d'innocence qui n'a pas de centre d'intérêt, d'autre part, le courage formel du combat pour être reconnu et pour se venger.

§ 350

C'est le droit absolu de l'Idée d'intervenir dans l'ordre légal et dans les institutions objectives qui résultent du mariage et de l'agriculture ; et peu importe que la forme de sa propre réalisation apparaisse comme une législation et un bienfait de Dieu ou comme une violence et une injustice. Ce droit est le *droit des héros* à fonder des États.

§ 351

La même condition entraîne que des nations civilisées considèrent et traitent comme des barbares d'autres nations qui leur sont inférieures quant au moment substantiel de l'État (les peuples chasseurs en face des nomades et les peuples agriculteurs en face des deux autres, etc.) ; elles ont la conscience d'un droit inégal et traitent leur indépendance comme quelque chose de formel.

Dans les guerres et les rivalités qui résultent de telles situations, apparaît le moment de la lutte pour la reconnaissance d'un certain contenu, et c'est ce trait qui leur donne une signification au regard de l'histoire universelle.

§ 352

Les Idées concrètes, les Esprits des peuples ont leur vérité et leur destin dans l'Idée concrète qui est l'*universalité absolue* : dans l'Esprit du monde. Autour de son trône ils se tiennent comme des agents de sa réalisation, comme les témoins et les ornements de sa splendeur. Comme Esprit, il n'est que le mouvement de l'activité qu'il déploie pour se connaître soi-même absolument, · libérer sa conscience de la forme de la nature immédiate et parvenir à soi-même. Ainsi les principes de l'incarnation de sa conscience de soi dans le processus de sa libération, les Empires historiques, sont au nombre de quatre.

§ 353

Dans la *première* révélation, en tant qu'*immédiate*, l'Esprit a comme principe la forme de l'Esprit substantiel en tant qu'identité, dans laquelle l'individu est immergé dans son essence, et reste sans droit pour lui-même.

Le *second* principe est le savoir de cet esprit substantiel, de telle sorte qu'il est le contenu positif, l'accomplissement et l'être pour soi en tant que sa forme vivante — la *belle* individualité éthique.

Le *troisième* est l'approfondissement en soi de l'être pour soi connaissant, qui atteint l'*universalité abstraite* et par là devient *opposition* infinie contre l'objectivité privée d'Esprit.

Le principe de la *quatrième* formation est le renversement de cette opposition : l'Esprit, reçoit dans son intériorité sa vérité et son essence concrète, se réconcilie dans l'objectivité, puisque cet esprit revenu à la première substantialité est l'esprit *revenu de l'opposition infinie*, l'Esprit produit et connaît sa vérité en tant que pensée et monde actuel soumis à des lois.

§ 354

Selon ces quatre principes il y a quatre mondes (*Reiche*) historiques : 1° l'Oriental ; 2° le Grec ; 3° le Romain ; 4° le Germanique.

§ 355

1° *L'empire oriental.*

Ce premier empire est la conception du monde indivisée en soi, substantielle, qui part de la totalité naturelle patriarcale, et dans lequel le gouvernement temporel est théocratique ; le chef est en même temps grand prêtre ou dieu ; la constitution politique et la législation y sont en même temps religion, et les commandements ou plutôt usages religieux et moraux sont en même temps lois juridiques et étatiques. Dans la splendeur de cette totalité, la personnalité individuelle est submergée et sans droits, la nature extérieure est immédiatement divine ou ornement divin, — et l'histoire réelle est poésie. Les différences qui se développent en des sens divers dans les mœurs, dans le gouvernement, dans l'État, deviennent, en l'absence de lois et sous le règne de mœurs simples, des cérémonies pesantes, minutieuses, superstitieuses, — des contingences de la violence personnelle et de la domination arbitraire ; l'organisation en classes se solidifie en castes naturelles. L'État Oriental n'est vivant que dans l'expansion vers; le dehors rien en lui n'est stable et ce qui est solide est pétrifié. C'est une violence et une dévastation élémentaire. La tranquillité intérieure est une vie privée et une chute dans la faiblesse et la lassitude.

Le moment de la spiritualité encore substantielle, naturelle dans la formation de l'État, moment, qui comme forme, constitue le point de départ absolu dans l'histoire de chaque État, a été mis en évidence dans l'histoire de quelques États particuliers par l'ouvrage intelligent et savant du Docteur Stuhr : *De la Décadence des États naturels* (Berlin 1812), ouvrage qui ouvre la voie à une étude rationnelle de la Constitution et de l'histoire en général. Le principe de la subjectivité et de la liberté consciente dans la nation germanique y est signalé, mais comme l'ouvrage s'arrête à la chute des États naturels, le développement de ce principe s'arrête au point où il apparaît, d'une part, comme mobilité inquiète, arbitraire humain et principe de destruction, et où, d'autre part, il est fixé dans sa forme particulière en tant que *sentiment* (*Gemüth*) : on n'est pas conduit jusqu'à l'objectivité de sa substantialité *consciente de soi*, jusqu'à la *légalité* organique (*Gesetzlichkeit*).

§ 356

2e *Le monde grec.*

Dans ce monde nous trouvons cette unité substantielle du fini et de l'infini, mais seulement dans un fondement mystérieux refoulé vers une intériorisation renfermée dans les cavernes et les figures de la tradition ; ce fondement sorti de l'esprit se différenciant vers la spiritualité individuelle et venant au jour du savoir, est mesuré et illuminé en beauté et en éthique joyeuses et libres. Dans cette détermination le principe de l'individualité personnelle se lève pour soi, non encore enfermé en lui-même, mais gardé sans son unité idéale ; c'est pourquoi le tout se décompose en un groupe de peuples particuliers ; d'une part, la dernière décision suprême de la volonté n'est pas encore posée dans la subjectivité de la conscience de soi mais dans une puissance plus haute et en dehors d'elle. D'autre part, la particularité qui appartient au besoin n'est pas encore admise dans la liberté, mais est située au dehors dans une classe d'esclaves.

§ 357

3° *Le monde romain.*

Dans ce monde la différenciation s'achève et devient le déchirement infini de la vie éthique, dans les extrêmes de la conscience de soi privée et de l'universalité abstraite. La contradiction découle de l'intuition substantielle d'une aristocratie dressée contre le principe de la personnalité libre et de la démocratie ; elle se développe du côté de l'aristocratie en superstition et en affirmation d'une violence froide et avide, — et du côté démocratique, en corruption plébéienne ; la dissolution du tout se termine dans le malheur général et la mort de la vie éthique. Les individualités des peuples meurent dans l'unité d'un Panthéon ; tous les individus tombent au niveau de personnes privées et d'*égaux* pourvus de droits formels, droits qui ne sont maintenus que par un arbitraire abstrait poussé jusqu'à la monstruosité.

§ 358

4° *Le monde germanique.*

De cette perte de lui-même et de son monde, et de la douleur infinie qui en résulte, pour laquelle le peuple israélite fut préparé comme son peuple, l'esprit refoulé en lui-même saisit — dans l'extrémité de sa négativité absolue, dans le renversement en et pour soi, — la positivité infinie de son intériorité, le principe de l'unité de la nature divine et humaine, la réconciliation de la vérité objective et de la liberté, apparus à l'intérieur de la conscience de soi et de la subjectivité — vérité et liberté qui sont assignées pour leur accomplissement au principe nordique des peuples germaniques.

§ 359

L'intériorité du principe en tant qu'elle est encore abstraite, existante dans le sentiment comme foi, amour, espoir — comme réconciliation et solution de toute opposition, déploie son contenu pour l'élever à l'actualité et à la rationalité consciente, à un monde temporel qui a ses racines dans le sentiment, dans la loyauté et la camaraderie des hommes libres, mais qui dans sa subjectivité est aussi arbitraire, brutal, marqué par la barbarie des mœurs. A lui s'annonce un au-delà, un monde *intellectuel* dont le contenu est bien cette vérité de son esprit, mais comme encore *non pensée* et enveloppée dans la barbarie de la représentation. En tant que puissance spirituelle sur le sentiment actuel, il se comporte avec lui comme une puissance non libre et terrifiante.

§ 360

Au cours de la dure lutte de ces deux mondes dans la différence qui arrive ici à l'opposition absolue (et qui en même temps a sa racine dans *une unité* et une Idée) l'élément spirituel dégrade l'existence de son ciel jusqu'à l'en deçà terrestre, jusqu'à la basse temporalité dans l'actualité et la représentation ; par contre, le temporel élève son être pour soi abstrait jusqu'à la pensée et jusqu'au principe de l'être et du savoir rationnels, jusqu'à la rationalité du droit et de la loi. Alors l'opposition est évanouie en soi comme une figure mal tracée ; le présent s'est dépouillé de sa barbarie et de son arbitraire illégal, et la vérité, de son au-delà et de sa violence contingente, et ainsi la réconciliation est devenue objective. Elle déploie l'État comme image et réalité de la Raison, où la conscience de soi trouve la réalité de son savoir et vouloir substantiels organiquement développés ; de même elle trouve dans la *religion* le sentiment et la représentation de sa vérité comme essentialité idéale ; mais c'est dans la *science* qu'elle trouve la connaissance librement saisie de cette vérité qui est une et la même dans ses trois manifestations complémentaires : l'*État*, la *Nature* et le *monde idéel*.

TABLE DES MATIÈRES

Imprimé en France sur Presse Offset par

BRODARD & TAUPIN

GROUPE CPI

La Flèche (Sarthe), 9490
N° d'édition : 227
Dépôt légal : 4e trimestre 1979
Nouveau tirage : septembre 2001